KB190820

믿음을 말하다

세움북스는 기독교 가치관으로 교회와 성도를 건강하게 세우는 바른 책을 만들어 갑니다.

믿음을 말하다
당신의 믿음은 구원얻는 믿음인가

초판 1쇄 발행 2020년 11월 30일
초판 2쇄 발행 2023년 3월 30일

지은이 | 김효남
펴낸이 | 강인구

펴낸곳 | 세움북스
등 록 | 제2014-000144호
주 소 | 서울시 종로구 대학로 19 한국기독교회관 1010호
전 화 | 02-3144-3500
팩 스 | 02-6008-5712
이메일 | cdgn@daum.net

교 정 | 최필승
디자인 | 참디자인

ISBN 979-11-87025-79-5 (03230)
        979-11-87025-80-1 (03230)

믿음을
말하다

당신의 믿음은 구원얻는 믿음인가

김효남 지음

세움북스

추천사

제가 이 책의 출판을 기뻐하면서 이 책을 추천하는 이유를 설명하겠습니다. 목회자인 저에게는 어떻게 교인들이 믿음과 구원에 대한 피상적 이해를 벗어나 더 깊은 이해에 이르고 심오한 은혜의 자리로 나아가도록 도울 수 있을까 하는 고민이 있습니다. 하나님을 아는 지식은 물론, 구원과 믿음 같은 기독교의 핵심적 개념들을 피상적으로 알고 머무르는 수준에서는 결코 믿음의 성숙에 이를 수 없을 것이기 때문입니다. 그러나 여기에는 피상적이거나 초보적 이해의 문제를 넘어, 오해의 문제도 그에 못지 않게 심각합니다. 오해는, 잘못 배웠고 그것이 굳어져서 생긴 문제입니다. 그래서 목양의 현장에서는, 이런 오해를 풀어주고 피상적 이해에서 더 깊은 이해로 나아가도록 돕는 가르침이 절실히 요구됩니다.

이점에서 김효남 목사님께서 국내에서 처음으로 출간하는 이 책은 진지한 목회자들 뿐 아니라, 같은 류의 고민을 하고 있는 한국교회의 성도들에게 하나의 답이 될 수 있으리라 생각합니다. 이 책이 목회자의 손에 들려져 교인들을 성숙한 이해와 부요한 은혜에 이르게 하는 도구로 사용되고, 성도들의 손에 들려져서는 자신들의 오해를 풀고 온전한 데로 나아가게 하는 디딤돌이 되기를 기대합니다.

이 책은 토마스 굿윈(Thomas Goodwin)의 '믿음' 교리에 대해서 연구한 내용을 저자 가 쉽게 풀어서 쓴 책입니다. 오늘날 교회에서 믿음처럼 오해되고 오용되는 개념이 또 있을까요? 마르틴 루터가, 기독교가 서고 넘어지는 교리라고 말했던 이신칭의(以信稱義) 교리의 그 '구원 얻는 믿음'에 대한 올바른 이해야말로 지금 한국교회가 절실하게 필요로 하는 내용이 아닐 수 없습니다. 교회가 온갖 이단과 사이비와 거짓 가르침으로 혼탁한 이 때에, 한국교회의 많은 성도들이 저자의 수고에 기대어 이 책을 통해 믿음의 토대를 견고히 할 수 있기를 바랍니다. 그 내용이 가볍지는 않습니다. 그러나 수고를 기꺼이 감당하는 모든 독자들은 수고 이상의 보상을 얻으리라 확신합니다. 이 책을 한국교회의 진지한 성도들 모두에게 기쁜 마음으로 추천합니다.

김형익 목사 (벳살롬교회 담임)

─◦ᴑᴑ◦─ ─◦ᴑᴑ◦─ ─◦ᴑᴑ◦─

'참된 믿음이 무엇인가?'에 대한 질문의 정답을 얻는 일은 매우 긴요합니다. 믿음의 문제는 크게 믿음의 대상으로서의 객체와 믿음의 장본인으로서의 주체의 관계에 대한 것이지요. 그래서 교회사적으로 이 문제에 대한 연구가 경건하고 신실한 하나님의 사람들을 통해 활발하게 진행되어 왔습니다. 조나단 에드워즈(Jonathan Edwads)의 『신앙과 정서』(*Religious Affections*)도 사실 '참된 신앙의 본질이 무엇인가?'에 대한 것입니다.

실로 이 문제는 하나님을 경외하는 모든 이들에게 절대적인 중요성을 가진 것입니다. 그래서 교회사에서 빛나는 모든 하나님의 사람들은 다 이 문제로 씨름하지 않은 이가 없었다 해도 과언이 아닙니다. 실로 종교의 범주, 곧 '믿음'의 영역 같이 다양한 색깔을 띤 종류들이 많은 데도 없습니다. 그래서 그 많은 종류의 믿음과 대조되는 성경적인 '바른 믿음', '구원받을 만한 믿음(saving saith)'을 규명하는 일은 교회론과 그에 수반되는 목회론과 개인의 경건에 있어서 필수입니다.

그런 의미에서 저자의 이 책은 가치가 있습니다. 저자가 이 주제로 오랫동안 많은 공부를 하되, 종교개혁자들과 그 이후 청교도들을 연구하였습니다. 그 중에 토마스 굳윈의 '믿음관'을 연구하여 학위를 받았습니다. 저자는 한국교회를 섬기는 차원에서 이 책을 통하여 그 중심을 표명하고 있습니다.

어느 책도 마찬가지지만, 저자의 논리를 놓치지 않도록 찬찬히 읽으면 성경적 믿음의 정곡(正鵠)이 보일 것이라 사료 됩니다. 이 책을 통하여 한국교회 성도님들에게 은혜 주실 주님을 찬미합니다. 감사합니다.

서문강 목사 (중심교회 원로목사)

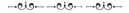

이 책은 구원을 얻게 하는 바른 믿음의 의미, 내용, 목적을 매우 깊이 있고 정확하게 소개해 준다. 저자는 강력하면서도 따뜻한 필치로 믿음에 대한 오해와 오류를 걷어내고, 깊은 산의 깨끗한 연못처럼 성경적 진리를 명징하게 설명하고 있다. 정말 책을 읽으면 읽을수록 머리가 맑아지는 느낌이다. 특히 청교도 토마스 굿윈의 신학적 핵심을 빌려와서 일반 믿음과 특별 믿음을 대조시키고, 맹목적 믿음과 참된 믿음의 차이를 설명하는 부분은 백미가 아닐 수 없다. 막연하게 기독교에서 믿음이 중요하다는 것은 알고 있지만, 실제로 그것이 왜 중요한지 모르는 사람들은 이 책을 통해 분명한 대답을 듣게 될 것이다. 이 책은 믿음이 신앙생활의 처음뿐 아니라 시종일관 중요함을 가르치며, 바른 믿음을 알고 가지는 것이 우리가 하나님, 교회, 신자의 삶을 이해하는 데 얼마나 필수적인 일인지를 꼼꼼하게 설명해 준다. 당신의 믿음은 구원하는 믿음이며, 당신의 확신은 확실한 확신인가? 이 책을 통해 점검해 보길 바란다. 이 책을 읽기 전과 후에 신앙생활에 임하는 우리의 태도는 같을 수 없을 것이다. 이 책 한 권으로 우리는 기독교 신앙론의 핵심 진리를 가지게 되었다.

우병훈 교수 (고신대학교 신학과, 『그리스도의 구원』의 저자)

─◦ე◦─ ─◦ე◦─ ─◦ე◦─

그리스도인이라면 누구나 믿음에 관한 관심을 가지기 마련이고, 때때로 자신이 참으로 신자인가, 어떠한 근거 위에서 그러한가 등에 대한 고민을 하기 마련이다. "그러나 인자가 올 때에 세상에서 믿음을 보겠느냐"(눅 18:8하)는 주님의 경고는 가끔 목사요 신학 교수인 나의 가슴도 서늘하게 만들기도 할 만큼, 믿음의 문제는 절체절명의 관심사가 될 수밖에 없다. 참 믿음과 거짓 믿음에 대한 고민이 가장 깊었고, 성경적으로 가장 깊고 넓게 성찰했고, 그런 주제에 대한 방대한 저술을 남

겨준 이들이 바로 영국과 미국의 청교도들이었고, 화란 제2차 종교개혁(Nadere Reformatie) 시기의 정통 신학자들이었다. 국내에도 토마스 굿윈의 방대한 믿음론이나 빌헬무스 아 브라켈(Wilhelmus à Brakel)의 실천적인 교의학(『그리스도인의 합당한 예배』)이 완역되어 있어 많은 유익을 끼치고 있다.

이번에 김효남 박사께서 성경적이고 개혁주의적인 관점에서 바른 믿음에 대한 저술을 출간하게 된 것을 환영하고 축하를 하는 바이다. 김 박사는 퓨리턴 리폼드 신학교에서 조엘 비키(Joel R. Beeke)의 지도하에 신학 석사학위를 했고, 캘빈신학교에서 리처드 멀러(Richard A. Muller)의 지도하에 토마스 굿윈의 신학(신앙, 언약, 그리고 구원 서정)을 논구한 박사 논문을 썼고, 그 논문은 2019년에 독일 괴팅겐에 있는 판덴훅 운트 루프레흐트사에서 출간되기까지 했다. 그리고 유학 기간중에 두 동료 목사들과 더불어 아 브라켈의 『그리스도인의 합당한 예배』 1–4권을 완역한 바 있다. 따라서 김 박사만큼 청교도 개혁주의적인 관점에서 믿음에 대해 다룰 수 있는 준비된 저자도 드물다고 할 것이다. 더욱이 김박사는 귀국하여 수년간 한 교회에서 담임목회를 하면서, 개혁주의적인 설교 사역을 수행했고, 때로 강단 있는 목회자의 모습을 드러내 주었기에, 그의 논의는 이론적이지만 않고 오히려 실천적인 강세를 가지고 있다.

본서는 거짓된 믿음과 구원하는 믿음에 대한 구분을 시작으로 하여, 구원하는 믿음의 본성에 대한 논의, 그 믿음의 대상인 주 예수 그리스도에 대해, 그리고 믿음이 구원을 위해 활동하고, 마침내는 열매를 맺게 한다는 점을 설명해주고, 나아가서는 믿음의 확신에 대해서 다룬다. 분명히 이전의 학술적인 연구 활동의 결실에 바탕을 두고 있지만, 본서의 내용 전개는 일반 신자들이 쉽게 읽을 수 있을 만큼 눈높이 조정이 되어 있기에 믿음에 대한 고민을 가진 이들이나 지나치게 믿음이 좋다고 착각하는 이들조차도 본서를 꼭 필독해 보기를 권한다. 많은 오해가 교정되는 체험을 하기도, 혹은 자신이 배우고 익힌 바가 확실한 거라는 재확인을 하기도 할 것이나, 때로는 강력한 스매싱 공격을 받고 휘청하는 느낌도 받을지 모른다. 그럼에도 불구하고 그러한 고뇌나 실존적 휘청거림조차도 성경에서 말하는 구원하는 믿음으로 나아가고, 그 믿음에서 나태하지 아니하고 더욱더 성장하고 굳세어져 가도록 본서는 도움을 주고 있다. 아무쪼록 본서가 많은 독자에게 믿음의 확인과 확신을 추구하는 데에 유익한 도구가 되기를 소망하며 추천의 말을 마감하고자 한다.

이상웅 교수 (총신대학교신학대학원 조직신학)

목차

프롤로그: 기독교와 믿음

누가 뭐래도 기독교는 믿음의 종교입니다. 사람들은 기독교에 대한 정의를 다양하게 내리지만, 기독교가 믿음의 종교라는 말은 기독교의 특성을 잘 설명해 주는 문구라고 생각합니다. 어떤 사람은 기독교를 종교 가운데 하나로 여기는 것이 불편할지도 모르겠습니다. 하지만 기독교가 믿음의 종교라는 말은 실제로 기독교를 다른 종교와 선명하게 구별해 줍니다. 물론 믿음이 기독교의 전유물은 아닙니다. 사실 종교라는 말 자체가 어느 정도 믿음을 전제로 하고 있습니다. 만약 어떤 종교가 눈에 보이는 사실을 분석한 것에 불과하다면 그것은 종교가 아니라 과학이라고 해야 할 것입니다. 그러므로 종교와 믿음은 떼려야 뗄 수 없는 관계입니다. 그럼에도 불구하고 만약 누군가 기독교를 다른 종교와 구분 짓는 요소를 뽑으라고 한다면, 저는 '믿음'이라고 말하고 싶습니다. 그 이유는 기독교의 믿음과 다른 종교에서 말하는 믿음은 본질상 전혀 다르기 때문입니다.

먼저 다른 종교에서 말하는 믿음이란 결국 그 종교가 가르치는 교리를 받아들이는 것입니다. 그래야 그 종교의 신자가 되고, 그 종교의 가르침을 따를 수 있습니다. 결국 그들이 요구하는 믿음은 신자로부터 어떤 종교적인 행위를 끌어내려는 수단인 셈입니다. 그리고 구원은 믿음에 따른 행위로 성취됩니다. 예를 들면, 불교는 자신들이 내세우는 교리를 믿고, 그에 따라 수련을 하여 성불하는 것을 구원으로 표현합니다. 이 때 불교의 교리 체계에 대한 믿음 자체만으로 성불에 이르는 것이 아니라 이 믿음을 가지고 수행을 하여 이르게 됩니다. 고로 믿음은 행위를 끌어내는 동기가 되며, 행위를 지속하여 구원에 이르게 하는 도구가 됩니다. 그러므로 불교는 구원을 얻지 못합니다. 믿음이 일으키는 행위로 구원을 얻습니다. 결국 불교에서 믿음은 구원의 수단이 아니라 구원의 수단인 행위를 끌어내려는 방편입니다.

하지만 기독교의 믿음은 이와 다릅니다. 기독교의 믿음은 행위를 끌어내는 수단이 아니라 구원 자체를 주는 수단입니다. 그리고 행위는 구원의 원인이 아니라 결과로서 믿음을 통해서 일어납니다. 여기서 우리는 믿음이 구원과 행위에 직접 관련되어 있다는 사실을 알 수 있습니다. 결국 다른 종교에서 믿음이란 구원의 원인이 되는 행위를 끌어내는 수단으로서 구원 자체와 직접 관련되어 있지는 않지만, 기독교에서 믿음이란 구원 자체이며 구원의 열매를 산출하는 직접적인 수단입니다.

[타종교]　　　　　　　　[기독교]

기독교의 믿음과 다른 종교의 믿음 사이에 있는 차이점은 이것만이 아닙니다. 다른 종교에서 믿음은 우리가 살아가면서 어떤 것을 믿을 때 믿음이 형성되는 일반적인 과정에서 생겨나는 자연적이고 본성적인 믿음입니다. 바꿔 말하면, 경험과 추론과 유추의 과정을 통해서 믿음에 이르게 됩니다. 제가 묻겠습니다. 지금 여러분의 아버지와 어머니가 정말로 여러분의 친아버지, 어머니라고 믿으시나요? 어떻게 그렇게 믿을 수 있나요? 태어나서 본 기억도 없고, 아이가 바뀔 수도 있는데 말입니다. 그렇다고 모두 유전자 검사를 해본 것도 아닐 텐데 여러분은 찰떡같이 그분들이 여러분의 부모라는 사실을 믿습니다. 왜 그럴까요? 일단 어릴 적부터 그렇다고 배웠습니다. 하지만 단순히 어릴 적에 그분들이 여러분의 아버지, 어머니라고 배웠기 때문에 믿는다면 세월이 흘러 의심이 일어날 수밖에 없습니다. 하지만 외모가 아버지와 비슷하면 이야기가 달라집니다. 가만히 보니 생김새가 비슷합니다. 성격도 비슷합니다. 나를 지극히 사랑해 주십니다. 성품도 비슷한데 더 이상 볼 것이 있을까요? 이쯤 되면 우리는 내가 지금 내 부모님의 자녀라고 믿지 않을 수가 없습니다. 꼭 유전자 검사를 하지 않아도 믿는 것입니다. 왜냐하면 내가 가지고 있는 상식에 부합하기 때문입니다. 결국 다른 많은 고등 종교의 믿음이란 인간이 살아가는 이 세상의 모습과 경험을 분석하고, 그것을 설득력 있게 설명할 때 일어나는 자연적 믿음입니다. 반면에 기독교의 믿음은 초자연적인 믿음입니다. 하지만 이 말이 곧 기독교 신앙은 비이성적이고 다른 종교의 자연적인 믿음은 논리적이라고 경험에 바탕을 둔 이성적이며 분석적인 믿음이라는 의미는 결코 아닙니다. 기독교의 믿음은 보이지 않는 것을 믿으며, 우리의 경험으로는 불가능한 것을 믿습니다. 그래서 초자연적입니다.

기독교 이외의 모든 자연 종교는 두 가지로 구분할 수 있습니다.

이성을 무시하는 아주 미신적이고 신비적인 종교와 상당한 체계를 갖추고 있는 고등 종교입니다. 어떤 고등 종교는 종교라기보다는 차라리 철학이라고 표현하는 것이 더 어울리는 경우도 있습니다. 그러므로 이 두 종류의 자연 종교는 서로 상극으로 생각하기 쉽지만 그렇지 않습니다. 왜냐하면 이 둘에게는 근본적인 공통점이 있습니다. 그것은 인간의 본성에 뿌리를 두고 있다는 사실입니다. 어떤 본성이냐 하면 자신이 한 만큼 대가를 받는다는 것입니다. 바로 인과응보의 사상입니다. 어떤 구원이 있다면 그것도 역시 내가 어떻게 하느냐에 따라 결정이 된다고 여깁니다. 자신의 행위에 따른 보상을 정당하게 여기는 믿음입니다. 이것이 인간의 본성입니다.

하지만 기독교의 믿음은 다릅니다. 교회가 가르치는 것을 믿으라는 것이 아닙니다. 그리고 이 믿음이 신자를 움직여 구원에 이를 만한 공덕을 쌓는 것도 아닙니다. 기독교는 일정한 교리 체계를 지식적으로 믿는 것이 아니라 본질적으로 하나님을 믿는 것인데, 하나님은 그분의 사역과 그 사역으로 드러나는 속성을 통해서 우리에게 실체가 됩니다. 그 순간 그 믿음은 수단이 되어 믿는 자에게 구원을 전달해 줍니다. 믿음이 우리에게 무언가를 하도록 만들기 전에 이미 우리의 신분과 본성이 변화되어 있습니다. 그러므로 기독교의 믿음은 본질적으로 구원을 얻기 위한 어떤 행위를 끌어내는 수단이 아닙니다. 오히려 믿음으로 말미암는 구원을 먼저 얻고 행위는 구원의 결과로 주어집니다. 결국 믿음은 그 자체로 어떤 신분의 변화를 가져오는 원인이 됩니다. 그리고 더 나아가서 믿음은 한 사람이 질적으로 변화된 결과로 드러납니다. 이러한 믿음의 역할을 잘 설명하는 한 예가 바로 그리스도와의 연합이라는 진리입니다. 믿음은 우리를 그리스도와 연합시킵니다. 또한 믿음은 하나님이 우리를 의롭다고 선언하실 때 사용하는 수단입니다.

하지만 믿음은 여기에 멈추지 않습니다. 우리를 그리스도와 연합시키고, 우리를 의롭게 한 믿음은 자신의 임무를 마치고 장렬하게 최후를 맞이하는 것이 아니라 신자 안에 여전히 남아서 새로운 임무를 수행합니다. 구원받은 자로서, 연합된 자로서, 의롭게 된 자로서 우리는 믿음으로 말미암아 실제로 거룩한 삶을 살게 됩니다. 이때 믿음은 하나님이 어떤 분이시며, 하나님이 주신 약속이 무엇인지 보여줍니다. 그리고 신자는 이를 통해 세상을 거슬러 나갑니다. 이것이 기독교의 믿음입니다. 신자를 그리스도와 연합시켜 본성을 바꾸는 것도 믿음이요, 변화된 본성을 겉으로 드러나게 하는 것도 믿음입니다.

그렇다면 변화된 본성을 가지고 있음에도 불구하고 왜 믿음이 있어야 선한 행위로 나타나게 될까요? 그것은 바로 신자의 외부를 둘러싸고 있는 이 세상이 마귀가 권세를 잡은 죄악 된 곳이며, 또 신자는 내적으로 여전히 존재하는 죄와 거듭난 본성이 싸우는 전쟁터이기 때문입니다. 바로 새로운 본성의 눈을 가려 육신의 눈에 보이는 세상으로 끌고 가려는 오염된 죄의 세력과 거듭난 본성의 싸움인데, 이때 거듭난 본성에 싸울 힘을 공급하는 무기는 믿음입니다. 믿음은 죄악 된 세상의 허영을 꿰뚫고 하나님과 하나님이 다스리시는 나라, 곧 지금은 보이지 않으나 영원히 존재하는 나라의 실체를 바라보게 합니다. 그러므로 믿음은 신자의 일생과 함께합니다. 결국 신자로 살아가는 것 자체가 믿음과 함께 하는 구원의 여정입니다.

이처럼 기독교는 믿음의 종교입니다. 이제부터 우리는 이 믿음을 본격적으로 살펴보려고 합니다. 그 첫걸음으로 우리가 흔히 가지고 있는 믿음에 대한 오해를 살펴보겠습니다. 왜냐하면 새 술을 담기 전에 우리는 먼저 헌 부대를 버려야 하기 때문입니다.

01

신자여!
믿음이 무엇인지
아는가?

그 날에 많은 사람이 나더러 이르되 주여 주여 우리가 주의 이름으로 선지자 노릇 하며 주의 이름으로 귀신을 쫓아 내며 주의 이름으로 많은 권능을 행하지 아니하였나이까 하리니 그 때에 내가 그들에게 밝히 말하되 내가 너희를 도무지 알지 못하니 불법을 행하는 자들아 내게서 떠나가라 하리라 (마7:22-23).

신자여!
믿음이 무엇인지
아는가?

제가 전에 섬겼던 교회의 여든여덟 된 권사님은 새벽마다 기도할 때 "믿기만 하면 구원받는다고 생각하는데 이것은 새빨간 거짓말입니다" 라고 크게 소리쳤습니다. 저는 기도하다가 처음 이 말을 들었을 때 깜짝 놀랐습니다. 전통적인 장로교회에 출석하시는 권사가 어떻게 이 신칭의를 부정할 수 있을까요? 그래서 제 기도를 중단하고 그 권사님의 기도를 가만히 들어보았습니다. 들어보니 그 기도는 이신칭의 (justification by faith alone)를 부정하는 것이 아니라, 믿는다고 하면서 아무렇게나 신앙생활을 하는 많은 사람들의 모습을 안타깝게 생각하면서 드리는 탄식이었습니다. 이 권사님은 예순이 넘은 늦은 나이에 신앙생활을 시작한 이후로 얼마나 열심히 하나님을 섬기는지 모릅니다. 새벽마다 이 시대의 믿음 아닌 믿음을 보고 탄식하는 이 노인의 기도야말로 오늘 우리가 귀 기울여 들어야 할 선지자의 음성처럼 들렸습니다.

한 지역 교회에 출석하며 신앙생활을 하는 사람에게 가장 친숙한 용어가 무엇일까요? 당연히 "하나님", "예수님"과 같은 이름일 것입니다. 그렇다면 그 외의 단어 중에 가장 친숙한 말은 무엇일까요? 아마도 "믿음"이 아닐까 합니다. 개역개정 성경에 "믿다"라는 동사에서 파생된 단어가 629회 등장하는데, 특히 믿음의 역할을 강조되는 신약에만도 555회나 등장합니다. 신약 성경 전체에서 "하나님" "예수님" "주"라는 말 다음으로 많이 등장하는 단어가 바로 "믿음/믿다"라는 단어입니다. 우리는 아무렇지도 않게 다른 사람을 향해서 어떤 사실에 대해서 "믿으라"라고 요구하거나, 스스로 "믿는다"라는 말을 사용합니다. 어떤 경우는 자신이나 다른 이를 향해서 "믿음이 좋다 혹은 부족하다"라는 말을 툭툭 내뱉기도 합니다. 그런데 가만히 생각해 보면, 믿음이라는 말만큼 남용되고 오용되는 용어가 또 있을까 싶습니다. 오죽하면 장로교 신자의 입에서 믿기만 하면 구원받는다고 생각하는 것이 새빨간 거짓말이라는 말까지 나오게 되었을까요? 과연 이 땅의 신자들은 믿음이 무엇인지 알고 있을까요?

심방을 하다 보면 신앙생활을 잘하다가 성인이 된 이후로는 주일예배에 거의 참석하지 않고 지내는 자녀를 둔 부모를 종종 만나게 됩니다. 그들은 이야기를 하면서 안타까워하는 마음으로 저에게 기도와 도움을 요청합니다. 그러면서 꼭 하는 말이 있습니다. "우리 아이가 하나님을 믿기는 믿는 것 같은데..." 교회 출석도 하지 않고, 신앙적인 활동도 하지 않는 자녀가 하나님을 믿는다니 무슨 말일까요? 아마도 비록 예배에 참석은 하지 않지만, 입으로는 자신이 하나님을 믿는다고 말하기 때문인 것 같습니다. 부모는 그것만으로도 위로를 받고 싶어 합니다. 그럴 때마다 그 자녀와 부모가 말씀하는 '하나님을 믿는다는 말'은 무슨 뜻인가 하고 자문하곤 했습니다. 그리고 얼마 후 그 의미를 깨달았습니다. 바로 '하나님이 계시다는 것을 믿는다'는 말이었습니다. 그렇다면 그 하나님은 어떤 분이시냐고 물으면, 어릴 적에 교회에서 배운 하나님에 대한 몇 가지 사실 외에는 잘 모릅니다. 하지만 그들에게는 하나님이 어떤 분이신지에 대해서는 잘 몰라도 별로 중요하지 않습니다. 중요한 것은 하나님이라는 이름을 가진 보이지 않는 신이 있다는 것을 믿는다는 사실입니다. 그러니까 사람들이 일반적으로 말하는 "믿음은 있는 것 같은데…"라는 말은 결국 "하나님이라는 신이 존재한다고 생각한다"라는 뜻일 때가 많습니다. 어떤 신인지, 무엇을 하고 있는지는 상관없습니다. 그저 존재한다고 믿는다는 사실이 중요합니다. 과연 이것이 성경이 말하는 믿음일까요?

나는야 모태(?)신앙인

성도를 만날 때 가끔 "언제부터 신앙생활을 하셨느냐"라고 물을 때가 있습니다. 이 질문은 단순히 교회를 언제부터 나왔는지를 묻는 질문이 아닙니다. 제가 이 질문을 통해서 알고 싶은 사실은 그 사람이 믿음을 어떻게 이해하고 있느냐입니다. 그때 가장 많이 듣는 대답은 '모태신앙'이라는 말입니다. 어떤 사람은 부끄러워하면서 말하기도 하지만, 어떤 사람은 조금은 자랑스러운 듯 말합니다. 부끄러워하는 이들은 모태 신앙이라면 지금쯤 더 큰 믿음의 모습을 보여야 하는데 그렇지 못하다고 생각해서 그런 것 같습니다. 반면에 모태 신앙을 자랑스럽게 여기는 이들은 왜 그럴까요? 만약 말 그대로 모태 신앙이라면 자랑스러워도 보통 자랑스러운 것이 아닙니다. 어머니의 태에서부터 믿음을 가졌으니 그 믿음이 얼마나 대단한 믿음입니까. 엄마가 누군지 아빠가 누군지 알기도 전에 하나님을 알고 믿었으니 가히 영적인 거인이라 할 만하지 않습니까?

믿음이란 하나님이 주시는 선물입니다(엡2:8). 그러므로 하나님의 역사가 없으면 결코 믿음을 가질 수가 없습니다. 그렇다면 정말로 모태 신앙인은 어머니의 뱃속에서부터 믿음을 가졌을까요? 아마도 그렇지 않을 것입니다. 왜냐하면 믿음에는 반드시 믿음의 대상과 내용이 있어야 하는데, 태 속에 있는 아이는 하나님에 대한 어떤 지식도 가질 수가 없기 때문입니다. 모르는 것을 믿을 수는 없는 노릇이니 이것이 당연합니다. 물론 예외가 없는 것은 아닙니다. 엘리사벳의 태 속에 있던 세례 요한은 태중에서부터 성령 충만함을 받았으며, 그리스도를 잉태하고 있던 마리아가 왔을 때 기뻐했습니다. 그리고 이 사실을 근거로 영아 때에 죽은 신자의 자녀의 구원 문제를 논하기도 합니다. 세례 요한은 성령님의 역사로 말미암아 예수님을 어떤 방식으로든 인식했습니다. 우리는 이것을 믿음이라고 부를 수 있을지도 모르겠습니다.

하지만 분명한 사실은 설령 태아나 영아에게 믿음이 있다고 해도 그것은 구원을 위하여 성인에게 요구되는 믿음과는 차이가 있을 수 있습니다. 성경이 명시적으로 언급하지 않기에 이 문제에 관한 더 구체적인 부분에 대해서는 분명하게 알 수 없습니다. 하지만 분명한 사실은 이 습관적 믿음(*fides habitualis*)을 태아에게 적용하는 것은 매우 특별한 경우이며, 이를 확대해서 적용하게 되면 여러 다른 문제에 봉착하게 됩니다. 쉽게 말하면, 만약 어머니의 뱃속이나 영아 상태에서 죽은 아이가 하나님의 택한 백성이라면 하나님은 초자연적으로 그에게 역사하여 그리스도를 알게 하였을 것입니다. 하지만 태아 상태에서 죽지 않고 태어난 사람이 구원받기 위해서는 성장하는 가운데 어느 시점에서는 구원의 도리를 알고 믿어야 합니다. 그러므로 지금 살아있는 성인 가운데 뱃속에서 세례 요한이 경험했던 특별한 믿음을 가졌던 사람은 없다고 보아야 할 것입니다. 그러니 어머니의 뱃속에서부터 믿었다는 말이 얼마나 얼토당토 않은 말입니까. 그런데 왜 우리는 모태 신앙이라는 말을 쉽게 사용할까요? 그것은 믿음을 크게 오해하기 때문입니다.

모태 신앙이라는 말은 결국 내가 배 속에 있을 때 어머니가 교회를 다녔는 말일뿐, 구원하는 믿음과는 아무런 상관이 없는 말입니다. 그런데 사람들은 자신이 어머니 뱃속에서 함께 교회를 다녔기 때문에 자신에게도 믿음이 있었다고 생각합니다. 기독교적인 환경에서 자랐기 때문에 자신의 믿음은 구원을 얻을 만한 믿음이라고 여깁니다. 이 생각의 뿌리에는 교회에 출석하는 것이 곧 믿음의 증거라는 인식이 자리잡고 있습니다. 하지만 믿음은 어머니의 태를 통해서 전달되는 것도 아니고, 어머니를 따라 교회를 출석한다고 해서 자동으로 주어지는 것도 아닙니다. 왜냐하면 믿음은 단순한 교회 출석 이상의 의미가 있기 때문입니다.

활화산 같은 뜨거운 열정

오승환이라는 프로야구 선수가 있는데, 돌부처라는 별명을 가지고 있습니다. 이 선수는 팀이 이기고 있을 때, 시합이 끝나는 마지막 9회에 등장해서 상대 팀의 마지막 공격을 막아 내는 마무리 투수입니다. 마지막 회는 이전 다른 회와 달리 상대 팀도 고도의 집중력을 보이기 때문에 비록 한 회이지만 막아 내기가 쉽지 않고, 위기를 많이 만나게 됩니다. 그러므로 마무리 투수는 침착해야 하고, 자신의 감정을 상대 팀에게 드러내서는 안 됩니다. 바로 오승환 선수가 그런 투수입니다. 그런데 왜 하필 돌부처라는 별명을 가졌을까요? 표정에 아무런 변화가 없기 때문입니다. 그런데 여기서 한 번 생각해 보십시오. 절에 가면 돌로 만들어진 부처상이 있습니다. 신도는 그 불상 앞에서 절을 하기도 하고, 소원을 빌기도 합니다. 지성이면 감천이라고 더 간절하게 더 절실하게 자신의 신앙을 표현하면 부처가 자신의 소원을 들어줄 것이라 믿고 온 몸이 으스러져라 삼천 번씩 절을 하는 사람도 있습니다. 그런데 부처의 표정에는 아무런 변화가 없습니다. 이 장면은 많은 것을 시사해 줍니다. 한 편에는 온 열정을 다해서 자신의 정성과 신앙을 표현하는 사람이 있습니다. 그는 쓰러질 정도로 열심히 자신의 간절함을 표현하고 있습니다. 하지만 그가 절하는 대상은 그 모습을 보고 있으면서도 표정에 아무런 변화 없이 냉정한 모습으로 그를 내려다보는 불상입니다. 마치 그의 열정이 아무것도 아니라는 듯이 말입니다.

이는 불교도의 모습을 그린 것이지만, 어쩌면 기독교 신앙의 현실을 묘사해 주는 장면일 수도 있습니다. 한국 사람은 개인적으로 보면 서양이나 남미 쪽 사람보다 점잖고 덜 열정적이지만, 집단으로 모이면 뜨거운 용광로로 변하곤 합니다. 분출하는 열정을 숨기지 못합니다. 대표적으로 2002년 월드컵 때 온 국민이 흥분하여 거리로 나와 응원하던 모습은 전 세계에 깊은 인상을 남겼습니다. 그때는 정말 온 나라가 열광의 도가니였습니다. 이런 정서가 신앙에도 영향을 미쳤습니다. 한국 기독교인은 세계 어떤 나라의 신자보다 열정적으로 신앙생활을 합니다. 거의 모든 교회가 매일 새벽에 기도회를 하는 나라가 세상에 어디에 있을까요? 그뿐만 아니라 백일 기도, 철야 기도, 금식 기도 등등 기도에 대한 열정은 세계 어떤 나라보다 강합니다. 그런데 이렇게 모이는 데에만 열정적인 것이 아니라 기도하는 모습도 열정적입니다. 한국 교회에만 있는 '주여 삼창'을 비롯해서, 모두가 한목소리로 기도하는 통성 기도도 한국교회의 특징입니다. 그뿐만 아니라 기도회를 하다 보면, 우는 사람, 소리 지르는 사람, 방언을 하는 사람, 뛰는 사람, 자신의 몸을 치는 사람 등등 얼마나 열정적으로 기도를 하는지 처음 참석하는 사람은 적응하기 어려울 정도입니다. 그렇다면 과연 이런 외적인 열정이 참된 믿음을 보증할까요?

엘리야가 850명의 바알과 아세라 선지자들과 대결할 때, 헛된 우상을 섬기는 그들의 모습을 한번 생각해 보겠습니다. 그들은 열정적으로 부르짖었습니다. 그뿐만 아니라 그들은 자신의 몸을 자해하며 자신의 신앙을 표현했습니다. 세상에 이런 위대한 믿음이 어디에 있을까요? 얼마나 열정이 있었으면 자신의 몸에 자해까지 했을까요! 그들은 자신이 얼마나 열정있는 신앙인인지 신들에게 보여주기를 원했습니다. 만약 하늘에서 불이 내려야 한다는 외적인 증표가 요구되지 않는 일상적인 종교 행사였다면 그들의 열정은 오늘날의 기준으로 볼 때 누가 봐도 신실한 신앙인의 모습 자체였을 것입니다. 하지만 이것이 이방 종교만의 모습이라고 할 수 있을까요? 우리는 교회 안에서 이런 모습을 얼마나 많이 경험합니까! 몇 시간을 기도했는지, 며칠을 금식했는지가 믿음의 척도가 되어 버려서, 어느덧 이런 열정을 가진 사람이야말로 좋은 믿음의 대명사가 되어 버렸습니다. 그뿐만 아니라 얼마나 외적으로 종교적인 모습을 보였으며, 교회의 정해진 원칙을 얼마나 열심히 잘 따랐느냐에 따라 믿음을 평가하고 있음을 누가 부인할 수 있을까요?

하지만 그런 이에게 예수님은 "나더러 주여 주여 하는 자마다 다 천국에 들어갈 것이 아니요 다만 하늘에 계신 내 아버지의 뜻대로 행하는 자라야 들어가리라"(마 7:21)라고 말씀하십니다. 여기서 말하는 "주여, 주여 하는 자"가 누구일까요? 바로 신앙적인 열정을 가진 사람, 종교적인 열정을 가진 사람이 아닐까요? 늘 하나님을 찾고, 늘 예수님을 찾기에 보기에는 대단한 열정과 믿음을 가진 사람이지만, 참된 믿음은 그런 외적인 열정과 늘 직접적인 관계가 있는 것은 아닙니다. 그렇다면 무엇일까요? 갈멜산에서는 하늘에서 내리는 불이 참된 믿음을 증명했다면, 이제는 성경이 말하는 참된 열매가 참된 믿음을 증명합니다. 바로 하늘에 계신 아버지를 닮은 성품과 그 뜻대로 살아가는 삶입니다.

천사의 말을 할지라도

한때 한국 교회에서 알파 코스라는 신앙 훈련 과정이 유행했던 적이 있습니다. 사실 아직도 한국을 비롯한 전 세계에서 이 운동이 펼쳐지고 있는 것으로 알고 있습니다. 알파코스는 세속화로 치닫고 있는 세상 속에서 복음을 전하는 방편으로 시작되었으나 점점 은사주의로 치우치다가 신사도적 경향을 보이기까지 한 운동이라고 합니다. 이 운동을 더욱 유명하게 한 것은 바로 이 집회에 참석했던 사람 중에 아말감으로 만든 어금니가 금니가 되는 경험을 한 사람이 많다는 소문 때문이었습니다. 언젠가 친분이 있는 한 선교사님이 알파 코스를 권유했습니다. 그래서 늘 궁금하던 차에 정말로 아말감으로 씌운 이가 금니가 되는 것을 보신 적이 있냐고 물었습니다. 그랬더니 당연하다는 듯이 바로 자기 이가 그렇게 변했다고 말했습니다. 그는 공학 박사 학위를 가진 지성인임에도 불구하고 그렇게 말을 하니 믿지 않을 수가 없었습니다. 자기 이가 금니로 바뀌었다는데 제가 무슨 말을 할 수 있을까요?

물론 여기서 우리는 과연 이런 신비한 은사나 이적이 오늘날에도 계속되는지를 먼저 살펴야 합니다. 하지만 그것은 이 책에서 다루고자 하는 주요한 주제가 아니므로 지금 논의하는 것은 지혜롭지 않은 것 같습니다. 설령 하나님이 직접적으로 그 일을 하셨다 하더라도, 중요한 것은 왜 그렇게 하셨느냐이지 그 일 자체가 아닙니다. 사실 그런 신비한 현상은 참된 믿음을 가진 신자에게는 별로 큰 영향을 미치지 못합니다. 왜냐하면 신자는 이미 하나님은 아말감으로 된 이를 금니로 바꿀 수 있는 능력이 있음을 믿고 있기 때문입니다. 그러므로 이적 자체는 우리에게 특별한 믿음의 내용을 더해주지 못합니다. 물론 불신자나 하나님에 대한 신뢰가 부족한 사람에게는 도움이 될 수 있습니다. 그들이 다시 하나님을 주목하게 될 기회가 되기 때문입니다.

문제는 이 은사가 신앙의 시작이냐 끝이냐에 있습니다. 어떤 이는 이런 은사와 이적을 자신의 신앙 목표로 삼고 있습니다. 그런 신비한 현상이 자신에게 일어나기를 바라고, 그런 일을 일으키는 사람이 가진 믿음을 최고로 여깁니다. 하지만 이것은 매우 잘못된 모습입니다. 왜냐하면 그런 신비한 현상이 실제로 존재한다 하더라도 그것은 하나님의 능력이지 결코 그 사람의 믿음의 결과가 아닙니다. 더욱이 그것은 신앙의 절정이나 목표가 아니라 이제 참된 신앙으로 들어가는 시작에 불과하기 때문입니다. 바꿔 말하면, 이적은 하나님이 어떤 사람을 참된 신앙으로 인도하기 위해서 자신에게 주목하지 않는 그들을 놀라게 하여 자신에게 주목하도록 하시기 위한 수단일 뿐이기 때문입니다. 그리하여 이제 하나님을 참되게 알아가며, 삼위 하나님의 구속의 역사와 은혜를 믿는 참된 믿음으로 인도하시는 것입니다. 그런데 이런 은사와 이적을 신앙의 최고봉으로 여기는 사람들은 거기서 멈춰버리게 되고, 하나님에 대한 참된 지식으로 나아가지 못하는 경우가 너무나 많으니 얼마나 안타까운지 모릅니다.

종종 주변에 있는 성도 중에 수십 년 전에 자기가 경험했던 신비한 은사와 체험을 아직도 말하고 다니는 모습을 쉽게 볼 수 있습니다. 그런 체험을 소개하면 자기 믿음과 신앙이 대단하게 보일 것이라고 믿는 것 같습니다. 하지만 저는 그들에게 부탁하고 싶습니다. 그 이후에 당신의 영혼에 역사하신 하나님을 내게 들려달라고 말입니다. 당신이 처음 하나님을 알았던 이십 년 삽십 년 전의 하나님이 아니라 그 이후에 역사하셨고 지금 그대와 동행하시는 그 하나님을 말해달라고 말입니다. 만약 하나님이 지금도 이적을 일으키신다면, 그것은 이적을 통해서 하나님에게 관심을 가지게 하여 택자의 영혼에 베풀어진 하나님의 은혜와 사랑을 알려주기를 원하시기 때문입니다. 독생자를 보내어 원수 된 나를 사랑하실 만큼 공의로우시고, 거룩하시며, 자비로우시고, 지혜와 권능이 무한하신 그 하나님을 알게 되기를 원하십니다. 아말감이를 금니로 바꾸지 않고는 도대체 자신을 알려고 하지 않는 자가 하나님 자신을 바라보도록 하시는 것입니다. 그러므로 이제 그 사람은 그 경험을 가슴에 새긴 채 하나님을 알아가는 믿음의 여정을 시작해야 합니다. 그런데 아직도 그때 바뀐 금니를 가슴에 품은 채 살아가고 있는 사람이 있다면, 그는 황금알을 낳는 거위보다 거위가 낳은 알에 관심을 품고 거위의 배를 가른 어리석은 사람이 아니고 누구겠습니까! 이런 사람에게 주님은 이렇게 말씀하십니다.

> 그 날에 많은 사람이 나더러 이르되 주여 주여 우리가 주의 이름으로 선지자 노릇하며 주의 이름으로 귀신을 쫓아내며 주의 이름으로 많은 권능을 행하지 아니하였나이까 하리니 그 때에 내가 그들에게 밝히 말하되 내가 너희를 도무지 알지 못하니 불법을 행하는 자들아 내게서 떠나가라 하리라(마 7:22-23).

믿음은 심리 조절이 아니다

1970년대 혹은 80년대 초 주일 아침에 일어나서 텔레비전을 켜면 한 유명한 목사의 설교를 들을 수 있었습니다. 그는 한국에서 가장 유명한 목사였고, 지금도 그렇습니다. 세계에서 가장 큰 교회의 담임목사였으며, 현재는 그 교회 원로 목사입니다. 그는 병든 자를 고치고, 기적을 행하는 목사였습니다. 그 목사가 잘 쓰시는 말 중에 하나가 "믿쑵니까" "믿쑵니다"라는 말입니다. 설교하다가 "믿쑵니까"하고 물으면 성도들은 크게 "아멘"으로 화답했습니다. 이렇게 설교하면서 그 목사는 믿음을 강조했습니다. 믿음으로 병도 고치고, 믿음으로 고난도 이기고, 믿음으로 부자도 될 수 있다고 했습니다. 믿기만 하면 무엇이든 할 수 있다고 했습니다. 실제로 그 교회에는 병이 나았다는 사람이 많이 있었다고 합니다. 실제로 그 목사가 한 설교를 들어 보면 그 목사가 말하는 믿음이 무엇인지 잘 알 수 있습니다. 히브리서 11장 1절 말씀의 의미를 설명하면서 다음과 같이 말합니다.

> 우리가 바라고 소망하는 것이 아직 보이지 않아도 믿음이 있으면 바라고 소망하는 것이 반드시 이뤄진다는 믿음이 있으면 그것이 우리가 증빙서류나 집이나 부동산의 등기서류를 증거로 가지고 있는 것과 같다는 것입니다. 집을 아직 이사 가지 않아도 그 집에 등기서류나 증빙서류를 손에 쥐고 있으면 그 집이 내 것인 것처럼 아직 보지 못하고 취하지 못했으나 믿음이 있으면 믿음은 이미 그것이 내 것이 되었다는 증거가 된다는 것입니다.

믿음이란 없는 것을 있는 것같이 부르는 것이기에 하나님의 말씀을 통해서 마음으로 꿈꾸고 상상하고 그것에 집중하면 이루어진다고 합니다. 그러면서 로버트 슐러(Robet Harold Schuller, 1926-2015)와 노만 빈센트 필(Norman Vincent Peale, 1893-1993)을 인용하고, 심지어 철학자면서 로마의 황제로서 이교도였던 마르쿠스 아우렐리우스(Marcus Aurelius Antonius, 120–180)까지 인용합니다. 그 목사는 자신이 시무하는 세계에서 가장 큰 교회도 자신이 꿈과 상상 속에서 생각했던 것이 현실로 이루어진 것이라며, 우리가 무엇이든지 생각하고 바라보면 믿음이 생기고 우리의 인생은 그 믿음대로 흘러가게 된다고 합니다. 바로 이것이 믿음은 바라는 것들의 실상이라는 히브리서 말씀의 참뜻이라고 합니다. 성경의 믿음을 논하면서 이교도였던 철학자의 말을 인용한다는 것은 스스로 믿음이 자연적인 심리적 현상과 같다고 고백하는 꼴이 아니고 무엇일까요? 다시 말하면, 요즘 말하는 심리 조절과 무엇이 다르며, 불교 승려였던 원효가 말하는 "일체유심조"와 무엇이 다른지 과연 설명할 수 있을까요?

정말로 하나님이 히브리서 11장을 통해서 우리에게 알려주시고자 하는 믿음의 본질이 이와 같을까요? 결코 그렇지 않습니다. 이런 주장은 히브리서 11장에 믿음의 정의에 이어 등장하는 믿음의 영웅들의 삶을 설명할 수 없습니다. 물론 이들 중에는 믿음으로 인생의 위기를 돌파한 사람도 있고, 영광을 누린 사람도 있습니다. 하지만 핵심은 믿음으로 우리가 이 땅에서 뭔가를 누리는 것이 아닙니다. 왜냐하면 35절 이하에서 이렇게 말하고 있기 때문입니다.

어떤 이들은 더 좋은 부활을 얻고자 하여 심한 고문을 받되 구차히 풀려나기를 원하지 아니하였으며, 또 어떤 이들은 조롱과 채찍질뿐 아니라 결박과 옥에 갇히는 시련도 받았으며 돌로 치는 것과 톱으로 켜는 것과 시험과 칼로 죽임을 당하고 양과 염소의 가죽을 입고 유리하여 궁핍과 환난과 학대를 받았으니(히 11:35-7).

만약 믿음이 상상하는 것을 이 땅에서 이루어 내는 것이라면, 이들은 왜 고난과 시련을 겪었을까요? 그렇다면 이들이야말로 가장 믿음이 없는 사람들이 되어 버리지 않을까요? 히브리서 기자의 결론은 믿음이란 지금 눈에 보이는 것 너머에 있는 것을 보는 것입니다. 하나님의 도우심으로 때로는 눈앞에 있는 시련을 넘어서 세상의 영광을 누리기도 하지만 그것은 그 자체로 최종적인 복이 아니라, 믿음이 우리에게 가져다주는 최종적인 복을 예표하는 것입니다. 왜냐하면 눈에 보이는 모형을 통해 보이지 않는 은혜 언약의 실체를 예표하기에 신약의 그림자라고 불리는 구약 성경과는 달리 은혜 언약의 실체가 드러나는 신약 성경은 믿음으로 고난을 겪는 사람에 대해서 더 많이 말하고 있기 때문입니다. 그 이유는 그들이 믿음으로 보았던 것은 땅의 것이 아니라 비교할 수 없이 귀하고 영광스러운 보이지 않는 것들, 곧 하나님과 그 나라의 영광이었기 때문입니다. 그리고 교회사는 이 세상의 삶 전체가 시련이어서 그 시련 너머에 있는 영생의 약속을 붙들고 살아갔던 이들로 가득 차 있습니다. 히브리서의 저자는 이 세상에서의 성취는 믿음이 바라보는 실체가 아니며, 믿음은 눈에 보이는 것 너머에 있는 보이지 않는 것을 바라본다는 사실을 알리고자 했던 것입니다. 그러므로 믿음이란 자기 마음을 통제하여 우리가 살아가는 이 땅의 현실을 바꾸는 조엘 오스틴(Joel Scott Osteen, 1963-)식의 심리 조절이 아닙니다. 믿음은 현실 너머에 있는 보이지 않는 세상과 궁극적으로는 모든 것을 주관하시는 삼위일체 하나님을 바라봅니다.

지금까지 한국 교회 안에서 믿음에 대해서 널리 퍼져있는 다양한 오해를 살펴봤습니다. 이런 오해들은 근본적으로 무지 때문에 일어납니다. 첫째는 믿음 자체에 대한 무지입니다. '믿는다'는 말 자체가 어떤 의미인지 잘못 알고 있습니다. 둘째는 믿음의 내용에 대한 무지입니다. 무엇을 믿어야 하는지 믿음의 대상이 불분명합니다. 셋째는 믿음의 목적에 대한 무지입니다. 이 믿음의 목적에 따라서 믿음의 대상과 내용이 결정되는데, 많은 신자는 믿음의 목적과 믿음의 대상 간 관계를 바르게 이해하지 못하고 있습니다. 사람들은 성경이 말하는 구원하는 믿음이 가진 특수한 성격을 이해하지 못하고, 일상생활에서 말하는 지적 활동의 결과물로서의 믿음과 동일한 것으로 여깁니다.

그러므로 이제 죄인을 구원하는 참된 믿음이 무엇인지 살펴보겠습니다. 먼저 교회사에서 신앙의 선배들은 믿음을 어떻게 이해하고 가르쳐왔는지를 살펴 그들이 설명하는 다양한 믿음의 종류를 알아본 후, 구원하는 믿음이 가진 본성을 다룰 것입니다. 마지막으로 구원하는 믿음이 자신에게 있다는 사실을 어떻게 확신할 수 있는지 살펴볼 것입니다.

실천질문

<hr style="width:15%" />

1. 하나님의 특별한 역사를 제외하고 모태 신앙이란 존재할 수 없습니다. 그 이유는 무엇입니까?

2. 오늘날 어떤 사람의 믿음이 좋다고 판단하는 중요한 기준 중에 하나는 신앙적 열정입니다. 하지만 그런 열정을 가진 사람이라고 해서 반드시 '구원하는 믿음'을 가지고 있다고 말할 수는 없습니다. 그 이유는 무엇입니까?

3. 믿음은 눈으로 볼 수 있는 것이 아니기에 사람들은 늘 확신을 위한 증거를 구하고 싶어 합니다. 그 증거 중에 가장 강력한 것은 아마도 이적과 신비로운 현상이라고 생각하기 쉽습니다. 여러분은 이적과 신비로운 은사가 '구원하는 믿음'이 있다는 증거가 된다고 생각합니까? 그 이유는 무엇입니까?

4. 성경이 말하는 '구원하는 믿음'과 미국의 어떤 목사가 '긍정의 힘'으로 표현하는 심리 조절(mind control)은 어떤 차이가 있다고 생각합니까? 함께 나눠봅시다.

02

믿음이라고
다 같은 믿음이
아니다

아나니아라 하는 사람이 그의 아내 삽비라와 더불어 소유
를 팔아 그 값에서 얼마를 감추매 그 아내도 알더라 얼마
만 가져다가 사도들의 발 앞에 두니 베드로가 이르되 아
나니아야 어찌하여 사탄이 네 마음에 가득하여 네가 성령
을 속이고 땅 값 얼마를 감추었느냐 … 사람에게 거짓말
한 것이 아니요 하나님께로다 아나니아가 이 말을 듣고
엎드러져 혼이 떠나니 이 일을 듣는 사람이 다 크게 두려
워하더라(행5:1-5).

믿음이라고
다 같은 믿음이
아니다

많은 사람이 믿음을 오해하는 이유는 믿음이라는 말이 다양한 의미로 사용되기 때문입니다. 그런데 믿음에 대한 오해는 단순한 국어의 문제가 아닙니다. 왜냐하면 만약 구원하는 참된 믿음이 아닌, 구원하는 능력이 없는 믿음을 가지고 있으면서 자신은 믿기 때문에 구원받았다고 착각한다면 매우 심각한 결과를 초래하기 때문입니다. 스스로 구원하는 믿음을 가지고 있다는 잘못된 확신을 가져 참된 믿음을 구하려 하지도 않고 영혼의 상태에 무관심한 채로 살아가기 쉽습니다. 그 결과 청교도 토마스 왓슨(Thomas Watson, 1620-1686)이 지적하듯 "웃으면서 지옥을 향해 걸어가는 사람들"이 얼마나 많습니까!

베드로와 요한이 성전에 기도하러 가던 길에 태어나면서부터 걸을 수 없던 장애인을 고친 사건은 수많은 회심자를 만들어내기도 했지만, 제자들에게 시련을 안겨 주기도 했습니다. 제사장들을 비롯한 유대인 기득권층은 베드로와 요한이 예수님의 부활을 가르친다고 하여 잡아 가두었으나 그들은 담대하게도 바로 그들 앞에서 복음을 전했습니다. 이런 과정을 통해서 예루살렘에 많은 회심자가 생겨났고 첫 신약교회가 예루살렘에서 탄생했습니다. 성령님의 역사로 말미암은 회심은 사람들의 삶을 완전히 바꿔 놓았습니다. 심지어 그들은 자기 소유를 주 안에서 형제 된 자들과 공동으로 사용하는 데까지 나아갔습니다. 영원한 나라에 대한 소망과 영혼에 대한 관심이 불같이 일어나자 이 땅의 썩어질 물질에 대한 관심이 급격하게 줄어들었기 때문입니다. 그리하여 성도는 집과 밭을 팔아 사도에게 헌금하였고, 사도는 그것을 성도 중에 있는 가난한 사람에게 나누어 주어서 궁핍한 사람이 없을 정도였다고 하니 참으로 놀라운 일이 아닐 수 없습니다. 이것이야말로 복음의 능력이 아니고 무엇이겠습니까! 오늘날 어떤 교회에서도 찾아보기 어려운 현상입니다. 예수님을 믿고 자기 전 재산을 성도와 나누는게 과연 쉬운 일일까요? 말그대로 이것은 믿음이 없이는 될 수 없는 일입니다. 이러한 물질적인 헌신이 믿음에 대한 강력한 증거가 될 수 없다고 말할 수 있는 사람은 별로 없을 것입니다.

아나니아와 삽비라는 바로 이 교회 공동체에 속한 성도였습니다. 그들도 역시 소유를 팔았습니다. 하지만 하나님은 아나니아와 삽비라를 죽이셨습니다. 그 이유는 그들이 자기 소유를 전부 내놓지 않고, 일부만 내고 나머지는 감추었기 때문입니다. 우리는 여기서 심각한 질문을 대면하게 됩니다. 과연 이들이 정말로 죽을죄를 지었는가 하는 것입니다. 이 기준이라면 오늘날 교회의 신자 중에 살 사람이 과연 얼마나 있을까요? 아나니아와 삽비라 부부의 믿음에 무슨 문제가 있었단 말일까요? 비록 전 재산을 내지는 않았지만 그중에 일부를 낸 것이 죽을 일일까요? 아닙니다. 그들은 재산의 상당 부분을 냈던 것이 틀림없습니다. 왜냐하면 사도를 비롯한 다른 사람이 이 부부의 전 재산이라고 생각할 수 있을 만큼 냈을 것이기 때문입니다. 얼마나 큰 금액이었을까요! 그렇다면 이들이 헌신한 대가는 죽음이라는 형벌이 되어서는 안되고 오히려 칭찬을 받아 마땅하지 않을까요? 전 재산을 내는 것에 비하면 일부만 낸 것을 적은 믿음이라고 할 수는 있겠으나 우리는 과연 그들의 믿음을 적다고 말할 수 있을까요? 아니 설령 그렇다 해도 믿음이 적으면 죽어야 할까요? 이렇게 수많은 의문이 떠오르게 됩니다.

우리는 여기서 그들의 물리적 죽음에 지나치게 집중할 필요는 없습니다. 더 중요한 것은 그들의 영혼입니다. 교회의 시작이며 기초를 세우는 이 시기에 하나님은 교회 안에 죄의 누룩이 자리 잡는 것을 막아야 했기 때문에 죄를 죽음의 형벌로 경고하신 것입니다. 바꿔 말하면, 매우 중요한 영적인 문제에 대한 교훈을 물리적인 죽음을 통해서 가르치신 것이기 때문에 물리적인 죽음을 이후에 동일한 잘못을 저지르는 모든 시대의 사람들에게 적용되는 공통된 징벌로 생각해서는 안됩니다. 하나님은 이 사건을 통해 우리에게 중요한 영적인 메시지를 전하고 계십니다.

과연 그 메시지는 무엇일까요? 성경은 이들이 "성령을 시험했기 때문"(행5:9)에 죽었다고 말합니다. 다른 곳에서는 성령님을 속이는 죄는 물리적인 죽음이라는 차원보다는 영혼을 영원한 멸망 가운데로 몰아넣는 용서 받을 수 없는 죄로 소개합니다(요일5:16-17). 그렇다면 이 죄에 대한 마땅한 형벌은 영적인 죽음이지 물리적인 죽음은 아닙니다. 하지만 주님은 그들의 물리적인 죽음을 통해서 이제 태동하는 초대 교회의 성도들에게 성령님을 속이는 이런 죄가 가져오는 영적인 죽음이라는 결과를 경고하시고자 했던 것입니다.

아나니아와 삽비라는 오늘날 교회가 말하는 믿음이 없었던 사람이 아니었습니다. 그들은 재산의 상당 부분을 헌금할 정도로 오늘날 기준으로 하면 이른바 '믿음이 좋은' 사람이었습니다. 하지만 그들은 성령님을 속이는 심각한 죄악을 범했고, 하나님은 그들에게 물리적인 죽음을 주심으로 그들의 영혼이 영원히 멸망했다는 것을 보여주셨습니다. 그렇다면 이들의 믿음은 어떤 믿음이었을까요? 구원하는 믿음이 아닌 다른 믿음이었던 것입니다. 이들은 분명히 믿었습니다. 하지만 그 믿음에는 심각한 문제가 있었습니다. 과연 그 문제가 무엇일까요?

우리를 구원하는 믿음은 크게 두 가지로 구분할 수 있습니다. 첫째는 '믿는다'라는 동사에 대한 것입니다. 둘째는 '믿는 행위'의 대상에 대한 것입니다. 그러므로 우리는 대상과는 상관없이 '믿는다'는 일종의 행위가 어떤 의미이며, 어떤 요소를 포함해야 하는지 이 장에서 살펴보고, 다음 장에서는 '무엇을 믿는지'에 대하여 살펴보겠습니다. 먼저 '믿는다'라는 행위가 구원하는 능력을 가지기 위해서는 어떤 요소를 포함하고 있는지 그리고 그에 따른 믿음의 종류에는 어떤 것이 있는지 살펴보겠습니다. 믿음에 다양한 종류가 있다는 말이 낯설게 들릴 수 있습니다. 하지만 믿음에 대한 이러한 분류는 어느 날 갑자기 생겨난 것이 아닙니다. 종교개혁자 장 칼뱅(John Calvin, 1509-1564)을 비롯하여 많은 개혁파 신앙의 선배를 통해서 전수되고 발전되었던 가르침이므로 참된 믿음의 본성을 아는 데 도움이 될 것입니다.

믿음의 요소

교회에 정기적으로 출석하는 사람들은 대부분 스스로 자신이 하나님을 믿고, 예수님을 믿는다고 말합니다. 심지어는 교회를 정기적으로 출석하지 않는 이들 중에도 자신은 하나님을 믿는다고 말하는 경우를 심심치 않게 볼 수 있습니다. 왜냐하면 앞서 언급했듯이 단순히 하나님이 계신다는 정도의 생각을 가지고 믿음이라고 말하기 때문입니다. 하지만 그저 하나님이 존재하신다는 생각을 가지고 있기에, 스스로 믿는다고 해서 그것이 참된 믿음이 되는 것은 아닙니다. 왜냐하면 많은 경우 그들이 생각하는 믿음에는 구원하는 믿음에 필요한 중요한 요소가 빠져 있기 때문입니다. 그렇다면 바른 믿음에 포함되어야 하는 믿음의 본질적 요소는 어떤 것이 있을까요? 1세대 종교개혁자였던 마르틴 루터(Martin Luter, 1483-1546)와 울리히 츠빙글리(Ulrich Zwingli, 1484-1531) 뿐만 아니라 2세대에 속하는 칼뱅도 믿음에는 세 가지 요소가 포함되어 있어야 한다고 보았습니다. 바로 '지식'과 '동의'와 '신뢰'입니다. 이 세 가지 요소가 갖추어질 때 믿음이 바른 기능을 수행한다고 보았습니다. 믿음을 이처럼 세 가지 요소로 구별하는 것은 중세 스콜라 신학에서 시작되었으나 칼뱅을 비롯한 종교개혁 진영에서도 수용하여 오늘까지 전해집니다.

지식(notitia)

신자의 참된 믿음을 깊이 연구한 칼뱅은 믿음을 다양하게 정의했는데, 대부분 믿음의 지성적인 부분을 매우 강조했습니다. 믿음에 대한 칼뱅의 정의 중에 가장 널리 알려진 것은 다음과 같습니다.

> 우리를 향하신 하나님의 자비(benevolence)에 대한 확고하고 확실한 지식
> 으로서 그리스도 안에서 값없이 주어진 약속이라는 진리 위에 세워졌으
> 며, 성령님을 통하여 우리의 지성에 계시되었고 마음에 인쳐졌다.

여기서 칼뱅은 믿음을 지식과 동일한 것으로 여기는 것처럼 보입니다. 물론 조건이 있습니다. 이 지식은 단순한 이성적 지식이 아닙니다. 앞서 언급한 대로 부패한 이성은 무한하고 거룩하신 하나님을 파악할 수 없습니다. 반드시 성령님의 역사를 통하여 새롭게 된 지성뿐만 아니라 거듭난 마음에도 인이 쳐져야만 가능한 지식입니다. 비록이와 같은 부가적인 조건이 있기는 하지만 칼뱅이 말한 참된 믿음에는 지식이 필수적입니다. 그래서 칼뱅은 믿음은 "지식"이라고까지 말합니다. 왜 칼뱅은 이렇게 믿음을 지식과 동일시하는 것일까요? 이를 위해서 우리는 두 가지를 알아야 합니다. 첫째는 칼뱅이 말하는 지식이란 단순한 이성적인 이해가 아닙니다. 둘째는 당시 로마 가톨릭 교회에서 성도에게 가르친 믿음에는 일반적으로 '지식'이 빠져 있었다는 사실입니다. 특히 로마 가톨릭 교회가 성도에게 요구한 "암묵적 믿음(fides implicita)"은 그 자체로 심각한 문제를 가지고 있어서 성도의 영혼을 너무나도 위태롭게 했습니다. 그들은 성도에게 구체적인 믿음의 내용을 가르치지 않았습니다. 일반 성도는 성경 자체를 구하는 것도 거의 불가능했으며, 설령 구하더라도 라틴어로 된 성경을 읽을 수 있는 이도

거의 없었습니다. 더군다나 라틴어로 진행되는 미사는 신부의 강론을 알아듣기도 어려웠지만 그 내용도 성경의 진리를 강론하는 것이 아니었습니다. 성도는 복음진리를 비롯한 성경의 진리를 알지 못한 채 그저 '교회가 믿는 것을 믿습니다'라고 하면 된다고 교육받을 뿐이었습니다. 저들이 가르친 것은 바로 맹목적 믿음입니다. 결국 많은 중세 성도는 하나님을 믿은 것이 아니라 교회를 믿었던 것입니다. 그럼에도 불구하고 중세 교회는 "암묵적 믿음"이라는 거창한 이름을 붙여 그들을 안심시켰으나, 결국 그것은 믿음의 내용이 텅 빈 "맹목적 믿음"에 불과했습니다. 그 결과 중세 성도는 너무나도 진리에 무지하였고, 자기 구원을 위해서 전적으로 교황을 비롯한 사제들과 그들이 집례하는 성례에 의존할 수밖에 없었습니다.

이처럼 지식이 빠진 신앙이 가지는 치명적인 문제를 너무나 잘 알고 있었던 칼뱅은 믿음이 반드시 지식에 뿌리를 두어야 한다고 강조했습니다. 종교개혁이 일어난 지 500년이 지난 지금 우리의 모습은 어떤가요? 오늘날 목사는 성도에게 '충성된 믿음'이라는 이유로 교회와 목사의 가르침에 무조건 동의하는 '맹목적 믿음(fides implicita)'을 요구하고 있지는 않나요? 과연 성경과 교리를 성실히 가르치지 않는 교회에 과연 참된 믿음이 얼마나 있을까요? 참으로 많은 교회의 성도가 매우 초보적인 지식만을 가지고 있을 뿐 그 믿음의 내용은 없이 교회에서 이루어지는 종교 예식이나 행사에 참여하는 것으로 자신의 믿음을 확증하고 있지 않다고 자신 있게 말할 수 있는 사람은 얼마나 될까요? 오늘날 대다수 교회는 더 이상 성경과 교리를 가르치는 것을 중단해 버렸습니다. 가르치더라도 양념에 불과할 뿐, 그것을 위해서 역량을 집중하는 교회를 만나는 것은 하늘에 별 따기가 되었습니다. 하나님이 어떤 분이신지, 인간은 어떤 존재며, 우리를 구원하는 은혜로운 구원의 방식은 무엇인지 제대로 증거하는 강단을 가진 교회는 점점 사라져 갑니다. 예수님을 믿으면 구원을 받는다는 것은 아는데, 그 예수님이 어떤 분이신지, 그분을 믿는다는 것이 무엇인지 상세하게 들어본 성도가 얼마나 있을까요? 복음의 바른 선포를 통해서 새로운 영혼이 태어나고 자라는 교회의 본질에 대한 진지한 관심은 더 이상 찾아보기 힘듭니다. 오히려 어떻게 하면 교회와 믿음이라는 이름으로 성도에게 현세적인 기쁨과 만족을 줄 것인지를 가르치는 프로그램이 우후죽순으로 생겨나고 있습니다. 성도가 성경을 많이 알면 여러 이유로 목사도 피곤해지지만, 성도가 좋아하는 것을 해 주면 서로가 편하기 때문일 것입니다. 하지만 이런 편의주의적인 현실 속에서 목사와 성도가 서로 웃고 있는 사이에, 그들의 영혼은 탄식하며 영원한 멸망을 향해 쓰러져 가고 있다는 사실을 아시나요?

지식이 없는 믿음은 결코 존재할 수 없습니다. 그것은 믿는 것 같아도 실체가 없는 속이 빈 강정과 같습니다. 아무리 믿음이라는 이름을 붙여도 그것은 믿음이 아닙니다. 눈에 보여서 있는 것 같지만 실제로는 존재하지 않는 신기루와 같습니다. 그러므로 지식 없는 믿음을 가진 사람의 마지막은 너무나 비참할 것입니다. 우리가 믿는 믿음의 내용이 무엇이며, 우리가 찬양하는 대상이 누구인지 분명히 알아야 합니다. 칼뱅이 말했듯이 믿음의 내용은 오직 그리스도 안에서 우리에게 그토록 선하시고 자비로우신 하나님입니다. 그러므로 모든 신자는 이 말의 의미가 무엇인지 알아야 합니다. '선하심' '자비로우심'이라는 추상적인 단어가 아니라 구체적으로 무엇이, 어떻게 선하며, 얼마나 자비하신지를 말입니다. 특히 "그리스도 안에서"라는 말의 의미를 확실히 알아야 합니다. 왜 하나님이 그리스도 안에서만 특별히 선하고 자비로우신지 그리고 그리스도는 누구시며, 그분 안에 있다는 말이 무엇인지 알아야 합니다. 이 지식이 없는 믿음은 겉모습만 믿음일 뿐 속에는 아무것도 없습니다.

동의(*assensus*)

지식은 이성을 가진 사람이라면 누구든지 가질 수 있습니다. '하나님이 세상을 만드셨다'는 말씀은 성경을 읽을 수 있는 사람이라면 누구든지 가장 먼저 만나는 기독교의 진리입니다. 그러므로 기독교에서 이런 내용을 가르친다는 사실은 이성을 가진 사람이면 누구나 알 수 있습니다. 그런데 문제는 성경이 가르치는 내용, 특히 복음을 지식으로 아는 것만으로는 참된 믿음이 일어날 수 없다는 데 있습니다. 참된 믿음이 성립되기 위해서는 이 성경의 가르침이 참된 진리라고 생각하는 것이 뒤따라야 합니다. 우리는 이것을 동의(*assensus*)라고 부릅니다.

어떤 목사가 목회를 하면서 파격적인 행사를 기획했습니다. 예배 후에 특강이 있었는데, 강사로 승려를 초대했던 것입니다. 이로 인해서 교계에 많은 논란이 있었습니다. 어떻게 교회에서 승려를 강사로 초청할 수 있느냐부터 해서 그 목사의 신앙이 너무나 자유주의적이라고 하는 비판까지 다양한 반응이 있었습니다. 그런데 훗날 그 목사가 다른 곳에서 설교하면서 그때 자신이 승려를 초청한 이유에 대해서 말했는데, 그게 참 재미있습니다. 그 목사는 자신이 초청한 승려가 일반적인 보통 승려가 아니었다고 말했습니다. 그러면 어떤 승려였을까요? 승려는 프랑스에서 불교학 박사학위를 받은 학승이었습니다. 그런데 왜 프랑스에서 공부했을까요? 프랑스가 아시아의 불교가 흥왕했던 국가들을 식민지로 삼으면서 불교관련 문화재를 대거 자기 나라로 가져갔기 때문에 그곳에 많은 불교 자료가 있어서 그곳에서 공부했다고 합니다. 프랑스로 유학을 떠난 그 승려는 그곳에 있는 로마 가톨릭 수도원에 살면서 공부를 했는데, 수도사의 일과를 함께 했다고 합니다. 그때 성경을 읽을 시간이 많아서 성경을 여러 번 읽었다고 합니다. 그런데 그 승려가 말하기를 자기는 성경을 그렇게 여러 번 읽어도 읽으면 읽을수록 성경이 믿어지지 않고 도저히 동의할 수가 없더라는 것입니다. 그 목사가 이 승려를 부른 이유가 바로 여기에 있었습니다. 어떤 사람은 이렇게 반복해서 성경을 읽어도 동의할 수 없는데, 그 교회 성도는 한 번도 제대로 읽지 않아도 성경 진리에 동의할 수 있으니 그 은혜가 얼마나 놀랍고 큰지를 성도에게 알려주고 싶었다고 했습니다. 물론 저는 교회에 불교의 승려를 초청한 이 목사의 방식에 동의하지 않습니다. 그리고 성경을 한 번도 읽지 않은 성도들이 옳다는 것은 더더욱 아닙니다. 하지만 진리의 말씀에 대한 동의는 믿음에 필수적이고, 그것은 인간의 의지에 달린 것이 아니라는 사실은 분명합니다. 이 사건은 구원하는 믿음을 찾아가는 우리에게 중요한 의미를 던져줍니다.

참된 믿음을 가지기 위해서는 성경 진리에 대한 지식을 습득하는 일만이 아니라 그것을 진리로 받아들이는 사건이 일어나야 합니다. 이

때 지식을 가지는 것은 자연적 이성의 작용입니다. 그렇다면 동의는 어디에서 일어날까요? 간단히 생각하면 동의도 결국에는 이성과 지성의 영역에서 일어나는 일처럼 생각됩니다. 하지만 아무런 객관적인 증거 없이 그리스도께서 죽음에서 부활하셨다는 사실을 받아들이는 것이 과연 자연적인 이성으로 동의할 수 있는 일일까요? 그렇지 않습니다. 기독교의 진리, 특히 복음 그 자체는 인간의 이성을 초월하는 부분이 있기에 그것은 자연적 지성이나 이성이 이해할 수 있는 일이 아닙니다. 그러므로 성경이 가르치는 지식을 습득하는 것은 지성의 작용이지만, 그것을 진리로 받아들이는 것은 순수한 자연적인 이성과 지성만으로는 불가능합니다. 그렇다면 어떻게 이 지식에 대하여 동의하게 되는 것일까요? 칼뱅을 비롯한 많은 17세기 신학자들은 영혼의 기능을 지성(intellect)과 의지(will)로 나누는 중세의 기능 심리학(faculty psychology)을 따랐습니다. 칼뱅은 의지를 마음(heart)이라는 말로 대신했던 것 같습니다. 그래서 그는 지식(*notitia*)과 동의(*assensus*)는 지성에 속하는 것으로 보았습니다. 그런데 여기서 지식은 순수한 자연적 이성 혹은 지성의 영역에 속한 것으로 볼 수 있지만, 동의는 좀 다릅니다. 동의라는 작용은 한 사람의 지성이 성령님의 일정한 영향력 안에서 일어나는 현상으로 보아야 합니다. 이 영향력은 두 종류로 구분할 수 있는데, 첫째는 거듭나게 하는 특별한 은혜의 영향력입니다. 둘째는 히브리서 6장에서 말하는 은혜, 즉 구원하는 특별 은혜가 아닌 그와 유사하나 일반 은혜의 영역에 속하는 성령님의 영향력이라고 보는 것이 좋습니다. 바꿔 말하면, 자연적 지성의 능력으로는 동의가 일어날 수 없고, 오직 성령님이 일으키시는 이 두 종류의 은혜 가운데 하나의 영향력 아래에서만 동의가 일어난다고 할 수 있습니다. 하지만 만약 성령님의 일반 사역의 결과만으로 동의가 일어난다면, 이 말은 곧 지식과 동의만으로는 참된 구원이 완성될 수 없다는 의미가 됩니다. 바꿔 말하면, 구원하는 믿음이 되기 위해서는 지식과 동의 외에 또 다른 요소가 필요하다는 것입니다. 결국 지식과 동의가 갖추어진 믿음이라도 이 추가적인 요소가 있느냐에 따라서, 그 사람이 경험한 동의가 성령님의 구원하시는 특별 사역의 결과인지, 아니면 구원과 상관없는 일반 사역의 결과인지 판가름 납니다.

비록 많은 교회가 복음 진리를 명확하고 구체적으로 가르치지 않는 것이 현실이기는 하지만, 교회 안에는 상당히 많은 지식을 가지고 또 그것에 확신을 가지고 말하고 가르치는 사람들이 있습니다. 누구보다 목회자가 이에 해당합니다. 신학을 공부했고 또 그 신학적 내용을 진리라고 생각하기에 복음을 전하는 말씀의 사역자가 되었을 것입니다. 하지만 그렇다고 해서 그들이 항상 참된 믿음을 가지고 있는 것은 아닙니다. 참된 믿음에 합당한 열매가 맺히지 않아서 분쟁하는 교회가 얼마나 많습니까? 그 분쟁의 상당 부분은 목사와 장로와 같은 교회의 중직자로 인해서 일어납니다. 가장 많은 지식을 알고 있고, 그 지식에 동의하여 교회를 섬기는 이들에 의해서 교회가 무너지는 모습을 우리는 많이 봅니다. 그러기에 신앙의 선배들은 회심하지 않은 목사와 교회의 중직자를 향해서 설교해 왔던 것입니다. 물론 분쟁이 있다고 그 교회의 지도자가 구원하는 믿음이 없다는 의미는 아닙니다. 하지만 그 중에는 그런 경우도 얼마든지 있을 수 있습니다. 또한 핍박 때에 얼마나 많은 배교자를 보아왔습니까! 그들은 모두 교회 안에서 지식과 열정이 넘치던 사람이었습니다. 무엇이 문제일까요? 바로 믿음의 마지막 요소가 빠졌기 때문입니다.

신뢰(*fiducia*)

참된 믿음의 세 번째 요소는 신뢰입니다. 하나님을 향한 참된 신뢰가 있느냐에 따라, 앞서 언급했던 진리에 대한 동의가 성령님의 구원하시는 특별 사역에 속한 것인지 아니면 일반 사역에 속한 활동의 결과인지 드러나게 됩니다. 신뢰는 영혼의 기능 중에 마음 곧 "의지(will)"의 영역에서 일어납니다. 이는 자신이 알고 동의한 대상에 "의지(depend)"하는 것을 말합니다.

1859년 프랑스의 곡예사인 샤를 블롱댕(Charles Blondin, 1824-1897)은 미국의 나이아가라 폭포 사이에 줄을 매고 그 사이를 횡단하는 곡예를 보였습니다. 약 5000명의 사람이 구름처럼 모여들었습니다. 사람들은 과연 저 긴 줄을 블롱댕이 건널 수 있을지 반신반의했습니다. 그는 횡단에 앞서 사람들에게 물었습니다. "내가 이 줄을 타고 이 사이를 건널 수 있다고 생각한다면 박수를 쳐주세요." 사람들은 의심스러웠지만 그래도 격려의 의미로 박수를 쳤습니다. 그러자 그는 밧줄을 타고 거뜬히 그 사이를 건넜습니다. 그런데 이번에는 그가 "내가 이 줄 위에서 외발자전거를 타고 건널 수 있다고 믿는 사람은 박수를 쳐주세요."라고 요청했습니다. 사람들은 위험한 도전이라고 생각했지만, 이번에도 격려의 박수를 쳤습니다. 그러자 그는 그것도 해냈습니다. 그 다음으로 블롱댕은 죽마를 신고 줄을 건너기도 했고, 눈을 가리고 줄을 건너기도 했습니다. 사람들은 점점 그를 믿기 시작했고, 이제 그 믿음이 확신으로 변했습니다. 그러자 블롱댕은 자신을 향해 환호하는 사람들을 향해서 "여러분들은 제가 사람을 태우고 이곳을 건너갈 수 있다고 믿습니까"라고 물었습니다. 그러자 사람들은 일제히 "당신을 믿습니다"라고 환호하며 박수 치며 소리 질렀습니다. 그들은 100% 확신했습니다. 그러자 블롱댕은 한 가지 더 요구합니다. "여러분들이 다 저를 이렇게 믿어주시니 감사합니다. 자, 그러면 이제 제 등에 업혀서 이곳을 건널 사람이 있습니까? 나와 주십시오." 이때 사람들은 찬물을 끼얹은 듯 조용했습니다. 아무도 자원하는 자가 없었습니다. 그들에게는 블롱댕에 대한 충분한 지식이 있었습니다. 또한 자신이 건널 수 있다고 주장하는 블롱댕의 주장에 전적으로 동의했습니다. 하지만 누구도 그의 어깨에 타려고 하지 않았습니다. 그들에게는 그에 대한 참된 신뢰가 없었기 때문입니다. 어떤 신뢰일까요? 그에게 '전적으로' 의지하는 신뢰입니다. 그의 등에 업혀서 그에게 자신의 운명을 맡길 신뢰입니다. 그런데 그때 정적을 깨고 한 사람이 손을 들고는 자신이 도전하겠다고 말했습니다. 바로 해리 콜코드(Harry M. Colcord)라는 사람이었습니다. 그러자 블롱댕은 콜코드를 업고 무사히 나이아가라 폭포를 건넜습니다. 이것이 믿음입니다. 누군가를 전적으로 의지하여 완전히 기대는 것입니다. 그렇다면 어떻게 콜코드라는 사람은 이런 믿음을 가질 수 있었을까요? 사실 콜코드는 블롱댕의 매니저였습니다. 그는 사람들보다 블롱댕을 더 잘 알았고, 블롱댕이 자신을 데리고 무사히 건널 수 있다는 사실에 동의했을 뿐만 아니라 그를 신뢰하고 그에게 업혔습니다. 바로 이것이 믿음입니다. 참된 믿음은 그리스도에게 자신을 맡깁니다. 어디로 가든지 그분의 등에 올라타는 것입니다. 언제나 그분은 안전하게 우리를 보호하시기 때문입니다.

얼마나 많은 사람이 하나님의 사랑과 은혜와 능력을 알고 있을까요? 얼마나 많은 사람이 정말로 그렇다고 생각하며 동의할까요? 하지만 놀랍게도 많은 사람이 하나님에게 자기 인생을 맡기지 않습니다. 그리스도의 뜻대로 살지 않고, 자기가 좋다고 생각하고 자기가 옳다고 생각하는 것을 그분의 뜻 앞에서 내려놓지 않는 사람이 많습니다. 그렇게 하나님을 머리로만 믿는 사람이 너무나 많습니다. 그러다 보니 많은 신자는 이 세상을 살되, 불신자가 살아가는 방식과 별반 다르지 않게 살아갑니다. 신자가 불신자와 다른 것이 무엇일까요? 주일에 교회 가고, 여름에 수련회 가는 것 외에 무엇이 그리 다를까요? 그 외에 이 세상을 살아가는 방식에 있어서는 불신자와 어쩌면 그렇게 똑같은지 모릅니다. 좋은 대학을 위해서 살아가고, 조금도 손해 보지 않으려고 하고, 이 세상의 명예와 부와 좋은 것을 얻기 위해서 힘쓰며 살아가는 자칭 신자가 얼마나 많을까요? 무엇보다 안타까운 것은, 그들의 영혼 속에서 죄와의 치열한 싸움이 없는 경우가 많다는 것입니다.

왜 오늘날 이 땅의 많은 교회 안에서는 죄악 된 세상과 동일한 원리가 작용하고 있을까요? 세상의 일반 윤리와 신자의 특별 윤리가 다를진대 왜 사회에서 지위가 높다는 이유로 교회에서도 중직을 맡을까요? 왜 사회에서 멸시받는 이들이 교회에서도 무시당할까요? 왜 세상의 유력한 사람이라는 이유로 교회에서도 유력한 사람이 되었을까요? 교회 안에서조차 세상처럼 유력한 사람 주변에 신자들이 모여드는 이유는 무엇일까요? 교회 운영 원리가 과연 회사나 국가의 운영 원리와 다르게 적용되고 있을까요? 한국 교회 안에서 이 질문에 자신 있게 대답할 수 있는 교회가 그리 많지 않을 것 같아 두렵습니다. 그 이유는 하나님의 말씀에 자신을 완전히 맡기지 않기 때문입니다. 목사도 장로도 집사도 하나님의 말씀에 의지하지 않기 때문입니다. 왜 그럴까요? 첫째는 진리에 무지하기 때문입니다. 둘째는 진리를 알기만 할 뿐 진심으로 그 진리에 동의하지 않기 때문입니다. 마지막으로 하나님의 말씀을 신뢰하지도 않고, 전적으로 의지하지도 않기 때문입니다. 교회란 세상과 다른 원리가 작동하는 곳이어야 합니다. 마치 가정과 같이 교회 안에서는 연약한 자가 관심과 돌봄과 사랑을 받는 곳이어야 합니다. 강한 자가 약한 자를 섬기는 곳이 교회입니다. 나보다 남을 더 낫게 여기는 곳이 교회입니다. 사랑으로 역사하는 믿음이 있는 곳은 원래 그런 법입니다.

성경에 나타나는 다양한 종류의 믿음

이처럼 참된 믿음의 요소들이 모든 교회의 신자에게 한결같이 나타나면 좋겠지만, 현실은 그렇지 않습니다. 교회 안에 신자라 자처하는 사람들은 각각 다양한 신앙을 가지고 있습니다. 어떤 이는 지식이라는 요소가 조금 부족하기도 하고, 어떤 이는 진리에 대한 동의가 없는 경우도 있고, 어떤 이는 신뢰가 약할 수도 있습니다. 그래서 성경은 이런 이유로 믿음에도 다양한 모습이 있다는 것을 우리에게 알려 줍니다. 모두 다 믿음이라는 말로 표현되지만 각각의 믿음은 그 내용과 기능에 있어서 다르며, 그 믿음이 가져다주는 결과도 현저하게 다릅니다. 모든 믿음이 우리에게 구원이라는 선물을 주지는 않습니다. 이 사실을 기억하면서, 이제부터 성경이 제시하는 네 종류의 믿음을 살펴보겠습니다. 주목해야 할 것은 네 종류의 믿음을 살펴보는 이유입니다. 바로 자기 믿음을 점검하기 위해서입니다. 이것을 통해서 자기 믿음이 어떤 방향으로 가야 할지 새롭게 깨달을 수 있습니다. 신자는 자신의 믿음을 점검하고 경각심을 가지며, 하나님의 은혜를 구해야 합니다. 그러므로 우리는 다른 사람의 모습을 보고 그 사람의 믿음에 대해서 이러쿵 저러쿵 할 필요도 없고, 해서도 안 됩니다. 오직 사랑의 목적으로 덕을 세우고 그를 위해 기도하기 위해서가 아니라면, 다른 사람의 믿음을 판단하는 것은 정확하지도 않을뿐더러, 덕을 세우기는 커녕 공동체에 균열을 불러일으키기 때문입니다.

역사 신앙(Historic Faith)

역사 신앙은 하나님의 말씀을 이성적으로 동의하는 믿음을 말합니다. 위에서 말한 믿음의 요소 중에 지식만을 가졌거나 혹은 지식과 동의를 가진 믿음입니다. 이 믿음은 성경에 나오는 사실이나 교리에 대한 지식을 가지고 있으며 그것이 맞다고 생각합니다. 하지만 여기서 말하는 동의는 성령님의 일반 사역에 따른 결과입니다. 그들은 하나님이 세상을 만드셨다고 생각합니다. 예수님의 부활도 믿습니다. 어떤 경우는 단순히 성경에 등장하는 사실을 인정하는 정도가 아니라 성경에 포함된 교리를 분명하게 알고 있으며, 심지어는 그것을 다른 사람에게 잘 설명할 수도 있습니다. 우리는 주변에서 이런 사람을 그리 어렵지 않게 만날 수 있습니다. 그리고 사람들은 일반적으로 이들이 훌륭한 신앙인이며, 믿음이 뛰어난 사람이라고 생각합니다. "어쩌면 저렇게 성경에 대해서 많이 알고 있을까?" "성경박사네, 모르는 게 없어. 참 믿음이 좋아"라고 말하면서, 당연히 그 사람은 자신이 말하는 것을 믿고 있으리라고 생각합니다. 하지만 우리는 종종 그렇게 많은 성경 지식을 가졌던 사람의 평소 모습이 전혀 성경적이지 않고 자신의 말과 행동이 일치하지 않는 모습에 실망하곤 합니다. 그들의 삶은 성경이 가르치는 자기부인과 거리가 멀고, 하나님을 신뢰하기보다는 하나님을 사용하며, 죄와의 진지한 싸움도 찾아보기 어렵습니다. 예를 들면, "원수를 사랑하라"는 그리스도의 말씀을 자세하게 해설할 수 있지만, 정작 자신은 원수를 사랑하지도, 사랑하려고 노력하지도 않고, 그것이 얼마나 문제인지도 모릅니다. 그저 자신이 가진 지식에 만족하며 살아가는 이중적인 모습을 보일 뿐입니다. 그렇다면 왜 그 많은 지식이 그 사람을 전혀 바꾸지 못하는 것일까요? 그 이유는 그들이 진리를 이성으로만 알 뿐, 마음으로 그 진리를 사랑하지 않기 때문입니다. 바꿔 말하면, 이 믿음은 모든 인간이 가지고 있는 자연적인 이성, 곧 논리학이나 수학이나 철학을 할 때 사용하는 그런 이성적 능력을 가지고 성경을 이해하고 그것에 동의하는 것입니다.

이런 역사 신앙을 가진 사람 중에는 우리가 일반적으로 말하는 역사적 사실에 대한 동의보다 훨씬 더 신앙의 조항에 강력한 동의를 나타내는 경우도 종종 있습니다. 그들은 어떤 역사적인 사실보다 그리스도가 죽음에서 부활하여 우리의 죄를 용서하신 것을 확신하는 것처럼 보입니다. 이때 사람들은 그들이 보여주는 성경 진리에 대한 동의가 다른 역사적인 사실에 대한 동의와는 다른 종류라고 생각하여 이들이 참된 구원의 신앙을 가진 것으로 생각하기 쉽습니다. 하지만 구원신앙은 설명하는 목소리의 톤이나 크기나 얼굴에서 보여지는 확신으로 결정되는 것이 아닙니다. 그것은 오히려 성격에 따라 더 좌우됩니다. 또한 흘러내리는 닭똥 같은 눈물이 참된 믿음을 증명하는 것도 아닙니다. 성경은 이와 같은 동의와 확신은 악인에게서도 찾아 볼 수 있으며, 심지어는 귀신도 가지고 있다고 증언합니다. 예를 들면, 사도행전 8장에 보면 마술사 시몬 이야기가 나오는데, 13절에 "시몬도 믿고 세례를 받은 후에 전심으로 빌립을 따라다니며"라고 말합니다. 시몬은 믿었고, 전심으로 따라다녔습니다. 하지만 그는 결국 사도에게서 "내가 보니 너는 악독이 가득하며 불의에 매인 바 되었도다"(23절)라는 평가를 받았습니다. 또 야고보는 "네가 하나님은 한 분이신 줄을 믿느냐 잘하는도다 귀신들도 믿고 떠느니라"(약 2:19)라고 말합니다. 실제로 마가복음 1장 24절에 보면 귀신 들린 사람이 예수님을 향해서 "나사렛 예수여 우리가 당신과 무슨 상관이 있나이까 우리를 멸하러 왔나이까 나는 당신이 누구인 줄 아노니 하나님의 거룩한 자니이다"라고 외치는 장면이 등장합니다. 더러운 귀신도 예수님이 누구이신지 알고 있습니다. 하지만 귀신은 그분을 경배하지 않고, 당연히 의지하지도 않습니다. 이처럼 하나님을 이성적으로만 알고 생각하며, 그분의 말씀에 대해서도 이성적으로 동의하는 것은 구원 신앙이라 부를 수 없으며 실제로 죄인을 구원하는 수단으로서 역할을 하지도 못합니다.

기적 신앙(Faith of Miracles)

앞서 알파 코스라는 집회에서 아말감 이가 금니로 변한 기적을 경험한 한 선교사의 이야기에서 보았듯이 교회의 역사는 이적이나 기적과 분리될 수 없습니다. 예수님도 성육신하신 이후 공생애 기간 동안 많은 이적을 행하셨습니다. 이로 말미암아 유대인은 예수님을 주목했고, 주님의 말씀에는 권위가 더해졌습니다. 예수님이 승천하신 이후 제자들을 통해서 교회가 세워지는 과정에서도 기적은 빠지지 않았고 일정한 역할을 감당했습니다. 이후 신약 성경이 완성되면서 기적보다는 성경이 하나님의 참된 계시의 자리를 차지하게 되자 이적과 기적은 교회의 역사에서 현저하게 줄어드는 것을 볼 수 있습니다. 하지만 지금도 하나님을 알지 못하고 성경이 번역되지 않은 선교지에서는 많은 이적에 관한 사례가 보고되고 있습니다. 이에 관한 연구가 더 필요하겠지만, 일단 이런 사실은 하나님이 기독교를 접하지 않은 불신자에게 믿음을 일으키실 때 여전히 기적과 이적을 사용하시고 계시거나 사용하실 수 있다는 점을 암시합니다.

이러한 현상과 관련하여 기독교의 역사가 상대적으로 짧은 한국 교회는 서양의 교회에 비해서 유독 이적과 신비한 체험을 강조하고, 그것으로 인하여 소위 대형 교회로 성장한 교회가 많이 있습니다. 우스갯소리로, 7-80년대에 대형 교회로 발돋움했던 교회 목사 중에 죽어 가는 사람 한 두 명쯤 살려보지 못한 사람이 얼마나 있을까요? 어린 시절 길거리를 다니다 보면 은사와 치유를 주된 내용으로 하는 심령 대부흥 성회를 알리는 포스터를 쉽게 접할 수 있었습니다. 지금도 많은 한국 교회 성도는 여전히 기적과 신비로운 영적 체험을 추구하고 있습니다. 이제는 전과 달리 지적인 면과 은사 및 이적을 결합하여 좀 더 세련된 모습으로 현대인에게 어필하는 경우도 늘어가고 있습니다. 어떤 현직 대학교수이자 유명한 교회 장로는 은사와 치유의 집회를 인도하는 곳에 여전히 수많은 사람이 모이고 있다고 했습니다. 왜 그럴까요? 사실 종교에서 신비로운 능력과 기적은 동서고금을 막론하고 신적인 임재와 능력을 상징했습니다. 또 사람의 마음에는 인간의 능력보다 뛰어난 신비한 하나님의 능력을 체험하고 싶은 본능이 있는 것도 사실입니다. 어쩌면 이런 이적과 기적 자체는 죄악 된 인간이 추구하는 종교의 본질일 수도 있습니다. 그러므로 이런 현상은 주님이 다시 오실 때까지 크게 바뀌지 않을 것입니다.

하지만 이런 것과 더불어 한국 교회 특유의 상황도 있습니다. 일제 강점기와 6·25 전쟁을 치르고 황폐한 조국 땅에서 얼마나 많은 사람이 당장 먹고 입는 문제로 씨름하고 있었습니까! 물론 급속하게 발전하는 가운데 있기는 했지만, 여전히 대다수 국민은 피곤하고 고단한 삶을 살고 있습니다. 또한 물질적인 풍요와 일신의 안일을 그 어떤 때보다 열망했던 시절을 보내고 있었기에 현실문제를 놀라운 기적으로 해결해 주는 종교를 외면할 수 없었을 것입니다. 기적은 답답한 현실을 해결하는 놀라운 능력이었기에 사람들은 이성적이고 지식적인 신앙보다는 체험적이고 신비한 능력에 끌렸던 것은 어쩌면 당연한 일입니다. 하지만 여기서 아주 심각한 문제가 일어날 수 있다는 사실을 간과해서는 안 됩니다. 신앙은 본디 보지 못하는 것을 보는 것인데, 이적과 기적 그리고 신비로운 체험을 강조하던 한국 교회는 일신의 안일을 영적인 구원과 연결하려는 강력한 유혹을 느끼게 되었던 것입니다. 그리하여 한국 교회는 이적을 일으키거나 그것을 체험한 사람은, 당연히 훌륭한 믿음의 소유자이며, 말할 것도 없이 구원받은 백성이라고 생각했습니다. 더 나아가서 하나님마저도 마음대로 부릴 수 있는 반열에 그들을 올려놓고 말았습니다. 보이지 않는 것을 보는 믿음을 보이는 것에 대한 집착으로 바꾼 것은 치명적인 오류였고, 이는 곧 기독교 신앙의 본성을 부정하는 것이었습니다.

감사하게도 믿음의 위대한 선배들은 기적을 일으키는 신앙을 그 자체로 구원 신앙이라고 가르치지 않았습니다. 이런 종류의 믿음, 곧 하나님은 어떤 사람을 통해서 혹은 어떤 사람에게 인간의 능력과 자연의 법칙으로는 불가능한 이적과 기적을 베푸실 수 있다는 믿음을 기적 신앙이라고 분류하여 구원 신앙과는 다른 것으로 여겼습니다. 바울은 산을 옮길 믿음이 있더라도 사랑이 없으면 아무것도 아니라고(고전 13:2) 분명하게 말합니다. 그뿐만 아니라 예수님에게 '믿음'으로 질병을 치료받았던 '모든' 이의 영혼이 참된 구원에 이르렀다는 분명한 증거는 없습니다. 주님이 베푸신 오병이어의 기적을 눈앞에서 보았고, 그 음식을 직접 먹었던 사람도 훗날 주님이 십자가를 지실 때 돌변하여 주님을 십자가에 못박으라고 외치지 않았습니까! 이처럼 기적을 일으키거나, 기적을 목격하거나 아니면 자신이 직접 기적의 대상이 되는 경험을 통하여 가지게 된 믿음 자체를 구원 신앙과 동일시해서는 안 됩니다. 이러한 사실을 알고 있었던 18세기 스코틀랜드의 경건한 목사였던 존 콜쿠혼(John Colquhoun, 1748-1827)은 다음과 같이 말했습니다.

사람은 이와 같은 종류의 믿음(기적 신앙)을 가지고도 지옥에 갈 수 있고, 이 믿음 없이 천국에 갈 수도 있다. 이 믿음은 죄인이 구원받는 데 도움을 줄 수 없는데 그 이유는 이 믿음은 그 자체로 예수님을 죄와 진노에서 구원하시는 구원자로 믿는 것은 아니기 때문이다.

그러므로 한국 교회 안에 병자를 치료한 저 용한(?) 목사 중에 천국에서 볼 수 없는 분들도 꽤 많지 않을까요? 물론 그들에게 질병을 치유 받은 사람 중에도 천국 문을 통과하지 못할 이가 있을 수 있다는 사실은 불을 보듯 뻔합니다.

성도는 기적을 제대로 알아야 합니다. 왜냐하면 이미 앞에서 설명했듯이, 기적과 같은 신비로운 체험이나 이로 말미암는 믿음은 완악한 우리의 심령을 깨고 참믿음과 구원을 주시기 위해서 하나님이 사용하시는 한 방편에 불과하기 때문입니다. 기적 자체에는 복음이 포함되어 있지 않습니다. 이 말은 기적이라는 신비한 사건 자체를 통해서 우리가 죄인인 것과 그리스도의 구속이라는 은혜를 발견하기는 매우 어렵다는 것입니다. 그러므로 기적을 체험했다는 이유만으로 구원 신앙을 가졌다고 생각하는 것은 절대금물입니다. 누군지 잘 모르는 하나님에게 기도했더니 중병이 나았다는 사실과 그 사람의 영혼이 영생을 얻었다는 것은 별개입니다. 오히려 그런 사람 중에 아직 구원하는 믿음에 첫걸음도 떼지 못한 경우도 많다는 사실을 명심해야 합니다. 단지 죄인의 마음을 휘저어 복음이신 그리스도를 바라볼 수 있도록 하는 동기를 제공하거나, 관심도 없던 하나님을 한 번쯤 바라보게 하는 자극이 되는 기능을 수행하는 경우가 훨씬 더 많습니다. 그러므로 우리는 홍해를 직접 발로 건넜던 이스라엘 백성 대부분이 광야에서 죽고 가나안에 들어가지 못했다는 사실을 기억해야 합니다.

기적의 또 다른 주요한 역할은 교회가 가르치는 내용, 곧 성경과 복음이 사실임을 확증하는 것입니다. 그러므로 이러한 기적의 체험과 이로 인하여 가지게 된 하나님에 관한 관심 자체는 구원하는 믿음이라고 할 수 없습니다. 오히려 이제 참된 구원 신앙으로 신자를 인도하고, 그들이 그리스도를 참되게 알아 온전한 구원에 이르게 되는 길을 떠날 수 있도록 도우며, 그 길을 가는 동안 든든한 신앙의 에너지원으로서 고유한 역할을 수행합니다. 이는 성경이 선포하는 복음이 참된 진리라는 것을 받아들일 수 있도록 돕기에 유익한 것입니다. 반복해서 말하지만 그럼에도 기적 자체는 우리에게 하나님을, 특히 복음을 거의 알려주지 않습니다. 그러므로 기적을 체험한 신자는 선 줄로 착각하지 말고, 겸손하게 하나님의 말씀 앞으로 나아가 그리스도를 아는 지식을 향하여 힘찬 출발을 해야 합니다. 사람으로 빗대면 아직 태어나지 않은 아기와 같습니다. 그것도 아주 든든한 아기여서 엄마의 태에서 영양분을 잘 공급받기만 하면 금방 쑥 태어나 크게 울며 건강하게 잘 자랄 태아와 같습니다. 하지만 일단 태어나야 하고, 젖을 먹어야 합니다. 그런데 실제로 기적을 체험하고 그 이후로 신앙생활을 하는 많은 이의 현실은 매우 안타까운 수준에 머물러 있는 경우가 흔합니다. 어떤 이는 그 체험 이후로 말씀을 먹지 못해 아직 영적으로 태어나지도 못했으면서도, 자신이 태어나지 못했다는 사실을 인식하지 못한 채 여전히 영적인 교만에 사로잡혀 헛된 위로 속에서 죽어 가고 있습니다. 어떤 이는 겨우 태어났으나 그 이후 진리의 젖을 제대로 먹지 못해서 여전히 영아 상태에 머물러 있거나 아사하기 직전의 위태로운 모습으로 살아가고 있습니다. 이는 기적 신앙을 가진 이에게서 종종 발견하는 비참한 현실이 아닐 수 없습니다.

일시적 믿음(Temporary Faith)

역사 신앙은 지식은 있으나 정서적인 면, 특히 구원받은 기쁨이 빠져 있다면, 기적 신앙은 반대로 정서적인 면은 넘치지만 지식이 없다고 할 수 있습니다. 이제 세 번째로 다루게 될 일시적 믿음은 이 둘의 요소를 일정부분 갖추고 있습니다. 성경과 복음에 대한 지식도 있습니다. 그뿐만 아니라 그 지식에 대한 자연적인 정서도 동반됩니다. 믿음을 가진 사람은 복음 진리가 선하다는 것을 확실하게 압니다. 하지만 그것들이 마음에 든든하게 뿌리를 내리지 않아서 시험과 유혹이 올 때 결국에는 믿음이 사라지고 맙니다. 예수님이 마태복음 13장에서 가르치신 씨 뿌리는 자의 비유에 나오는 돌짝밭이나 가시떨기에 떨어진 씨앗과 같습니다. 복음의 씨앗이 떨어졌으나 뿌리를 제대로 내리지 못하여 결국에는 죽어버리고 마는 것입니다. 환난이나 박해가 올 때 혹은 세상의 유혹과 염려가 밀려올 때 이들은 믿음을 버리고 떠나버립니다. 특히 돌짝밭에 떨어진 씨앗과 같이 처음 말씀을 받을 때에는 말씀에 동의할 뿐만 아니라 기뻐하며 말씀을 받기도 합니다. 어떤 경우는 눈물을 흘리며 자기 죄를 반성하기도 합니다. 심지어 삶에도 변화가 일어나서 습관적인 죄악을 일시적으로 중단하기도 합니다(벧후 2:10). 이럴 때 과연 누가 그의 믿음을 의심할 수 있을까요?

우리는 종종 교회 안에서 복음 진리를 알게 되면서 굉장한 정서적인 반응을 보이는 성도를 만날 수 있습니다. 그들은 누구보다 교회 일에 열심을 품고 달려듭니다. 그런데 시간이 흐르다 보면 그들이 속한 곳에서 항상 다툼과 갈등이 일어납니다. 물론 단순히 갈등을 일으킨다고 해서 그의 믿음이 구원 신앙이 아니라고 할 수는 없습니다. 하지만 그들 속에는 '지속적인' 자기부인이 없고, 회개의 역사가 일어나지 않습니다. 하나님의 말씀 앞에 자신을 내려놓고 살펴보는 일을 하려고 하지 않으며 자신의 타고난 기질과 성향을 따라 신앙생활을 하려고 합니다. 이는 마치 이 세상에 다양한 종류의 사랑이 있는데, 그 중에서 사랑하는 대상을 위해서 희생하는 마음과 반대로 그 대상을 자기 뜻에 따라 희생시키려는 정서를 모두 사랑이라고 부르는 것과 같습니다. 하지만 엄밀히 말할 때 상대를 위해서 희생하는 것을 참사랑이라고 부르고 자신의 만족을 위해서 다른 사람을 소유하려는 열망을 이기적인 사랑이라고 부르듯, 믿음도 비록 겉으로 드러난 모습은 비슷해도 그 뿌리는 완전히 다를 수 있다는 사실을 기억해야 합니다. 우리는 이런 믿음을 일시적 믿음이라고 합니다.

구원 신앙 혹은 의롭게 하는 믿음(Saving Faith or Justifying Faith)

마지막으로 우리가 살펴볼 믿음은 죄인을 의롭게 하여 구원을 얻게 하는 믿음입니다. 이 믿음이 바로 성경이 말하는 구원하는 능력을 가진 참된 믿음입니다. "이는 저를 믿는 자마다 영생을 얻게 하려 하심이라"(요 3:16), "주 예수를 믿으라 그리하면 너와 네 집이 구원을 얻으리니"(행 16:31) 이 믿음은 앞서 언급했던 세 종류의 믿음과 구별됩니다. 하지만 일시적 믿음과는 매우 유사해서 쉽게 구분할 수 없는 것도 사실입니다. 다만 그 지속력에 있어서 분명한 차이를 보입니다. 또한 복음에 대한 참된 지식과 동의 그리고 정서적인 반응이 일어나는 것은 같지만, 이 둘 사이에는 겉으로 드러나지 않는 본질적인 차이도 존재합니다. 그러므로 이제 이 구원 신앙을 본격적으로 살펴보겠습니다.

실천질문

1. 구원하는 믿음에 있어야만 하는 세 가지 요소는 무엇입니까? 그 중에 여러분 자신과 한국 교회의 성도에게 가장 부족하다고 느끼는 것은 무엇입니까?

2. 여러분의 믿음은 역사 신앙, 기적 신앙, 혹은 일시적 신앙 중에 어떤 신앙과 가장 비슷합니까? 왜 그렇게 생각하는지 함께 나눠봅시다.

3. 오늘날 교회에 출석하는 많은 사람들에게서 '구원하는 믿음의 세 가지 요소'가 분명하게 발견되지 않는 경우가 많습니다. 그 이유가 무엇이라고 생각합니까? 그리고 어떻게 해야 이 세 가지 요소를 갖춘 믿음을 가질 수 있을까요?

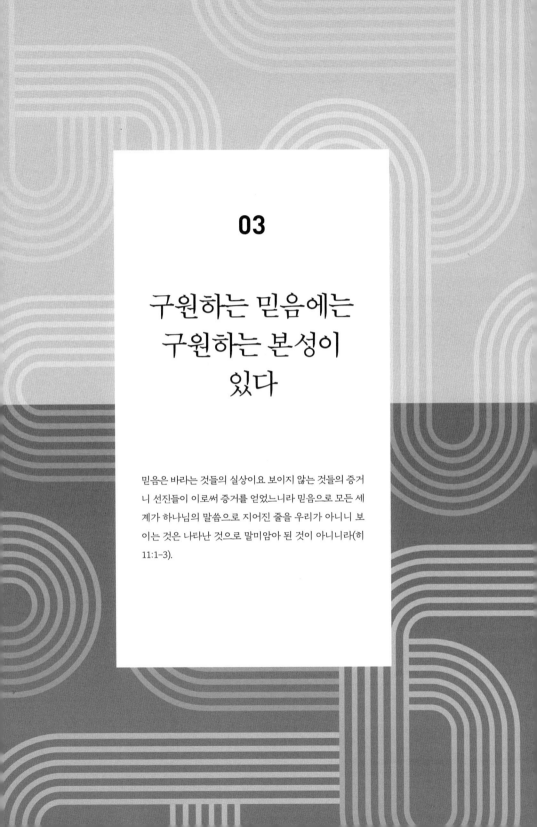

03

구원하는 믿음에는 구원하는 본성이 있다

믿음은 바라는 것들의 실상이요 보이지 않는 것들의 증거니 선진들이 이로써 증거를 얻었느니라 믿음으로 모든 세계가 하나님의 말씀으로 지어진 줄을 우리가 아나니 보이는 것은 나타난 것으로 말미암아 된 것이 아니니라(히 11:1-3).

구원하는 믿음에는
구원하는 본성이
있다

종교개혁자 마르틴 루터가 오랜 시간의 성경연구를 통해 발견한 '이신칭의'는 그 당시까지 로마 가톨릭 교회가 가르치던 구원론의 근간을 흔드는 매우 충격적인 주장이었습니다. 구원론이 본격적으로 논의되기 시작했던 성 아우구스티누스(St. Aurelius Augustinus, 354–430) 이후부터 천년이 넘는 시간 동안 교회는 구원에 인간의 행위가 일정한 역할을 한다고 가르쳐왔습니다. 그 결과 자기 구원에 불안을 느끼는 신자는 더욱 선행에 열심을 품고, 종교적으로 거룩한 삶을 위해서 힘쓰도록 이끄는 효과를 가져온 것도 일부 사실입니다.

반면에 종교개혁 이후 구원이 믿음으로 말미암아 전가되는 그리스도의 의를 통해서 주어진다는 사실을 깨닫게 되자, 많은 개신 교회의 성도의 삶에서 선행과 거룩한 삶의 열망이 다소 식어 버리는 부작용을 경험하게 된 것도 부인할 수 없습니다. 물론 이는 종교개혁자들의 신학을 오해한 결과입니다. 개혁자들은 결코 오직 믿음으로 구원을 얻는다는 '이신칭의 교리'를 주장하면서 이것을 신자의 거룩한 삶과 분리시키지 않았습니다. 그러나 이 교리를 오해했던 많은 신자는 이미 믿음으로 얻은 구원과 용서를 남용하는 모습을 보였고, 이는 오늘날까지도 개신교 안에서 칭의와 성화가 어떻게 분리되지 않고 연결되어 동시에 나타날 수 있는가에 대한 관심과 논쟁을 촉발하는 주요한 원인이 되었습니다. 이 문제를 해결하기 위한 다양한 역사적 시도에 대해서는 다른 곳에서 다루기로 하고, 여기서는 칭의와 성화를 분리되지 않게 연결하는 것은 바로 구원 신앙이며, 이 믿음의 본성에 대한 분석을 통하여 어떻게 믿음이 이 일을 이루는지 살펴보고자 합니다.

앞서 우리는 참된 믿음이 가지는 세 가지 요소, 곧 지식과 동의와 신뢰를 살펴보았고, 실제로 성경에서 말하는 다양한 종류의 믿음도 간략하게 언급했습니다. 하지만 우리의 주된 관심은 네 종류의 믿음 중에 하나님이 구원의 수단으로 사용하시는 구원 신앙에 있습니다. 참된 믿음의 세 요소에 무엇을 더해야 죄인을 구원하는 신앙이 될 수 있을까요? 이제 이 물음에 대한 답을 찾기 위해서 먼저 성경이 말하는 '구원'이란 무엇인지 살펴보겠습니다.

두 종류의 구원

복음서를 보면 예수님이 종종 여러 사람을 치료하신 후에 그 치료의 능력이 그들의 믿음과 관련된 것처럼 말씀하시는 것을 볼 수 있습니다. 병자를 치료하신 후에 하셨던 "네 믿음이 너를 구원하였다"와 같은 말이 대표적입니다. 여기서 말하는 구원이란 무엇일까요? 기독교 신앙을 가진 사람은 '구원'이라는 말을 일반적으로 죄 문제를 해결

받아 영생을 얻는 것으로 생각합니다. 예수님이 자신의 치유의 능력을 사람들이 믿는 것을 보시고 질병을 치료하신 후에 말씀하신 구원도 이와 같은 영적인 구원을 의미하는 것일까요? 신약 성경에 예수님이 질병을 치료하시고 말씀하신 모든 '구원 선언'이 다 동일한 믿음에 대한 동일한 구원 선언이라고 말할 수 있는 뚜렷한 증거는 없습니다. 바꿔 말하면, 주님이 말씀하신 구원이 모두 다 영생에 대한 선언인지 아니면 단순한 질병 치료에 대한 표현인지 명확한 증거가 성경에 나타나지 않습니다. 하지만 믿음과 구원의 관계를 설명하면서, 질병 치료와 그에 대한 구원 선언은 믿음과 영생의 구원의 특별한 관계를 설명하는 데 도움이 되기에 이점을 좀 더 자세하게 살펴보겠습니다.

이미 말했던 것처럼 예수님의 치유 기사에는 예수님의 치유와 구원 선언 그리고 그 치유가 믿음이라는 수단을 통해서 주어졌다는 사실을 확증하시는 모습이 자주 등장합니다. 여기서 우리가 주의해서 보아야 할 것은 성경은 예수님에게 질병을 치료받은 사람이 성육신하신 예수 그리스도와 복음에 대한 구체적인 이해를 가지고 있었다는 명시적인 증거를 제시하지 않는다는 사실입니다. 바로 이런 이유로 그들의 질병 치유와 그에 대한 구원선언이 반드시 영적인 구원을 의미하는 것은 아닙니다. 당시의 상황을 고려해 본다면, 아직 예수님이 자신을 메시아로 드러내지 않으셨기 때문에 몇몇 특별한 경우를 제외하고 대다수 유대인은 예수 그리스도를 구속사적 관점에서 영적인 의미의 메시아로 믿는 일이 거의 없었다고 추정하는 것이 더 자연스럽습니다. 심지어 삼 년간 예수님과 동고동락하며 예수님이 베푸시는 수많은 기적을 직접 보았고, 그리스도에 대해서 적어도 문자적으로는 바른 신앙을 고백했던 제자들마저도 정확히 몰랐습니다. 이런 상황에서 누가 그리스도를 제대로 알았을까요? 그러니 병든 자들이 자신의 질병을 치료하시는 예수님이 택한 백성의 영혼을 구원하시기 위해서 오신 성자라는 사실을 몰랐다고 해도 이상할 것이 없습니다. 아니 오히려 제자에게도 분명하지 않았던 그리스도에 대한 복음적 인식을 그들이 가졌다고 하는 것이 더 신기한 일이 아닐까요? 그러므로 복음에 대한 바른 이해가 없는 상태에서 그들이 가졌던 예수님을 믿는 믿음을 복음에 대한 믿음이라고 보기 어렵습니다. 이는 주님의 구원 선포도 기본적으로는 영적인 죄 사함이 아니라 물리적인 구원을 의미한다고 보는 것이 더 자연스럽습니다.

물리적인 관점에서 볼 때 인간이 가진 죄의 결과로 찾아온 장애를 가진 시각 장애인에게 가장 필요한 것은 눈을 뜨는 것입니다. 그에게 물리적으로는 이보다 더 시급하고 중요한 것이 없습니다. 그러므로 그 사람에게 구원이란 바로 눈을 뜨는 것입니다. 그런데 그리스도는 바로 눈을 뜨게 하는 능력을 가지신 분이었습니다. 이를 통해서 구원이란 누군가에게 가장 필요한 것을 의미하며, 주님은 그 필요한 것을 주셨기에 이를 구원으로 표현하셨다고 볼 수도 있습니다. 그렇다고 이 말이 영적인 구원의 가능성을 전적으로 배제하는 것은 아닙니다. 다만 치유 기사 속에는 치료를 받은 사람이 예수님의 구속사적 의미를 온전히 알고 있었다는 증거는 나타나지 않는다는 것입니다.

물론 이에 대해서 역사적으로 다양한 해석이 있었던 것은 사실입니다. 어떤 사람은 예수님이 질병을 치유하시고 구원을 선포한 이들 중 일부는 실제로 영적인 구원도 함께 받았다고 주장하기도 합니다.

이렇게 주장하는 것도 큰 무리는 없습니다. 예를 들면, 마태복음 9장에 보면 혈루증 걸린 여인을 예수님이 치유하시는 모습이 등장합니다. 여인은 그리스도의 옷만 만져도 병이 나을 것이라고 믿었고, 실제로 주님의 옷을 만졌을 때 치유가 일어났습니다. 마태는 이를 헬라어 단어 "소조(σώζω)"라는 동사를 사용해서 표현했습니다. 이 동사가 "구원하다"는 의미로 널리 사용되는 것은 사실이지만 "치료하다"는 의미도 있습니다. 개역개정 한글 성경은 마태복음 9장에 나오는 이 동사를 주로 "구원하다"로 번역했지만 NIV, KJV, ESV, NASB 등 많은 영어 성경은 이 단어를 "치료하다"로 번역하고 있습니다. 반면에 누가복음 7장에 나오는 막달라 마리아가 예수님의 발에 향유를 부은 사건에서는 같은 단어를 대부분의 영어성경이 "구원하다"로 번역합니다. 여기서 볼 수 있는 것은 같은 동사를 사용했더라도 마태복음 9장은 "소조"라는 동사를 질병 치료로 해석했고, 누가복음 7장에서는 대체로 영적인 구원으로 달리 해석하고 있다는 사실입니다.

그렇다면 무슨 차이가 있을까요? 마태복음 9장에 나오는 질병을 치유하는 역사에서는 치료를 받은 환자가 그리스도에 대한 구속사적인 이해를 가졌다는 암시가 등장하지 않습니다. 그들의 고백과 말을 들어보면, 당시 대다수 유대인이 기다려왔던 메시아, 곧 탁월한 물리적인 능력으로 이스라엘을 해방시키기 위해서 하나님이 보내실 탁월한 인간 구원자로 예수님을 인식하였다고 하더라도 전혀 무리가 없습니다. 반면에 마리아가 향유를 부은 대상은 이제 곧 십자가를 지실 그리스도였습니다. 옥합을 깨뜨려 그분의 발에 기름을 부은 것은 그의 죽으심을 기념하는 것입니다. 그리스도에 대한 마리아의 이해는 구속

사적인 사건으로서 자기 죽음으로 우리를 죄에서 구원하실 신이시며 인간이신 영적인 메시아를 암시한다고 볼 수 있습니다. 결국 예수님에 대하여 어떤 지식과 동의와 신뢰를 가졌는가 하는 것이 구원의 내용을 결정합니다.

하지만 여기서 주의해야 할 것이 있습니다. 바로 현세적인 믿음에 대한 확신을 가진다고 반드시 질병이 치료된다는 등식은 성립되지 않는다는 것입니다. 주님의 치유 역사는 그것을 말하려고 하는 것이 아닙니다. 그리스도의 치유 역사가 모형이 되어 지시하는 실체는 영적인 구원 사건입니다. 바꿔 말하면, 이 모든 치유 사건은 질병 치유에 대한 믿음이 반드시 질병 치유를 가져온다는 것을 알리시기 위해서 행하신 보편적인 믿음 사건이 아니라, 영적인 구원을 설명하기 위해서 보이신 특수한 사례입니다. 그러나 치유 사건이 영적인 실체를 지시하는 한, 그리스도에 대한 참된 믿음은 예외 없이 인간의 영혼에 가장 필요한 구원을 이룬다는 보편적 원리를 가리킵니다.

좀 더 자세하게 설명하면, 주님은 일차적으로 현세적인 관점에서 병자에게 가장 필요한 치료를 하시면서 그것을 구원으로 표현하여, 영적인 구원과 믿음의 관계를 알려 주십니다. 영적인 관점에서 볼 때 치유 사건은 그리스도는 우리의 영혼에 가장 절실하게 요구되는 것, 곧 죄 사함과 영혼의 구원인 영생을 주시는 분이심을 보여 줍니다. 이때 앞을 볼 수 없거나, 걸을 수 없는 상태는 죄로 말미암아 영원한 심판의 상태에 처해 있는 영혼의 비참함을 의미합니다. 또한 그가 그리스도에게 소리치는 것은 자신의 장애와 비참함을 알고 하나님의 은혜를 구하는 것을 상징합니다. 그러므로 치유하시는 예수님의 능력을 믿고 나오는 자에게, 예수님은 사람을 무기력하게 하고 무능하게 하는 질병을 치유하심으로써 그에게 물리적으로 가장 필요한 것, 곧 현세적 구원을 주셨습니다. 마찬가지로 주님은 자신에게 인간의 가장 중요하고 심각한 문제인 영혼의 문제를 가지고 오는 자가 가장 절실히 구하는 영혼의 치료, 곧 구원을 베푸실 것입니다.

그러므로 이 치유 사건은, 그리스도야말로 자신의 구원의 능력을 믿고 나오는 사람에게 그의 영혼과 육신을 무능하게 하고 영원히 비참하게 만들 영적인 질병을 치유하시는 분이시며, 이를 통하여 사람들에게 영적으로 가장 필요한 것, 곧 영적인 구원을 주시는 분이라는 사실을 보여줍니다. 결국 복음서에서 질병을 치유하실 때 나타나는 구원과 믿음의 관계는 일종의 모형으로서, 실체인 영적인 구원과 믿음의 관계를 보여 준다고 할 수 있습니다. 몸의 가장 큰 필요가 구원, 곧 질병의 치료이듯, 영혼의 가장 큰 필요도 역시 구원, 곧 영생입니다. 그리고 이 두 구원은 공교롭게도 믿음이라는 수단을 통하여 이루어집니다. 이는 그들의 구원에 있어서 그들 자신에게는 아무런 공로가 없고, 그 모든 공로는 믿음을 통해서 역사하시는 하나님께 있음을 보여줍니다. 바꿔 말해서, 구원은 하나님 은혜의 결과라는 것입니다.

이 현세적인 구원이 가리키는 실체인 영적인 구원은 성경 전체의 위대한 주제 가운데 하나입니다. 이 구원이야말로 성경이 우리에게 약속하고 있는 복된 실체입니다. 왜냐하면 우리의 몸은 결국 소멸할 것이지만 우리의 영혼은 영원하기 때문입니다. 실제로 주님은 마태복음에서 "몸은 죽여도 영혼은 능히 죽이지 못하는 자들을 두려워하지 말고 오직 몸과 영혼을 능히 지옥에 멸하실 수 있는 이를 두려워하라"(10:28)고 말씀하십니다. 사람들은 눈에 보이는 것이 실체요 보이지 않는 것이 허상이라고 하나 모든 실체 중의 실체요, 모든 존재와 실체의 근원이신 하나님이 눈에 보이지 않는 순수한 영이라는 사실과 눈에 보이는 모든 것들은 결국 시간과 함께 사라져 그 흔적조차 찾을 수 없게 될 것이라는 성경의 증언을 믿어야 합니다. 그러니 진정한 실체는 영이요, 눈에 보이는 몸이야말로 허상입니다. 이것이 바로 영원한 실체인 영혼의 구원이야말로 모든 사람이 가장 큰 관심을 쏟아야할 대상인 이유입니다.

그렇다면 영혼의 구원이란 무엇일까요? 이것은 먼저 영혼이 구원을 절대적으로 필요로 하는 상태에 있다는 사실을 전제로 합니다. 이는 한 인간이 가진 가장 절실하고 급박한 문제입니다. 죄로 말미암아 하나님의 영원하고 무한한 진노의 대상이 된 영혼의 상태는 그 자체로 비참하기 그지없습니다. 구원은 바로 이 상태에서 벗어나 하나님과 더불어 영원토록 복된 상태에 거하는 것입니다. 그런데 문제는 방법이 없다는 것입니다. 부패한 영혼은 절망스러운 이 상태를 벗어날 방법이 없습니다. 하나님은 공의로우시기에 거룩하신 하나님과 더불어 살기 위해서는 의로운 상태가 되어야 하는데, 이는 오직 율법을 지킴으로 이룰 수 있는 율법의 의입니다. 그러나 죄악 된 영혼은 율법의 의를 이루지 못합니다. 이것이 인간이 처한 두 번째 비참한 현실입니다.

하지만 여기에 하나님의 무한하신 사랑과 지혜가 개입합니다. 하나님의 사랑은 자신이 택한 백성을 구하려 하고, 하나님의 지혜는 그 방법을 찾았습니다. 바로 성자 하나님이 육신을 입고 예수 그리스도가 되시는 것입니다. 성자의 한 인격 안에 온전하신 신성과 인성을 취하시고 이 땅에 오셨습니다. 그리고 친히 마지막 아담이 되셔서 자기 백성을 위하여 모든 율법을 이루셨습니다. 인간의 타락이 첫 번째 아담에게서 왔듯이 율법의 의도 마지막 아담에게서 왔습니다. 아담이 첫 언약을 깨뜨림으로 모든 인간이 죽었듯이, 예수님은 새 언약을 성취하심으로 자기 백성을 살리셨습니다. 아담이 불신앙으로 언약과 율법을 깨뜨렸듯이, 이제 우리는 신앙, 곧 믿음으로 그리스도 안에서 율법을 성취하게 됩니다. 바로 이 믿음이 우리를 그리스도의 인성에 연합시켜 그리스도께서 얻으신 모든 것을 우리의 것이 되게 합니다. 그분의 의만이 아니라 그분의 거룩도 우리의 것이 되게 하십니다. 그래서 그리스도가 죽기까지 순종하심으로 우리의 죄가 용서받고, 율법을 지키심으로 우리에게 영원한 의가 주어지게 되는 것입니다. 이 모든 것은 참된 믿음, 곧 구원 신앙이 이루는 놀라운 은혜의 역사입니다.

지금까지 우리는 두 종류의 구원이 무엇이며, 이 두 종류의 구원은 각각 두 종류의 믿음으로 말미암아 주어진다는 사실을 살펴보았습니다. 바꿔 말하면, 현세적인 구원과 영적인 구원이 모두 믿음으로 말미암지만, 이 두 믿음은 반드시 동일하다고 볼 수는 없습니다. 왜냐하면 질병 치유와 구원 선언을 받은 이들이 그리스도의 구속사적인 의미와 영적 구원에 필요한 그리스도에 대한 참된 지식, 곧 믿음을 바로 이해했다고 볼 수 있는 명확한 증거가 없기 때문입니다.

그렇다면 이 두 믿음의 차이는 구체적으로 무엇일까요? 즉 현세적인 구원을 주는 믿음과 영혼의 구원을 주는 믿음은 어떻게 구별되느냐는 말입니다. 이 둘은 동일한 믿음의 요소를 다 가졌습니다. 현세적인 구원을 받은 이들도 예수님이 자신을 고칠 수 있는 분이라는 사실을 알았고(*notitia*), 그것에 진정으로 동의했으며(*assensus*), 주님에게 자기 몸을 온전히 맡겼습니다(*fiducia*). 마찬가지로 구원받은 영혼은 예수 그리스도를 통해 나타난 복음 진리를 알고 동의하며 그분께 자기 영혼과 몸을 맡깁니다. 유일한 차이는 바로 '믿음의 대상'입니다. 병자들이 자기 몸을 고치기 위해서는 전능하신 창조주 하나님을 믿어야 했습니다. 하나님이 고칠 수 있는 분이라는 사실입니다. 반면에 우리의 영혼을 구원하기 위해서는 피 흘리신 구속주 하나님을 믿어야 합니다.

그렇다면 참된 구원 신앙은 무엇일까요? 바로 그리스도 밖에 있던 우리 자신의 비참한 영적인 형편을 온전히 인식하여, 구원이 나에게 가장 필요하고 절실한 것이며, 모든 소망이 그리스도 안에만 있다는 사실을 받아들이고, 그분에게 나아가기를 원하며 즐거워하는 믿음을 말합니다. 그리스도만이 최고의 복이 되시므로, 참된 구원 신앙은 오직 그분의 터 위에 집을 짓기를 원합니다.

구원 신앙과 이성

사람들이 예수님을 믿지 못하는 이유는 매우 다양합니다. 하지만 가장 대표적인 이유를 생각해 보면, 크게 두 가지로 나눌 수 있을 것 같습니다. 그래서 사람들은 자신에게 복음을 전하는 이들에게 두 가지를 요구합니다. 첫째로 그들은 기독교가 도저히 이해되지 않으니 나를 이해시켜 달라고 합니다. 사람들은 자신이 가지고 있는 상식이나, 자신이 믿고 있는 이성적인 사고체계에 부합되지 않으면 그것을 믿으려 하지 않습니다. 사실 이것은 매우 자연스러운 현상입니다. 한마디로 말하면 "도대체 말이 안 된다"는 것입니다. "믿음도 좋고 종교도 좋은데 제발 말이 되는 소리를 하라"는 것입니다. 어떻게 처녀가 아이를 낳고, 어떻게 죽은 사람이 살아날 수 있으며, 어떻게 바다가 갈라져서 수백만 명이 그 사이로 지나갈 수 있느냐는 물음입니다. 어떤 면에서 당연한 물음이지 않습니까? 이들은 말 그대로 이성적입니다.

하지만 이들의 맹점은 신앙을 자기 상식과 논리 안에 두기를 원한다는 것입니다. 이는 자신이 가지고 있는 이성적인 사고 체계와 상식이 진리라는 믿음에 근거합니다. 하지만 이것 역시 헛된 믿음일 뿐입니다. 왜냐하면 이들은 자신의 이성이 얼마나 부패하고 제한적인지 알지 못하며, 또 하나님의 역사가 반이성적인 것이 아니라 초이성적이라는 사실을 알지 못하기 때문입니다. 하나님은 인간의 이성에 제한되는 분이 아닙니다. 그리고 반이성적인 것과 초이성적 것은 구분되어야 합니다. 바로 하나님은 초이성적인 분입니다.

둘째로 그들은 만약 이성적으로 자신을 이해시키지 못한다면 하나님이 계신다는 사실을 기적을 통해서라도 보여 달라고 합니다. 주변에 그런 사람들이 생각보다 많습니다. 예를 들면, 가족들이 다 신앙생활을 해서 자꾸 교회에 가자고 하는데, 아무리 노력을 해도 안 믿어진다는 것입니다. 그래서 마음속으로 '정말 하나님이 계신다면 나에게 증거를 보여주세요'라고 간절히 바라는데도 잘 안 믿어진다는 것입니다. 이성적으로 이해가 되지 않아도, 만약 어떤 신비로운 현상을 경험하게 되면 믿겠는데, 그런 것이 없으니 도저히 못 믿겠다는 것입니다. 이들은 주로 자신의 머리로 이해되지 않기 때문에 그런 신비로운 현상을 구합니다. 바로 여기서 우리는 믿음과 이성의 관계를 생각해 보지 않을 수 없습니다. 너무 이성적이어도 참된 믿음을 가질 수 없습니다. 물론 이 이성은 부패한 이성입니다. 반면에 이성을 무시하고 신비만을 추구해도 결코 구원하는 믿음을 가질 수 없습니다. 그러므로 믿음과 이성은 서로 배척하는 것이 아니라 서로를 보충하여 구원 신앙에 이르도록 각자의 역할을 감당해야 합니다. 그렇다면 구원하는 믿음을 가지기 위한 이성의 역할은 무엇인지 살펴보겠습니다.

참된 믿음은 이성보다 먼저다

"나는 이해하기 위하여 믿는다.(*Crede, ut intelligas*)" 이는 초대 교회의 위대한 교부였던 아우구스티누스가 했던 유명한 말입니다. 여기서 말하는 믿음은 구원 신앙을 의미하며, 이 말은 믿음과 이성의 관계를 아주 잘 보여줍니다. 믿기 위해서는 먼저 이해해야 한다고 생각하는 것이 일반적입니다. 이해되어야 믿지, 이해되지 않는데 어떻게 믿을 수 있냐고 묻는 게 잘못은 아닙니다. 하지만 아우구스티누스가 말하는 구원 신앙은 사물에 대한 단순한 지식이나 그에 대한 막연한 믿음과는 다릅니다. 예를 들면, "나는 우리 엄마가 세상에서 가장 예쁘다고 믿는다." 혹은 "나는 이번 여름이 가장 더울 것이라고 믿는다." 아니면 "나는 예수님이 우리의 구세주이심을 믿는다."라는 말은 내용만 다를 뿐이지, 믿음의 성질에 있어서는 동일해 보입니다. 하지만 아우구스티누스는 그렇게 생각하지 않았습니다.

좀 더 쉽게 설명해 보겠습니다. 사실 방금 언급했던 세 가지 믿음의 속내를 들여다보면 다음과 같이 표현할 수 있습니다. "나는 우리 엄마가 세상에서 제일 예쁘다고 믿는다. 하지만 사실 더 예쁜 사람이 있을 수도 있다. 왜냐하면 내가 세상의 모든 여자를 다 본 것은 아니기 때문이다. 하지만 나는 그렇게 믿고 싶다." "이번 여름이 역사상 가장 더울 것이라 믿지만, 그렇지 않을 가능성도 있다. 왜냐하면 나는 기상 전문가가 아니기 때문이다." 이 두 믿음의 경우는 자신이 믿는 믿음에 의심이 함께 있습니다. 하지만 구원 신앙은 "나는 예수님이 우리의 구세주이심을 믿지만, 아닐 가능성도 있다. 왜냐하면 나는 그 분을 본 적이 없기 때문이다."라거나 혹은 "나는 기독교가 유일한 구원의 종교라고 믿는다. 하지만 아닐 가능성도 있다. 왜냐하면 세상의 모든 종교를 다 살펴본 것은 아니기 때문이다."라고 말하지 않습니다. 믿음은 확실한 것입니다. 막연한 추측이나 기대감이 아니기 때문입니다. 물론 믿음이 약해질 때 의심이 깃들 수 있습니다. 하지만 믿음 자체가 일어나 역사할 때는 의심을 물리칩니다. 그리고 믿음은 결코 사라지지 않기에 그 속에는 본질적으로 확신이 있다고 칼뱅은 말합니다. 다른 두 믿음은 확실한 증거와 논리에 의해서만 확실성을 가질 수 있습니다. 만약 확실한 근거를 제시하지 못한다면, 막연한 기대나 의견에 불과할 뿐입니다. 하지만 구원하는 믿음은 그렇지 않습니다. 믿음은 증거가 없어도 확실하게 믿는 것이 가능합니다.

중세시대의 신학자였던 안셀무스(Anselmus, Cantuariensis, 1033–1109)도 아우구스티누스와 비슷한 말을 했습니다. "나는 믿기 위하여 이해를 추구하지 않는다. 오히려 나는 이해하기 위하여 믿는다."라고 말한 그는 "이해를 구하는 믿음(faith seeking understanding)"이라는 말로도 유명합니다. 믿음이 먼저 들어옵니다. 그리고 그 이후에 이해할 수 있게 되는 것입니다. 오해하지 말 것은 구원 신앙에 이성이 필요 없다는 것이 아닙니다. 오히려 이성은 우리가 참된 믿음을 가질 수 있도록 돕습니다. 다만 유명한 신학 명제인 "유한은 무한을 파악할 수 없다(*finitum non posit capere infinitum*)"와 같이 유한한 이성은 무한하신 하나님에게 속한 진리를 다 이해할 수도 없기에 이성의 한계를 인정하고 믿음의 우위성을 받아들여야 한다는 것입니다. 그렇게 하고 나면 모든 것이 이해되기 시작합니다.

이러한 사상은 칼뱅에게서도 발견됩니다. 그는 본래 인간의 이성이 제한되어 있어서 하나님을 완전히 파악할 수 없었고, 더욱이 타락 이후 인간의 이성은 중세 신학자들이 생각한 이성의 한계보다 훨씬 더 심각하게 부패하여서 하나님의 은혜가 없이는 영에 속한 것을 전혀 파악할 수 없는 지경에 이르렀다고 보았습니다. 그러므로 자연적 상태에 속한 죄인은 이성으로는 도저히 하나님을 파악할 수 없기에 이성적인 이해를 통해서 믿음에 이르게 되는 것은 전적으로 불가능합니다. 오직 하나님의 중생시키시는 역사를 통해서 이성은 물론이고, 인간의 영적 기관이 새롭게 되지 않은 상태에서는 결코 참된 구원 신앙을 가질 수 없습니다. 이와 같은 이유로 이성과 믿음의 관계를 청교도 토마스 왓슨(Thomas Watson, 1620-1686)은 "이성이 걸어갈 수 없는 곳에서 믿음은 헤엄친다."는 유명한 말을 했습니다. 이는 우리의 믿음이 본질적으로 이성의 바탕 위에 세워지는 것이 아니라 하나님의 새롭게 하시는 능력에 달려 있으며, 그런 의미에서 믿음은 인간의 산물이 아니라 '하나님의 선물'이 되는 것입니다.

결국 믿음은 무한이 유한에 침투할 때 일어납니다. 무한하신 하나님의 영이 유한한 인간의 마음에 들어오셔서 자연적인 방식으로 사물을 바라보면 인간의 지각을 확장하여 초자연적인 방식으로 하나님을 파악할 수 있도록 돕습니다. 앞에서 언급했던 일시적 신앙과 구원 신앙의 차이가 바로 이것입니다. 일시적 신앙에도 복음 지식과 그에 대한 동의는 물론이요, 일정한 정서적 반응까지 일어납니다. 하지만 그것은 유한한 자연적 이성이 파악하고, 자연적 정서가 반응한 것일 뿐입니다. 반면에 하나님의 은혜로 중생하여 새롭게 된 이성은 내주하시는 성령님의 역사로 말미암아 복음을 비롯한 성경의 진리를 모순없는 사실로 받아들이게 됩니다. 그뿐만 아니라 새롭게 된 마음은 그 진리에 합당한 정서를 만들어 내고 이는 신자가 진리를 신뢰하게 하여 그들의 의지를 새롭게 합니다. 바로 이것이 참된 구원 신앙입니다. 그러므로 이 구원 신앙은 거듭난 지성과 의지를 가진 거듭난 영혼과 하나님의 말씀에 담긴 진리, 특히 복음의 내용과 이를 우리의 영혼에 적용하시는 성령님의 사역을 통해서 우리의 마음에 일어나는 믿음을 의미합니다. 한 번 일어난 구원 신앙은 우리가 죽어 눈으로 직접 하나님을 뵐 수 있을 때까지 결코 사라지지 않습니다.

참된 믿음은 이성을 배제하지 않는다

　구원 신앙을 가지는 데 있어서 반드시 이성을 먼저 만족시켜야 하는 것은 아니며, 오히려 초자연적인 하나님의 역사가 선행될 때 믿음이 주어진다는 사실을 살펴보았습니다. 하지만 여기서 우리가 주의해야 할 것이 있습니다. "이해하기 위해서 믿는다." 혹은 "이해를 구하는 믿음"이라는 말이 구원하는 믿음은 이성을 역행한다거나 이성을 무시한다는 의미가 아닙니다. 많은 사람은 은근히 믿음과 이성을 서로 대립 관계라고 생각합니다. 그들의 잠재의식 속에는 믿음이란 본질적으로 이성을 뛰어넘는 것이어야 한다는 생각이 있습니다. 더 직설적으로 말하면, 믿음이란 이성을 파괴하는 자리에서 일어난다고 봅니다. 그 결과 사람들은 영적인 진리에 대하여 이해하려는 생각을 슬며시 내려놓고 믿음 앞에만 서면 자신에게 주어진 하나님의 선물인 이성의 기능을 멈추어 버립니다. 그런 후에 초자연적인 기적을 구하게 되거나 열광주의를 추구하고 거기에 빠지게 됩니다.

우리 주변에서 이런 모습을 쉽게 볼 수 있습니다. 하나님이 자신을 알고 이해하라고 우리에게 주신 성경과 이성을 버려둔 채 감정의 노예가 되기를 자처하는 사람이 참으로 많습니다. 왜 오늘날 많은 교회는 하나님의 말씀과 진리를 가르치는 일을 방기하고 있을까요? 왜 성도들은 교리를 배우고 연구하는 모임을 찾지 않을까요? 왜 그런 모임에는 항상 소수의 비교적 젊은 신자만 참여할까요? 스스로 기독교인이라고 여기는 많은 사람이 하나님의 말씀인 성경을 이해하고 그 말씀을 알기 위해서 힘쓰기보다는 자신의 느낌이나 감정을 중요하게 여기고, 이적과 기적을 비롯한 신비로운 체험이 마치 기독교 신앙의 본질인 것처럼 그것을 쫓아다니는 모습을 우리는 너무나 쉽게 볼 수 있습니다.

그러나 우리가 인간이기를 멈추지 않는 한 믿음은 우리가 끊임없이 이해를 추구하도록 격려합니다. 믿음은 이성을 마비시키는 것이 아니라 오히려 그 반대입니다. 그래서 구원하는 믿음을 가진 사람은 더욱더 진리를 구하고, 진리를 이해하기를 원합니다. 그 결과 성경을 사랑할 뿐만 아니라 골방에서 엎드리게 됩니다. 왜냐하면 그들에게 있는 믿음은 이해를 추구하는 믿음이며, 그들은 하나님을 이해하기 위하여 믿기 때문입니다.

하나님의 형상

그렇다면 사람들은 왜 이성을 믿음 위에 놓거나 아니면 믿음을 위해서는 이성이 기능을 멈춰야 한다고 생각할까요? 그 이유는 인간의 본질에 대한 근본적인 무지 때문입니다. 하나님이 만드신 모든 피조물 가운데서 인간은 다른 피조물과 뚜렷이 구분됩니다. 가장 중요한 이유는 바로 인간에게 있는 하나님의 형상 때문입니다. 하나님은 다른 피조물과는 달리 인간을 하나님의 형상으로 만드셨습니다. 모든 피조물 가운데 하나님의 형상을 따라 만든 존재는 인간이 유일합니다. 그러므로 인간을 인간 되게 하는 것은 바로 인간 안에 존재하는 하나님의 형상입니다. 신체의 모양이 좀 다르거나, 부족하더라도, 어떤 신체의 기관이 덜 발달하였거나 더 발달하였다고 하더라도, 하나님의 형상이 있는 이상 그는 인간입니다. 인간의 존엄성은 바로 거기서 나옵니다. 세상은 좀 더 잘생기고 아름다운 몸에서 인간으로서의 존엄이 나온다고 윽박지릅니다. 하지만 성경은 인간의 존엄이 인간에게 있는 하나님의 형상에서 온다고 외칩니다. 그러므로 하나님의 형상을 가진 모든 인간에게는 그에 합당한 존엄이 있습니다. 그 사람이 얼마나 더 하나님의 형상을 뚜렷이 간직하며, 더 온전히 반영하느냐에 따라 그 사람의 존엄의 크기는 결정됩니다. 결국 모든 인간은 다른 피조물이 가지지 못한 최소한의 하나님의 형상을 가지고 있기에 인간은 그 자체로 어떤 피조물보다 더 존엄한 존재가 되는 것입니다.

그렇다면 하나님의 형상이란 무엇일까요? 이 하나님의 형상을 신앙의 선배들은 크게 두 가지로 나누어서 생각했습니다. 바로 좁은 의미의 형상과 넓은 의미의 형상입니다. 좁은 의미의 하나님 형상은 타락으로 말미암아 상실된 인간의 특징으로서 인간을 영적이며 거룩한 존재로서 하나님과 실질적으로 교통하도록 합니다. 하지만 이것은 타락으로 말미암아 완전히 상실되었습니다. 그렇다면 인간은 하나님의 형상을 잃어버렸으니 더이상 인간이 될 수 없는 것일까요? 그렇지 않습니다. 왜냐하면 인간에게는 타락 이후에도 넓은 의미의 하나님의 형상이 남이 있기 때문입니다. 하나님의 형상이 인간을 인간되게 하는 본질적인 요소이므로 비록 좁은 의미의 하나님 형상은 상실했지만, 남아 있는 넓은 의미의 형상이 우리를 여전히 인간으로 살게 합니다. 비록 심각하게 훼손되기는 했지만 말입니다.

먼저 인간에게 주어진 넓은 의미의 형상이란 인간에게 있는 이성과 도덕성을 말합니다. 아담의 타락 이후에도 인간에게는 망가지기는 했지만 여전히 이성이 기능을 하고 있으며, 도덕적인 특징 또한 완전히 상실되지는 않았습니다. 물론 타락한 이성과 도덕성은 그 본래의 목적인 하나님을 파악하고, 하나님의 명령에 따라 행하지는 못합니다. 그러나 여전히 피조 세계 속에서는 최소한의 기능을 수행할 수 있었던 것입니다. 예를 들면, 본래 이성은 하나님에 대한 참된 지식을 파악하여, 그분을 최고선으로 여겨야 하고, 도덕성은 그에 합당한 삶의 태도를 갖추도록 인도해야 했습니다. 하지만 타락한 이성은 역으로 신앙을 이성 아래에 복종시키고, 하나님을 멸시하며 자기 자신과 세상을 섬기도록 인도했던 것입니다. 그럼에도 불구하고 이성과 도덕성이 완전히 상실되지 않았으므로 넓은 의미의 하나님 형상은 존재한다고 말할 수 있습니다.

그렇다면 좁은 의미의 하나님 형상은 무엇일까요? 우리 신앙의 선배들은 영적인 지식과 의와 거룩을 좁은 의미의 하나님 형상이라고 여겼습니다. 그리고 이 하나님의 형상은 타락 이후에 완전히 상실된 것으로서 중생을 통해서 회복되기 시작합니다. 바울은 에베소 교인들에게 새사람을 입으라고 말했습니다. 여기서 말하는 새사람은 중생 이후의 변화된 상태를 의미합니다. 그렇다면 이 변화된 상태는 구체적으로 어떤 사람입니까? 바울의 설명을 들어보겠습니다. "오직 너희의 심령이 새롭게 되어 하나님을 따라 의와 진리의 거룩함으로 지으심은 받은 새 사람을 입으라"(엡 4:23, 24) 새사람이란 타락으로 인하여 상실되었던 하나님의 형상이 어느 정도 회복된 것이며, 이는 "하나님을 따라 의와 진리의 거룩함으로 지으심을 받은 사람"을 의미합니다. 죄는 우리에게서 의를 강탈해 버렸고, 하나님에 대한 거룩한 지식을 삭제해 버렸습니다. 또한 골로새서에서도 바울은 "새 사람을 입었으니 이는 자기를 창조하신 이의 형상을 따라 지식에까지 새롭게 하심을 입은 자라"(3:10)고 말합니다. 여기서 우리는 좁은 의미의 하나님 형상이 의와 하나님에 대한 참된 지식과 거기에서 나오는 거룩함이라는 것을 알 수 있습니다. 그런데 특별히 에베소서와 골로새서의 말씀이 겹치는 것이 있는데, 바로 '지식', 곧 하나님에 대한 거룩한 지식입니다. 중생한 신자에게서 회복되는 것은 하나님에 대한 참된 지식입니다. 믿음에 필요한 그 지식입니다.

요약하면, 하나님의 형상은 그것이 넓은 의미이든, 좁은 의미이든 지성과 이성의 작용을 포함하고 있습니다. 특히 좁은 의미의 하나님 형상에서는 하나님에 대한 참되고 거룩한 지식이 매우 중요한 역할을 합니다. 그런 의미에서 조나단 에드워즈는 하나님이 짐승과 구별되는 기능으로 인간에게 이성을 주셨는데, 그것을 활용하지 않으면 스스로 짐승이 되는 것이라고 말했던 것입니다. 그러므로 모든 인간은 하나님이 주신 이성을 적극적으로 활용해야 하며, 특별히 가장 고귀한 지식인 하나님에 대한 지식을 아는 데 힘써야 합니다. 결국 에드워즈는 하나님이 인간에게 이성을 주신 목적은 하나님에 대한 참된 지식을 알고 그것을 증가시키기 위함이라고 말하는 것입니다. 그러므로 구원하는 믿음은 이성을 무시하는 것도 아니고 이성을 쫓아가는 것도 아닙니다. 이 믿음은 이성을 통해서 믿음의 대상에 대한 바른 지식과 이해를 가지기를 구하되, 인간 이성의 한계를 깨닫고 하나님께서 보이시는 계시 아래에서 그것을 적극적으로 활용합니다.

믿음의 대상

앞에서 우리는 현세적인 구원을 주는 믿음과 영혼의 구원을 주는 믿음이 각각 믿음의 세 요소를 가졌음에도 불구하고 전혀 다른 결과를 낳는 이유가 바로 믿음이 바라보고 파악하는 대상이 다르기 때문이라고 말했습니다. 이는 믿음의 요소 중에 지식과 직접적으로 관계됩니다. 교회를 출석하는 사람 중에 적지 않은 이들이 자신이 믿는 대상에 대해서 잘 모르는 경우가 많습니다. 물론 막연하게 이름 정도는 압니다. 하나님을 믿는다고도 하고, 예수님을 믿는다고 말하기도 합니다. 하지만 그 하나님이 어떤 분이시며, 예수님이 어떤 분인지 설명하라고 하면 머뭇거리거나 제대로 파악하고 있지 못하는 경우가 적지 않습니다. 어떤 이는 성경을 믿는다고 말하기도 합니다. 하지만 세상에 이 말처럼 무책임한 말도 없습니다. 왜냐하면 그 말을 한 사람이 성경을 한 번도 읽어보지 못한 경우가 태반이기 때문입니다. 읽어보지도 않고 그것을 믿는다? 이것은 말 그대로 덮어 놓고 믿는 것이며, 종교개혁자들이 맹목적 믿음(implicit faith)이라고 불렀던 것으로 로마 가톨릭 교회가 중세의 성도에게 요구했던 믿음과 본질적으로 다른 점이 없습니다. 종교개혁이 일어난 지 오백 년 만에, 아니 이미 오래전에 개신교는 다시 중세로 돌아가 버렸다면 지나친 말일까요?

'하나님을 믿으면 됐지, 뭘 그렇게 복잡하게 생각하느냐? 그게 뭐가 중요하냐?'고 생각하는 사람들도 많이 있습니다. 이런 생각 속에는 하나님이라는 이름만 있을 뿐, 그분이 어떤 분인지는 중요하지 않습니다. 교회에서 말하는 하나님은 다 동일한 하나님이라고 생각합니다. 하지만 그렇게 생각할 수 있는 아무런 근거가 없습니다. 왜냐하면 하나님은 눈으로 파악되는 분이 아니기 때문입니다. 예를 들면, 아버지에 대해서 생각해 봅시다. 어떤 사람이 내 아버지인가 아닌가 하는 것은 그 사람이 가진 물리적인 특징을 통해서 알 수 있습니다. 닮은 외모든지, 같은 혈액형이든지, 아니면 동일한 유전자를 통해서 구별해 낼 수 있습니다. 친자 확인을 할 수 있는 근거가 바로 여기에 있습니다. 이처럼 아버지라는 존재는 아버지에 해당하는 일정한 물리적인 특징을 가지고 있습니다. 외모도 완전히 다르고, 혈액형이나 유전자도 전혀 다른 사람을 아버지라고 생각할 수 없습니다. 이것은 아버지가 아닌 사람을 아버지라고 생각하는 것인데, 이 경우 대개는 심각한 불행을 경험하게 됩니다.

하나님에 대해서도 마찬가지입니다. 아니 더 심각합니다. 생물학적인 아버지는 물리적 특징으로 구별하지만, 영혼의 아버지이신 하나님은 영이시니 하나님에게는 이러한 물리적인 특징이 없습니다. 그러므로 하나님은 그분이 가진 영적인 특징에 따라서 다른 존재와 구별되십니다. 예를 들면, 만약 어떤 존재가 모든 것이 하나님과 동일하지만, 어리석다면 그는 하나님이 아닙니다. 왜냐하면 하나님은 그 지혜와 지식이 무한하시기 때문입니다. 만약 지혜도 무궁하지만 거짓말을 한다면 그도 역시 하나님일 수 없습니다. 결국 하나님은 인간의 눈에 보이는 물리적인 특징이 아니라 영적인 특징, 곧 속성을 통해서 파악해야 한다는 말입니다.

그러므로 우리가 믿고 섬기는 대상이 하나님인지 아닌지를 알기 위해서는 우리가 그분을 무엇이라고 부르느냐가 중요한 것이 아닙니다. 우리의 영혼이 섬기는 그 존재가 어떤 속성을 가지고 있느냐, 우리가 그를 어떻게 파악하느냐가 중요합니다. 보이지 않기에 믿음이 바라보고 있는 대상을 어떻게 인식하고 있느냐가 핵심입니다. 예를 들면, 이스라엘 백성들이 출애굽 할 때 그들은 여호와 하나님을 믿고 애굽을 떠났습니다. 하지만 그들은 결국 40년 동안 광야에서 방황하며,

출애굽 때에 함께 했던 1세대는 두 사람을 제외하고는 아무도 약속의 땅에 들어가지 못했습니다. 왜 그랬을까요? 우리는 이미 그들의 불신앙 때문에 이런 결과를 얻게 되었다는 사실을 다 알고 있습니다.

이스라엘 백성들의 이러한 불신앙적인 상태를 가장 분명하게 보여주는 것이 바로 시내산에서 있었던 송아지 우상 사건입니다. 모세가 하나님의 부르심을 받아 시내산 정상으로 올라갔습니다. 그런데 오랜 시간이 지났는데도 모세가 보이지 않았습니다. 그러자 이스라엘 백성들은 두려워하기 시작했고, 그들은 아론을 닥달했습니다. 빨리 자기들을 위해서 하나님을 만들어 달라고 말입니다. 자기들이 가진 모든 귀중품을 다 낼 테니 눈에 보이는 하나님을 만들어 달라고 했습니다. 백성들의 기세에 두려움을 느낀 아론은 이를 허락했고, 백성들이 기부한 금으로 금송아지를 만들었습니다. 이 금송아지의 이름이 무엇이었을까요? 바로 "여호와"였습니다. 그들은 송아지를 여호와라고 불렀습니다. 더 놀라운 것은 바로 이 시간에 모세는 시내산에서 십계명을 받고 있었다는 사실입니다. 그 십계명 중에 제2계명은 "너는 우상을 만들지 말라"는 명령입니다. 이것이 우연일까요? 우상을 만들지 말라는 명령을 하나님께서 하시는 그 순간에 우상을 만들지 못해서 안달이 난 백성의 모습이 대조되고 있습니다. 왜 이스라엘 백성들은 이런 끔찍한 일을 벌였을까요? 바로 하나님에 대해서 무지했기 때문입니다.

사실 그들은 눈에 보이지 않는 하나님을 믿었던 것이 아니라 눈에 보이는 모세를 믿었습니다. 그래서 모세가 보이지 않자, 무엇이라도 만들어야 했던 것입니다. 그래서 그 우상을 "여호와"라고 불러야 했던 것입니다. 하지만 금송아지가 여호와가 될 수는 없습니다. 아무리 이름을 가져다 붙여도 금송아지가 여호와가 될 수는 없습니다. 왜냐하면 여호와는 금이나 송아지와는 아무런 상관이 없는 분이기 때문입니다. 이처럼 하나님에 대한 이스라엘 백성의 무지는 끔찍한 결과를 가져왔습니다. 단지 그곳에서 수많은 사람이 죽었을 뿐만 아니라 이 불신앙은 그들에게 남아 출애굽 기간을 40년으로 늘렸고, 결국에는 이스라엘을 멸망으로 이끌었습니다. 이처럼 하나님은 오직 그분에 대한 속성을 통해서 파악되는 것이지, 자신이 아무것이나 상상하고 이름을 '하나님'이라고 부른다고 될 수는 없습니다.

물론 하나님을 믿는다는 것이 하나님에 대한 완벽한 지식을 가지고 있어야 한다는 말은 아닙니다. 이 세상의 어떤 인간도 하나님에 대한 완전한 지식은 가질 수는 없습니다. 그럼에도 우리는 인간의 본성에 허락된 하나님에 대한 가장 완전한 지식을 가지기를 소망하고 추구해야 합니다. 하지만 우리는 결코 그러한 상태에 도달할 수 없습니다. 그렇다면 이 세상에서 참 하나님을 믿음의 대상으로 바라보고 있는 사람이 아무도 없다는 말일까요? 그렇지 않습니다. 비록 우리는 하나님을 온전히 알 수 없고, 또 하나님에 대한 우리의 지식에 오류가 있을지라도 우리는 하나님을 믿고 섬길 수 있습니다. 예를 들면, 아버지에게 있는 물리적인 특징을 다 알지 못해도, 혹은 잘못 알고 있어도 우리는 아버지를 인식할 수 있는 것과 같습니다. 우리 아버지의 엉덩이에 점이 있다는 것을 몰라도, 혹은 아버지의 점이 엉덩이에 있는 줄 알았는데, 알고 보니 며칠 전에 점을 빼서 그곳에 더이상 점이 없다고 할지라도 다른 주요한 생물학적인 특징과 공유하고 있는 추억들을 통해서 아버지를 구별할 수 있습니다. 하지만 단순히 눈이 두 개고 코가 한 개라는 식의 일반적인 특징으로는 아버지를 구별할 수 없습니다. 이처럼 우리가 아버지를 인식하는 데에는 그분의 얼굴이나 특별한 성품과 같이 중요한 특징만 있으면 문제가 없듯이, 하나님에 대한 지식도 하나님에 대한 모든 완전한 지식을 요구하는 것이 아니라 하나님에게 속한 가장 본질적이고 특징적인 지식이 요구됩니다. 그러므로 우리는 하나님의 속성 중에서 어떤 속성을 알아야 우리를 의롭게 하는 하나님을 믿는 것인지 파악해야 합니다.

다시 말하지만, 우리가 믿고 섬기는 하나님은 외적이고 물리적인 형체가 없습니다. 그러므로 우리에게 하나님을 하나님 되게 하는 지식, 곧 성경이 우리에게 요구하는 가장 핵심적인 하나님에 대한 참된 지식과 동의와 신뢰가 없다면 우리는 하나님이 아닌 내가 만들어 낸 신을 믿고 섬기는 꼴이 되고 맙니다. 금송아지를 만들었던 이스라엘 백성은 하나님으로 생각하고 그것을 만들었지만, 그들이 하나님이라고 부른다고 해서 하나님이 되는 것이 아니라고 이미 말했던 것을 기억해야 합니다. "우상을 만들지 말라"고 말씀하신 하나님이 어찌 금송아지 안에 있을 수 있을까요? 결코 같은 하나님일 수 없습니다. 그러므로 막연히 성경을 믿는다는 말이 하나님에 대한 무지를 의미한다면, 결국 그 말을 하는 사람은 하나님이 누구인지 알지 못한다는 의미가 되는 것입니다. 또한 알지 못하는 하나님은 하나님이 아니기에 결코 구원하는 믿음의 대상이 될 수 없습니다.

막연히 성경을 믿는다고 하는 말이 가지는 또 다른 맹점이 있습니다. 성경에는 수없이 많은 내용이 나옵니다. 어떤 이는 성경에 기록된 그 모든 내용 중에 자신이 아는 것을 실제로 믿습니다. 하지만 성경에 나오는 모든 내용이 다 우리에게 구원하는 믿음을 구성하는 지식은 아니라는 사실을 명심해야 합니다. 예를 들면, 어떤 사람이 모세가 홍해를 가른 것을 믿는다고 말했다고 가정해 봅시다. 그 사람은 하나님이 모세에게 능력을 주셔서 그 엄청난 일을 하게 하셨다고 믿습니다. 우리는 이런 것을 믿음이라고 말합니다. 하지만 이 사실에 대한 믿음이 우리에게 구원을 줄 수 있을까요?

이 문제를 생각하려면 왜 인간이 죄인이 되어 하나님의 심판의 대상이 되었는지를 생각해야 합니다. 아담이 범죄하여 죄인이 되었습니다. 그 범죄의 내용은 하나님의 뜻, 곧 율법을 어겼기 때문입니다. 죄에서 벗어나고 심판을 면할 수 있는 유일한 방법은 바로 이 죄 문제를 해결하는 것입니다. 그런데 하나님께서 홍해를 가르셨다는 사실을 믿는다고 해서 율법을 어김으로 죄인 된 우리의 죄가 무슨 수로 용서받을 수 있을까요? 그리스도께서 오병이어로 오천 명을 먹이셨다는 사실에 대한 믿음이 무슨 수로 우리를 죄에서 깨끗게 할 수 있느냐는 말입니다. 그런 것들이 죄사함과 무슨 상관이 있을까요? 그러므로 성경에 나오는 모든 내용 하나하나에 대한 믿음(지식, 동의, 신뢰)이 다 우리를 구원하는 구원 신앙이 되는 것은 아닙니다. 쉽게 말하면, 성경에 나오는 내용이라도 다 우리를 구원하는 믿음의 내용과 대상은 아니라는 것입니다. 그렇다면 믿음은 무슨 수로 우리에게 구원을 주는 기능을 할까요? 이에 대한 답을 찾기 위해서 이제부터 구원하는 믿음의 실질적인 효과에 대해서 살펴보겠습니다.

믿음의 두 가지 효과: 객관적 효과와 주관적 효과

믿음은 두 가지 효과를 통해서 구원의 수단으로서 기능합니다. 첫째는 객관적 효과인데 신자를 그리스도와 연합시키는 것입니다. 우리 신앙의 선배들은 그것을 그리스도와의 신비적 연합(*unio mystica cum Christo*)이라고 불렀습니다. 이것은 하나님 편에서 믿음을 통해서 일으키시는 것으로서 실제로 일어나는 사건입니다. 이 연합은 그리스도께서 이루신 공로와 그분의 의와 거룩하심이 우리에게 전달되는 근거가 됩니다. 이처럼 믿음은 신자를 그리스도와 연합시킴으로써 우리를 구원하는 구원의 수단이 됩니다. 그런데 이 믿음은 하나님에 대한 모든 지식을 통해서 이루어지는 것이 아닙니다. 중요한 것은 우리의 믿음은 그 믿음의 대상에게 연합시키는데, 만약 전능하신 하나님을 믿는다면 우리의 믿음은 전능하신 하나님과 연합시킵니다.

그런데 만약 우리가 전능하신 하나님에게 연합되었다면 그분의 전능하심이 율법을 범한 우리의 죄를 용서할까요? 죄 사함은 하나님의 전능하심과 관계된 것이 아닙니다. 이것은 하나님의 공의와 관계되고, 하나님의 자비와 은혜에 관계된 것입니다. 그러므로 전능하신 하나님도 아무런 조건의 변화없이 우리를 용서하실 수 없습니다. 이것은 하나님의 전능하심을 훼손하는 것이 전혀 아닙니다. 왜냐하면 하나님의 전능하심은 하나님의 본성을 부인하는 능력까지 포함하는 것이 아니기 때문입니다. 결국 우리는 어떤 하나님과 연합해야 할까요? 어떤 하나님과 연합해야 하나님의 공의를 만족시키며, 우리의 죄악을 용서 받을 수 있을까요? 바로 우리가 범한 율법의 모든 저주를 되돌릴 수 있는 하나님은 다른 누구도 아닌 예수 그리스도를 통해서 계시된 하나님뿐입니다. 예수 그리스도는 하나님의 은혜와 자비의 절정이며, 무한하신 공의를 보여줍니다. 그러므로 성자로서 성육신하신 예수 그리스도에 대한 믿음만이 자신의 백성을 위하여 모든 율법을 성취하시고 의를 이루신 하나님께 우리를 연합시킵니다.

그뿐만 아니라 믿음의 주관적인 효과도 있습니다. 믿음이 우리를 그리스도와 연합시키고 그 연합을 유지하는 것은 단순히 하나님이 홀로 이루시는 사역이 아닙니다. 왜냐하면 하나님은 폭군처럼 강제로 신자의 의지를 꺾으시는 분이 아니기 때문입니다. 여기에는 신자 안에서 일어나는 변화도 동반됩니다. 하나님은 신자를 자신에게 연합시키실 때, 그리고 그 이후 그와 동고동락하실 때 신자의 의지를 굴복시키기보다는 감화시키십니다. 이때 하나님이 사용하시는 도구가 바로 믿음입니다. 믿음이 이 역할을 하는 것입니다. 하나님은 믿음과 그 안에 포함된 지식, 동의, 신뢰라는 요소를 통하여 그들의 지성과 의지를 설득하고 감화시켜서 이 일을 이루시지, 그들의 의지를 강제로 굴복시키지 않습니다. 그 결과 하나님은 믿음을 통하여 우리를 설득하여 하나님에게 기꺼이 나아갈 수 있도록 하십니다. 이때 하나님은 우리가 하나님과 연합하는 것이 복되다는 사실을 우리에게 알리십니다. 바로 믿음의 대상에 대한 지식과 동의와 신뢰가 우리를 그렇게 하도록 설득합니다. 여기서 필수적으로 있어야 하는 아주 중요한 요소가 있습니다. 바로 죄인인 우리가 자발적으로 하나님께 나아가고, 하나님과 연합하기를 즐거워하기 위해서는 우리의 양심을 두렵게 하는 요소들이 제거되어야 한다는 사실입니다.

그런데 단순히 하나님의 무한하신 능력이나 완전한 거룩하심이나 한없는 지혜를 믿는다고 해서 하나님 앞에 설 때 죄인의 양심이 평안을 누릴 수는 없습니다. 오히려 죄인에게 심판자이신 하나님의 전능하신 능력이나 죄를 미워하는 거룩하심이나 모든 죄를 아시는 그분의 지혜는 말할 수 없는 두려움을 가져다주는 것이 정상입니다. 왜냐하면 자기 죄를 인식하고 있는 사람은 하나님의 거룩하심을 인식하는 순간 그분께 나아가기는커녕 범죄했던 아담처럼 자신을 숨기고 그분의 눈앞에서 도망가기를 원할 것이 뻔하기 때문입니다. 더구나 그분이 전능하신 분이라는 사실을 알게 되면 죄인은 더 큰 두려움을 느끼고 더 멀리 도망가고 싶어질 것입니다. 그러므로 이 모든 하나님의 성품을 달콤하게 만드는 사실에 대한 믿음이 선행하지 않고서는 결코 하나님께로 나아갈 수 없습니다. 결국 우리를 그리스도께 묶어주는 믿음이 바라보는 대상은 우리가 하나님에게 나아갈 수 있도록 하는 하나님의 속성입니다. 우리는 이 믿음을 의롭게 하는 믿음(justifying faith)이라고 부릅니다. 그리고 이 의롭게 하는 믿음에 하나님의 다른 속성에 대한 믿음이 결합할 때 거룩하게 하는 믿음(sanctifying faith)이 일어납니다. 이제부터 의롭게 하는 믿음과 거룩하게 하는 믿음의 대상이 무엇인지에 대하여 좀 더 자세하게 살펴보겠습니다.

믿음은 영적으로 보는 것

성경에서 믿음을 가장 탁월하게 설명하는 곳 중에 하나는 흔히 "믿음장"이라고 불리는 히브리서 11장입니다. "믿음은 바라는 것들의 실상이요 보이지 않는 것들의 증거니"(1절)라는 믿음에 대한 정의는 믿음을 짧지만 분명한 의미로 전달해 줍니다. 여기서 우리는 믿음이란 바로 보이지 않는 것을 보는 능력이라는 사실을 발견합니다. 믿기 위해서는 보이지 않아야 합니다. 보지 못하는 것들은 말할 것도 없고, 바라는 것도 역시 보이지 않습니다. 보이지 않기에 바라는 것입니다. 그런데 여기서 보이지 않는다는 말은 단순히 시각적으로 볼 수 없다는 의미만은 아닙니다. 이것은 인간의 모든 물리적 감각을 의미합니다. 여기에는 이성으로 파악되는 논리와 지식도 포함됩니다. 하나님의 초자연적인 은혜가 없는 상태에서 인간이 자연적 능력으로 파악할 수 있는 모든 것은 구원하는 믿음의 대상에 해당되지 않습니다.

일반적으로 분명한 확신이 없는 주장은 "의견"이고, 눈에 보이는 확실한 증거가 수반된 것은 "사실"이며, 논리에 따라 전개되는 결론은 "논증"이라고 할 수 있습니다. 하지만 믿음은 확실한 사실이면서도 그 어떤 증거나 논리에 의해서 증명될 수 없습니다. 왜냐하면 믿음의 대상은 이제껏 발견된 자연적인 세상의 원리에 제한되지 않기 때문입니다. 그러므로 믿음의 내용은 비논리적인 것이 아니라 초논리적이라고 해야 합니다. 이 세상에 존재하는 논리에 반하는 것이 아니라 그것을 뛰어넘는 초논리입니다. 그러므로 믿음은 모순이 아니라 초월입니다. 믿음은, 특별히 성경이 말하는 믿음은 영적인 실체에 대한 것으로서 보이지 않는 것, 곧 우리의 자연적인 능력으로는 파악할 수 없는 실체를 경험하는 것입니다. 이것을 신앙의 선배들은 보이지 않는 것을 보는 것이라고 표현했던 것입니다. 그러므로 믿음이란 세상의 원리와 거듭나지 않은 이성으로는 파악할 수 없는 영적인 실체를 바라봅니다.

믿음은 바라는 것들의 실상이라는 말에서 우리는 믿음이 바라보는 것이야말로 참된 실체라는 것을 알 수 있습니다. 여기서 실상이라는 말의 본래 의미는 어떤 눈에 보이는 것의 아래에 있는 것으로서 위에 드러난 것들을 가능하게 하는 실질적인 기초를 말합니다. 사람들은 우리의 눈으로 보고, 만지고 느끼는 것이야말로 실체라고 생각합니다. 하지만 눈에 보이는 모든 것들은 결국 사라지고 맙니다. 아무리 화려했던 시절의 궁전도 오랜 세월이 흐르면 폐허가 되고, 더 시간이 지나면 그 흔적조차 사라집니다. 그러기에 영원하신 하나님의 관점에서 볼 때 그것은 존재하지 않는 것과 다를 바가 없습니다. 하지만 영적인 실체는 다릅니다. 그것은 지금 눈에는 보이지 않지만, 언젠가 그 실체를 드러낼 것이며, 결코 사라지지 않을 것입니다. 그러므로 눈에 보이는 이 세상의 모든 것들이야말로 허상입니다. 반면에 보이지 않는 영적인 실체, 곧 믿음으로만 파악되는 그 실체는 영원한 실상입니다. 성부와 성자와 성령, 영원하신 삼위일체 하나님은 모든 실상을 가능케 하시는 실상 중의 실상입니다. 그분은 시작도 끝도 없으며 존재하지 않은 적이 없으므로 존재 그 자체이시며, 모든 존재의 근원이기에 실체 중의 실체입니다. 믿음은 바로 이 하나님을 봅니다. 하나님의 역사하심도 믿음이 바라보는 대상입니다. 하나님이 존재하시는 한 하나님의 직접적인 역사는 결코 사라지지 않습니다. 그것은 하나님의 영원하신 속성에 밀착되어 있어서 함께 영원합니다. 바로 믿음은 이 영적인 실체를 볼 수 있는 능력입니다. 그래서 히브리서 기자는 믿음에 대한 정의를 내린 후에 "믿음으로 모든 세계가 하나님의 말씀으로 지어진 줄을 우리가 아나니 보이는 것은 나타난 것으로 말미암아 된 것이 아니니라"(11:3)라고 말했던 것입니다. 그러므로 구원하는 믿음은 이 세상에서 허상으로 불리는 것에서 실체를 보고, 실체로 여겨지는 것을 허상으로 보는 놀랍고 신비한 능력입니다.

이 사실은 "믿음은 바라는 것들의 실상"이라는 말에서도 찾아볼 수 있습니다. 여기서 "실상(substance)"이라는 헬라어 단어는 "확신"의 의미도 있습니다. 실제로 NASB나 ESV와 같은 영어 성경은 이 구절을 "확신(assurance)"으로 번역하고 있습니다. 실상이 아니라 확신으로 번역한 이유는 그것이 믿음이라는 주어와 더 잘 어울리기 때문일 수 있습니다. 믿음이 실상이라는 말은 조금 어색해 보이는 것이 사실입니다. 반면에 믿음은 소망하는 것에 대한 확신이라고 하면, 믿음은 확신이 되기 때문에 더 잘 어울립니다. 그렇다면 믿음이란 무엇입니까? 소망하는 것에 대한 확신입니다. 무엇을 소망할까요? 신자의 소망은 보이지 않는 영적인 실체입니다. 그렇다면 어떻게 보이지 않는 것을 소망할 수 있으며 더구나 그것을 확신할 수 있을까요? 만약 소망하는 대상이 존재하지 않는 것이면 어떡하나요? 망상이면 어떡하나요? 대답은 간단합니다. 그것을 보았기 때문입니다. 믿음이 그것을 보았습니다. 그래서 믿음은 바라는 것들의 확신과 실상이 될 수 있습니다.

믿음은 "보이지 않는 것들의 증거"라는 말은 믿음에 대한 이 설명을 더욱 분명하게 합니다. 말 그대로 믿음은 보이지 않는 것들의 증거입니다. 믿음이 어떻게 증거가 될까요? 이 "증거"라는 헬라어 단어도 역시 어떤 것을 "확신"한다는 의미가 있어서 여러 번역 성경은 "보이지 않는 것을 확신하는 것"으로 번역합니다. 그러므로 믿음이란 그 자체가 증거라고 할 정도로 보이지 않는 것들을 확신하는 것입니다. 어떻게 그런 확신이 가능합니까? 보았으니까 확신할 수 있습니다. 보지 않고는 확신할 수 없습니다. 믿음은 느낌으로 확신하는 것이 아닙니다. 만약 느낌으로 확신한다면 그것은 성경이 말하는 구원 신앙이 될 수 없습니다. 앞에서 언급했듯이 믿음은 불확실한 의견이나 견해가 아닙니다. 그렇다고 단순한 예측도 아닙니다. 믿음은 확신입니다. 결코 꺼지지 않는 불꽃입니다. 그리고 이 확신은 바로 "보는 것"에서 옵니다. 물론 믿음이 역사하지 않거나 약하게 움직일 때, 바꿔 말하면, 믿음이 참된 믿음의 대상을 보지 않고 있을 때 이 확신은 약해질 수 있습니다. 하지만 믿음이 움직일 때는 확신과 분리될 수 없습니다. 그러므로 믿음이란 영적으로 보는 것입니다. 종합하면, 믿음이란 먼저 보이지 않는 영적인 실체를 보고, 이를 통하여 지식을 얻고 그 지식에 동의하고 신뢰하는 것을 말합니다. 그렇다면 이제 중요한 것은 바로 그 믿음의 대상입니다. 우리는 무엇을 보아야 할까요? 바로 여기에 믿음의 생명이 달렸습니다. 바로 여기에 믿음의 능력이 달렸습니다. 이 대상에 따라 그 믿음은 실제로 죄인을 구원하는 신앙이 되기도 하고, 몸을 입고 살아가는 동안 약간의 심리적 위로를 주고는 정작 가장 믿음이 필요한 순간, 곧 죽음의 강을 건너기 직전에 손을 흔들고 떠나버리는 허망한 믿음이 되기도 합니다.

일반 믿음과 그 대상

17세기 영국의 대표적인 청교도였던 토마스 굿윈(Thomas Goodwin, 1600–1680)은 매우 경건한 목사요, 탁월한 신학자였습니다. 그는 믿음에 관한 대작을 남겼는데, 이 주제에 대해서는 17세기에 나온 수많은 작품 중에서 가장 탁월한 작품이라고 할 수 있습니다. 하지만 믿음에 대한 그의 관심은 비단 이 한 작품에만 집중된 것이 아니라 자신의 신학 체계 자체가 바로 구원론 체계 위에 세워졌으며, 그중에서도 믿음의 역할과 중요성은 그의 수많은 작품에 바탕을 형성하고 있습니다. 그는 우리의 구원에 역사하는 믿음을 두 종류로 나누었습니다. 그리고는 각각 일반 믿음(general faith)과 특별 믿음(special faith)이라고 불렀습니다. 그렇다면 바른 믿음의 성질을 가지고 있음에도 불구하고 이렇게 믿음을 두 종류로 나눌 때 그 기준은 무엇일까요? 굿윈은 우리의 구원에 역사하는 믿음을 그 믿음의 대상, 곧 신자의 영혼이 바라보고 파악하는 대상과 그 믿음의 목적과 결과에 따라서 이처럼 두 종류로 구분했습니다. 특별 믿음은 그 대상과 목적과 결과가 특별하고 구체적이기 때문에 특별 믿음입니다. 반대로 일반 믿음은 그 대상과 목적이 일반적인 믿음입니다.

먼저 일반 믿음에 대해서 생각해 보겠습니다. 이 믿음은 말 그대로 신자가 성경에 나오는 모든 내용을 믿는 것입니다. 이러한 믿음에 대해서는 앞서 잠시 언급했지만 여기서 좀 더 자세하게 살펴보는 것이 좋겠습니다. 성경에는 율법의 약속과 경고가 등장합니다. 인간의 행위로 말미암는 행위 언약과 아담의 실패로 말미암아 모든 인간에게 주어지는 하나님의 진노와 저주 그리고 그리스도를 통하여 맺으시는 복된 은혜 언약과 그 안에 주어진 약속이 다 일반 믿음의 대상입니다. 또한 율법의 저주 아래 있는 인간이 이 저주에서 벗어나는 방식과 그 저주 아래 머물러 있는 자가 당하게 될 비참한 운명에 대한 모든 것이 일반 믿음의 대상입니다. 그뿐만 아니라 하나님의 모든 속성과 하나님이 하신 이적과 기적의 역사도 마찬가지입니다. 그러므로 엄밀히 말하면 일반 믿음은 그 자체로 구원 신앙의 모든 내용을 당연히 포함합니다.

그냥 듣기에 이 믿음은 굉장히 훌륭하고 탁월한 믿음처럼 보입니다. 하지만 여기서 주의해야 할 사실이 있습니다. 그것은 맹목적인 믿음을 일반 믿음으로 오해하는 것입니다. 사람들은 스스로 성경의 모든 내용을 믿는다고 하면서, 전혀 그렇지 않은 경우가 많습니다. 쉽게 말해서, 우리 주변에서 스스로 성경의 모든 내용을 다 믿는다고 말하는 사람을 만나는 것은 어려운 일이 아닙니다. 가만히 보면 따로 성경을 연구하지도, 교리를 공부하지도 않았음에도 불구하고 이렇게 자신은 성경을 다 믿는다고 말합니다. 또한 성경의 구체적인 내용에는 관심도 없고, 신비로운 체험과 감정적인 위로에 더 큰 관심이 있는 사람일수록 더 쉽게 이런 고백을 하는 경향이 있습니다. 하긴 체험과 감정적인 위로만 구하는 사람이라면, 성경을 제대로 읽은 적도 없을 것입니다. 그저 성경은 뻔한 책이며, 기독교 신앙이라는 게 다른 종교의 신앙과 별다를 게 없다고 생각하는 사람들일 테니 그렇게 말하는 것이 당연한지도 모르겠습니다. 성경에 있는 내용을 모르면서 안다고 생각하니 말입니다. 실제로 하나님을 하나님 되게 하는 필수적인 사실조차도 모른채 막연히 성경을 다 믿는다고 생각하는 사람들이 얼마나 많습니까!

이런 사람의 믿음은 우리가 다루고 있는 일반 믿음과 매우 유사하게 들리지만, 실상은 전혀 다릅니다. 평소에 성경의 말씀을 꾸준히 묵상하고 그 말씀에 자신의 믿음을 점검해 온 사람을 제외하고 그저 단순히 '나는 성경에 나온 모든 내용을 믿는다'라고 말한다면, 실제로는 이 말을 하는 그 순간에 그 사람은 성경에 나온 모든 내용을 다 알지도 못하고 생각할 수도 없을 것이 뻔합니다. 그러므로 일반 믿음을 표방

하는 이런 믿음은 실질적으로 로마 가톨릭 교회에서 말하는 맹목적 믿음(implicit faith)과 매우 유사한 경우가 많습니다.

"교회가 믿는 모든 것을 믿는다"라고 할 때 사실상 아무것도 믿는 것이 아니며, 실제로 그가 믿는 것은 교회의 권위입니다. 성경에 나온 모든 것을 믿는다고 할 때 그것은 실제로 아무것도 믿는 것이 아니라 성경 자체가 권위 있다는 사실만을 믿는 것에 불과합니다. 하지만 성경이 권위가 있다는 사실은 우리를 구원하지도 못하고 하나님의 백성으로 살게 할 수도 없습니다. 중요한 것은 그 내용입니다. 그 내용을 알아야 합니다. 그가 비록 성경의 모든 말씀을 따를 마음의 준비가 되어 있다고 할 수는 있으나 실제 그 사람은 성경에 어떤 내용이 있는지 알지 못한다면 아무 소용이 없습니다. 그리고 실제 그 내용을 알게 되면 순종하지 못하는 경우를 우리는 얼마나 자주 봅니까! 쉽게 말하면, 유명한 연예인이 누군지도 모르는 불특정 다수의 팬을 향해 TV를 통해 "여러분을 너무너무 사랑해요!"라고 말한다고 해서 그 TV를 보던 그 연예인의 팬이 행복해할 필요가 없는 것과 같습니다. 왜냐하면 그 연예인이 사랑한 대상은 자신이 알고 있는 각각의 개별적인 팬이 아니라 자신의 팬이라는 불특정한 개인들의 집단이므로 실제로 그 연예인은 구체적인 한 인격을 사랑하는 것이 아니기 때문입니다. 그래서 이 말을 믿은 어떤 팬이 그 연예인을 개인적으로 만났을 때 큰 실망을 하는 경우가 많습니다. 팬을 사랑한다고 고백했던 그 연예인이 실제로 자신을 찾아오는 팬을 사랑으로 대하기보다는 오히려 자신을 귀찮게 하는 사람으로 여기고 괄시하는 경우도 쉽게 볼 수 있습니다. 이 믿음도 마찬가지입니다. 성경에 나온 내용을 다 믿는다는 말은 성경 자체의 권위를 믿는다는 말일 뿐 그 이상도 이하도 아닙니다. 물론 그 내용을 알지 못한 채 성경의 권위를 믿는다는 말도 공허하기는 마찬가지입니다. 더구나 '성경이 하나님의 말씀이다'는 믿음의 내용은 우리를 구원할 어떤 능력도 없습니다. 왜냐하면 그는 하나님이 누구신지 제대로 모르기 때문입니다. 성경은 구원을 위해서는 "주 예수를 믿으라"라고 했지, 성경이 하나님의 말씀이라는 사실에 대한 믿음이 구원을 준다고 하지는 않았다는 사실을 기억해야 합니다.

이처럼 잘못 이해된 일반 믿음이 우리를 구원하고 의롭게 하는 믿음이 될 수 없는 또 다른 이유는 성경에 나와 있는 하나님에 대한 모든 내용이 그리스도와 신자를 연합시키는 능력을 가진 것은 아니기 때문입니다. 주변에 보면 비록 성경에 나오는 모든 내용을 알고 믿지는 않아도 성경에 나오는 많은 내용에 대해서 알고 있고 그 내용을 믿는 사람이 있습니다. 그들은 하나님이 천지를 만드신 것도 믿고, 홍해를 가르신 것도 믿습니다. 그런데 충격적인 사실은 그렇게 성경의 개별적인 사실을 많이 알고 있고 그것이 진리라고 믿고 있음에도 죄 사함의 참된 도리에 대해서 제대로 설명하지 못하는 사람들이 많다는 것입니다.

교회에서 오랜 세월 동안 신앙생활을 해온 사람들과 대화하면서 구원받는 원리를 물어보면 제대로 말을 못 하고 우물쭈물하는 경우를 쉽게 볼 수 있습니다. 그리고 그 목소리는 얼마나 작아지는지 모릅니다. 수십 년을 신앙생활 하면서 자신이 구원받는 도리를 설명하라고 하면 기다렸다는 듯이 자신 있게 말하는 것이 정상이 아닐까요? 언제 어느 때라도 불신자에게 전달해 줄 이 복된 소식을 품에 두고 날카롭게 광을 내고 있어야 하지 않을까요? 하지만 우리의 현실은 그렇지 않은 것 같습니다. 설령 간략하게나마 구원의 도리를 말하더라도 그 의미에 대해서 조금 더 깊은 대화를 하려고 하면 이내 손사래를 치고 아무런 말을 하지 못하는 경우를 쉽게 볼 수 있을 뿐 그렇지 않은 경우를 찾기는 어렵습니다. 과연 이 말이 특별히 수준 떨어지는 교회의 성도에 관한 이야기일까요? 그랬으면 얼마나 좋겠습니까.

다시 일반 믿음으로 돌아가겠습니다. 문자적인 의미에서 일반 믿음이란 성경의 모든 진리를 믿는 믿음이기에 구원하는 믿음이며, 더 나아가서 가장 완벽한 믿음입니다. 하지만 현실적으로 이런 의미의 일반 믿음보다는 내용은 없이 공허한 채 입으로만 고백하는 사이비 일반 믿음을 훨씬 쉽게 접하게 됩니다. 그리고 대부분 사람은 자신의 믿음의 대상과 내용을 원하는 대로 선별적으로 가지게 되므로, 막연히 성경의 모든 내용을 믿는다는 것은 오히려 구원에 필요한 참된 지식이 없는 채 스스로 안심하도록 하는 위험성이 있습니다. 바꿔 말하면, 우리를 의롭게 하는 구원의 도리를 담고 있는 특정한 내용이 빠진 채 얼마든지 다른 성경 지식을 뽐낼 수 있다는 것입니다. 물론 성경에 포함된 모든 진리는 어떤 의미에서는 다 구원에 일정한 도움을 준다고 할 수 있습니다. 하지만 성경의 모든 내용이 다 우리를 그리스도와 연합시키고 의롭게 하는 믿음의 대상은 아닙니다.

의롭게 하는 믿음, 곧 구원 신앙은 믿음이 가진 세 가지 요소, 곧 지식을 가지고 있으며 그 지식에 동의하고 그것을 신뢰한다는 사실도 필요하지만, 그가 알고 동의하고 신뢰하는 내용이 무엇인가 하는 것이 핵심이라고 했습니다. 가령 석가모니의 가르침을 알고 동의하고 신뢰한다고 해서 구원 신앙이 될 수 없듯이, 하나님에 관한 지식이라면 그것이 무엇이든지 상관없이 그것에 동의하고 신뢰한다고 해서 구원 신앙이 되는 것은 아닙니다. 왜냐하면 구원 신앙은 신자가 하나님께로 나아갈 수 있도록 할 수 있어야 하기 때문입니다. 하나님은 자신의 백성을 강제로 이끄시는 분이 아니라고 했습니다. 대신 자신에게 나아오게 하십니다. 그러므로 죄인을 하나님께 나아오도록 할 수 없는 믿음은 구원하는 믿음이 될 수 없습니다. 결국 구원 신앙은 신자들을 하나님께로 나아갈 수 있는 담대함을 주는 믿음입니다.

이미 언급했지만 예를 들면, 하나님의 전능하신 능력을 믿는다고 해 봅시다. 또 하나님이 죄를 미워하셔서 소돔과 고모라를 멸하신 사실을 믿는다고 생각해 봅시다. 이 믿음이 죄인을 하나님께로 인도할 수 있을까요? 하나님의 공의와 거룩하심을 믿을 때 죄인이 하나님께 나아갈 수 있을까요? 더구나 그 하나님이 전능하신 분이라면 어떨까요? 전능하신 분이 죄를 극도로 미워하시는 거룩한 분이시며 죄를 심판하실 수밖에 없는데, 자기가 죄인이라는 인식을 가진 사람은 하나님에게 나아갈 수는 없습니다. 오히려 죄인을 하나님에게서 멀어지게 할 뿐입니다. 왜냐하면 자신이 죄인이라는 사실을 인식하고 있을 때 하나님의 전능하심과 거룩하심과 공의에 대한 믿음은 하나님을 향한 노예적인 두려움을 만들어 내고, 범죄한 아담이 나무 뒤에 몸을 숨기듯 하나님에게서 자신을 숨기고 피하기 때문입니다. 이처럼 성경에 나온 모든 내용을 안다고 해서 우리가 그리스도와 연합하고 의롭게 되는 것이 아닙니다. 그러므로 이 일반 믿음에 특별한 믿음의 내용이 빠지면 일반 믿음만으로는 우리를 구원할 수 없습니다. 아무리 성경에 대한 많은 지식을 가지고 있다고 할지라도 지식의 총량이 믿음의 효과를 정하는 것이 아니라 그 믿음의 내용과 대상이 믿음의 효과를 결정합니다.

오늘 우리 주변에는 신자라는 이름을 가지고 있으면서도 이 사이비 일반 믿음에 머물러 있는 경우가 많습니다. 그들은 자신이 가진 믿음으로도 하나님께 얼마든지 나아갈 수 있다고 말합니다. 하지만 그것은 그들이 의롭게 하는 특별한 믿음의 내용을 가지고 있기 때문이 아니라 하나님이 누구신지 잘 모르기 때문입니다. 많은 사람이 자기가 믿고 싶은 대로 믿습니다. 그 결과 그들이 가진 믿음이란 무조건 용서하시는 하나님일 뿐인 경우가 허다합니다. 하지만 무조건 용서하시는 하나님은 참된 하나님이 아니므로 그 믿음은 아무것도 해 줄 것이 없습니다. 그렇다면 성경에 대한 우리의 많은 지식을 구원하는 지식 혹은 구원을 돕는 지식으로 만들어 줄 그 특별한 믿음의 내용은 무엇인지 살펴보겠습니다.

특별 믿음과 그 대상: 하나님의 자비와 은혜

이 특별 믿음은 앞에서 말한 구원 신앙 혹은 의롭게 하는 믿음이라고 말할 수 있습니다. 그 이유는 이 믿음 자체가 우리를 그리스도와 연합시키는 믿음이기 때문입니다. 죄인을 그리스도와 연합시키는 믿음은 죄인이 의로우신 하나님께 담대히 나아갈 수 있도록 해야 합니다. 더 이상 하나님이 두려움의 대상이 아니라 소망과 즐거움의 대상으로 보이도록 하는 믿음입니다. 바로 이 믿음은 그분을 "아바, 아버지"라고 부르기에 주저함이 없으며, 우리를 향한 하나님의 모든 약속을 참으로 믿습니다. 이 믿음이 특별 믿음으로 불리는 이유는 그 믿음의 본질이나 성격이 다르기 때문이 아니라 이 믿음이 바라보는 믿음의 대상이 특별하며 또 이 믿음이 추구하는 목적이 특별하기 때문입니다.

그렇다면 먼저 특별 믿음의 대상에 대해서 살펴보겠습니다. 이미 우리는 일반 믿음이 성경에 나온 모든 사실과 약속과 하나님에 관한 진리를 믿는 믿음이라고 했습니다. 그러므로 이 특별 믿음도 엄밀한 의미에서 볼 때 일반 믿음 안에 속한다고 할 수 있습니다. 다만 일반 믿음의 대상은 너무나 많고 특정되어 있지 않은 반면에 특별 믿음은 말 그대로 그 믿음의 대상이 분명하고 특별합니다. 토마스 굿윈은 이 특별 믿음의 대상으로 세 가지를 제시합니다. 첫째는 하나님의 마음과 본성 속에 있는 자비하심입니다. 둘째는 예수 그리스도입니다. 마지막으로 하나님의 은혜입니다. 간단하게 말하면, 예수 그리스도와 그분을 통하여 뚜렷이 나타난 하나님의 은혜와 자비가 바로 믿음의 대상입니다.

앞서 모세가 "우상을 만들지 말라"는 내용이 담긴 십계명을 받던 그 순간에 우상을 만들었던 이스라엘 백성을 이야기 했습니다. 이 엄청난 반역의 사건을 보고 계셨던 하나님은 모세에게 내려가 보라고 하시면서 끔찍한 말씀을 하십니다. 그 패역한 백성들을 다 멸하여 버리고 모세를 통해서 새로운 민족을 세우겠다고 선언하십니다. 하나님이 얼마나 분노하셨으면 이렇게 말씀하셨을까요? 이는 하나님이 무자비하다는 의미가 아니라 그들의 범죄가 얼마나 심각한 것인지를 보여줍니다. 이때 모세가 하나님과 이스라엘 사이에 개입합니다. 그는 하나님께 그리하지 마실 것을 간곡히 호소합니다. 그 이유가 중요합니다. 바로 하나님의 영광을 위해서였습니다. 왜냐하면 하나님이 구원하여

내신 이 백성을 친히 멸하시면 그것이 혹 하나님을 불명예스럽게 하지 않겠냐는 논리였습니다. 하나님은 그의 말을 듣고 그들을 진멸하지는 않겠다고 하십니다. 하지만 하나님은 이 패역한 백성들과 함께 가나안에 올라가지는 않을 것이라고 선언하십니다. 이에 모세는 온 백성들과 더불어 회개하는 가운데 범죄한 이들을 처단하고는 하나님에게 나아가서 그들과 동행해 달라고 청원합니다. 그리고 그 증표로 하나님의 영광을 보여달라고 합니다. 그러자 하나님은 모세에게 새로운 돌판을 만들어 시내산으로 올라오라고 하시고 그곳에서 구름 가운데 강림하사 모세에게 하나님의 이름을 선포하시면서 너무나 중요한 말씀을 하십니다. "여호와라 여호와라 자비롭고 은혜롭고 노하기를 더디 하고 인자와 진실이 많은 하나님이라"(출 34:6) 그리고는 모세와 언약을 세우십니다. 그 언약은 하나님께서 그들과 함께 하실 것이니 가나안 땅에 들어가거든 하나님의 법에 순종하며 살아야 한다는 것이었습니다.

여기서 우리는 믿음의 특별한 대상, 곧 우리를 의롭게 하는 믿음의 대상인 하나님의 본성 안에 있는 자비와 은혜를 발견하게 됩니다. 하나님은 자신을 자비롭고 은혜로우신 분으로 소개합니다. 그분은 죄를 용서하시는 분이시며, 자격 없는 자에게 선물을 주시는 분입니다. 죽어야 마땅한 자들을 용서하사 자신의 백성으로 삼으시는 분입니다. 바로 이 은혜와 자비의 하나님이야말로 구약의 모든 백성이 어떤 환경 속에서도 달려갈 수 있는 피난처였습니다. 비록 우리가 죄인이라 할지라도 하나님은 자신에게 피난처를 마련하는 사람들을 내치지 않으십니다. 왜냐하면 하나님은 자비로우시기 때문입니다.

그렇다면 왜 주님은 우리에게 자비를 베푸실까요? 우리가 불쌍해서 주님의 마음이 움직였던 것일까요? 그렇지 않습니다. 우리에게 있는 그 어떤 것도 우리를 향하신 하나님의 호의를 이끌어 낼 수 있는 것은 없습니다. 만약 우리가 불쌍해서 하나님이 우리에게 자비를 베푸실 수밖에 없다면 그것은 우리의 불쌍함이 공로가 되거나 하나님의 자비와 은혜를 이끌어 내는 동기가 됩니다. 그렇다면 우리는 최대한 불쌍하게 보여서 하나님의 자비를 이끌어 낼 수도 있다는 말도 당연히 성립될 것입니다. 하지만 이는 사실이 아닙니다. 하나님은 어떤 일을 하실 때 결코 외부에서 동기를 찾지 않으십니다. 만약 우리의 불쌍한 모습이 하나님의 자비를 필연적으로 이끌어 낸다면 하나님은 왜 모든 비참한 죄인들에게 다 은혜를 베푸시지 않으실까요? 세상에 불쌍하지 않은 사람이 어디에 있습니까? 결국 이 말은 구원받지 못한 사람은 하나님의 자비심이 부족하기 때문이라는 의미가 되어 버립니다. 하나님은 외부에서 동기를 찾지 않으시기에 하나님의 자비도 그 시발점은 하나님 자신에게 있습니다. 그러므로 그것은 전적인 은혜입니다. 바로 하나님이 은혜로우신 분이시기 때문에 우리에게 자비를 베푸시는 것입니다. 은혜란 자격이 없는 자에게 베푸시는 하나님의 호의이므로 우리의 구원은 전적으로 하나님의 결정입니다.

하나님은 그 기뻐하시는 뜻을 따라서 귀하게 여길 자를 귀하게 여기십니다. 그들이 귀하기 때문에 귀하게 여기시는 것이 아니라 주님이 귀히 여기시기 때문에 그들이 귀하게 되는 것입니다. 그들이 불쌍하기 때문에 마땅히 자비를 베푸시는 것이 아니라 하나님의 자비가 그들의 비참한 형편에 미치는 것일 뿐입니다. 바로 이 하나님의 본성 속에 있는 자비와 은혜는 구약 백성들이 붙들었던 믿음의 대상이었기에 이 믿음을 가진 자는 하나님께 달려갔으며 그곳에서 평안을 누렸습니다. 하지만 만약 스스로 죄인임을 인식하는 사람이 하나님의 은혜와 자비가 아닌 무한한 공의와 거룩 같은 다른 성품을 믿음의 대상으로 여기고 있다면 하나님께 달려갈 수 있을까요? 하나님께 갔을 때 하나님의 전능하심에서 나오는 무한한 진노와 심판 외에 얻을 것이 없다는 것을 아는데 어떻게 하나님에게 갈 수 있을까요? 그러므로 이 믿음은 그를 하나님에게서 더 멀어지게 할 뿐입니다. 반면에 하나님의 자비와 은혜는 그를 하나님에게로 즐거이 인도합니다.

하나님의 자비하심과 그 자비의 원천이 되는 은혜가 우리의 믿음의 대상이며, 우리의 참된 위로가 되는 중요한 이유가 있습니다. 그것은 하나님의 이 본성에 속한 무한한 자비와 은혜 외에는 우리의 조건과는 상관없이 그분이 우리에게 위로가 될 수 있는 근거가 아무것도 없기 때문입니다. 만약 신자들이 자신의 죄악에 온전히 압도될 때, 자신에게서 그 어떤 선함도 발견할 수 없을 때, 바로 그때 하나님의 본성에 속한 자비와 은혜를 제외하고 도대체 무엇이 위로가 될 수 있을까요? 시편 130편이 바로 이 사실에 대한 것입니다.

이 시편을 쓴 기자는 자신의 깊은 죄를 바라보시는 전지전능하신 하나님을 생각할 때 깊은 절망에 빠질 수밖에 없었습니다. 자신의 어떤 선행도, 공로도 아무것도 아닌 것을 깨닫게 되었던 것입니다. 자신이 할 수 있는 일도 없고, 자신을 구해줄 존재도 없다는 사실을 깨닫게 되자, 그는 오로지 "사유하시는 하나님"만을 바라봅니다. 오로지 소망은 하나님의 자비하신 본성 외에는 없기 때문입니다. 그래서 그는 이스라엘을 향해서 이렇게 촉구합니다. "이스라엘아 여호와를 바랄지어

다 여호와께서는 인자하심과 풍성한 속량이 있음이라 그가 이스라엘을 그의 모든 죄악에서 속량하시리로다"(7-8절) 여기서 시편 기자는 믿음이 무엇을 바라보아야 할지를 분명하게 밝혀줍니다. 바로 하나님의 자비와 인자하신 은혜입니다. 이 믿음을 가질 때 우리는 죄인으로서 의로우신 하나님께 기쁨으로 나아갈 수 있습니다. 왜냐하면 이제 이 믿음을 통해서 우리는 의로운 자가 되었기 때문입니다.

실천질문

1. 혹시 성경의 내용 중에 이성적으로 이해되지 않지만 믿는 것이 있다면 어떤 것입니까? 그리고 이성으로 이해되지는 않지만 믿을 수 있는 이유는 무엇입니까?

2. 토마스 굿윈은 믿음을 그 믿음의 대상이 무엇이냐에 따라 일반 믿음과 특별 믿음으로 나눕니다. 여러분의 믿음에 있는 일반 믿음과 특별 믿음은 대표적으로 어떤 내용이 있는지 함께 나눠봅시다.

3. 오늘날 많은 신자들이 '나는 성경을 믿는다' 혹은 '나는 성경의 모든 내용을 다 믿는다'고 말합니다. 하지만 이렇게 고백하는 사람이 다 구원을 받는 것은 아닙니다. 그 이유는 무엇입니까?

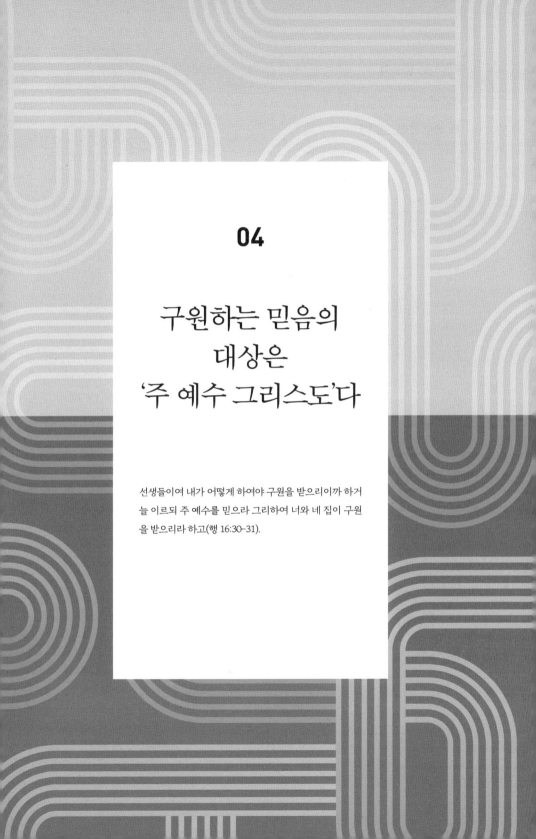

04

구원하는 믿음의
대상은
'주 예수 그리스도'다

선생들이여 내가 어떻게 하여야 구원을 받으리이까 하거
늘 이르되 주 예수를 믿으라 그리하여 너와 네 집이 구원
을 받으리라 하고(행 16:30-31).

구원하는 믿음의 대상은 '주 예수 그리스도'다

예수 그리스도를 믿는다는 것은 단순히 그의 이름을 안다는 것이 아닙니다. 혹은 그분이 행하신 일이 실제로 일어났다는 사실을 단순하게 인정하는 것도 아닙니다. 생각해 보십시오. 그리스도께서 죽은 나사로를 살리셨다는 사실을 받아들인다고 해서 그분에 대해서 잘 안다고 할 수 있을까요? 중요한 것은 그 사실이 그리스도의 어떠하심을 나타내는가를 알아야 합니다. 죽은 사람을 살린 이는 예수님 말고도 있습니다. 엘리야도 살렸고, 엘리사도 살렸으며, 바울도 살렸습니다. 하지만 이 모든 기적과 능력이 그리스도께서 살리신 것과 동일한 의미를 가지는 것은 아닙니다. 만약 동일하다면 우리는 엘리야도 믿고, 엘리사도 믿고, 바울도 믿어야 할 것입니다. 물론 우리는 다 믿습니다. 하지만 이 모든 사람은 우리를 구원하는 믿음의 대상으로 믿지는 않습니다. 부활도 마찬가지입니다. 예수님 말고도 죽었다가 다시 살아난 사람은 있습니다. 예수님이 부활하셨듯, 나사로도 부활했고, 사렙다 과부의 아들도 다시 살아났으며, 유두고도 다시 살아났습니다. 그렇다면 우리는 이들을 믿음의 대상으로 섬겨야 할까요? 그렇지 않다면, 그 이유는 무엇일까요? 그 이유는 죽음에서 살아났다는 사실 자체가 중요한 것이 아니기 때문입니다. 예수님처럼 에녹과 엘리야도 죽음을 보지 않고 승천했습니다. 하지만 우리는 그들을 구원하는 신앙의 대상으로 섬기지 않습니다. 그러므로 중요한 것은 예수님에게 일어난 어떤 사실이 아니라 그 일이 가리키는 실체입니다. 단순히 사실에 관한 지식이 아니라 예수님이 행하신 모든 일이 지시하는 영적인 의미를 알아야 합니다. 그렇다면 예수님은 자신의 삶과 사역을 통해서 우리에게 무엇을 알려주려고 하신 것일까요? 우리가 믿어야 할 믿음의 대상은 무엇입니까? 이제 특별히 우리를 의롭게 하며 구원하는 믿음의 대상으로서 예수 그리스도에 대하여 무엇을 알아야 하는지 살펴보겠습니다.

베드로의 믿음과 신앙 고백

마태복음 16장에 보면, 어느 날 예수님이 제자들에게 세상 사람이 자기를 뭐라고 하는지 물으시는 장면이 나옵니다. 세상 사람들의 견해를 들은 다음에 예수님은 제자들의 견해를 물으십니다. 베드로의 고백을 들으신 예수님은 그의 대답을 칭찬하신 후에 그 신앙고백 위에 자신의 교회를 세우겠다고 말씀하셨습니다. 그리하여 이 신앙고백은 오고 오는 모든 세대의 모든 교회의 기초가 되었습니다. 그렇다면 베드로는 뭐라고 고백했기에 이런 영광을 누릴 수 있었을까요? "주는 그리스도시요 살아 계신 하나님의 아들이시니이다" 이것이 바로 예수님에게 인정받은 믿음의 내용입니다. 바꿔 말하면, 이 신앙고백이야말로 우리를 구원하는 믿음의 정수를 담고 있다는 말입니다.

하지만 우리는 지금 구원하는 믿음을 탐구하고 있으므로, 베드로가 입으로 고백했던 이 믿음을 실제로 베드로가 소유했는가에 대해서 잠시 살펴볼 필요가 있습니다. 정말 베드로는 자신이 고백한 내용을 정확하게 알고 고백했을까요? 진심으로 그는 바로 앞에서 자신에게 신앙고백을 요구하시는 그분이 성육신하신 성자 예수 그리스도이시며, 그분이 왜 육신을 입고 이 땅에 오셨으며, 특히 왜 십자가에서 죽으셔야 했는지 알고 고백했을까요? 이 질문에 대한 대답을 찾으면서 우리는 베드로의 고백 자체와 그의 신앙을 조금 따로 구분해 볼 필요가 있습니다. 바꿔 말하면, 베드로의 고백 자체는 구원하는 믿음이 담긴 신앙고백으로서 부족함이 없습니다. 왜냐하면 예수님께서 칭찬하셨고, 교회를 그 신앙고백 위에 세우셨기 때문입니다. 하지만 정작 그 신앙을 고백했던 베드로는 곧바로 예수님에게 "사탄"이라고 불리며 책망을 받았다는 사실을 간과해서는 안 됩니다. 무슨 말일까요? 간단하게 말하면, 베드로는 자기가 한 신앙고백의 의미를 정확하게 알지 못한 채 고백했다는 말입니다.

비록 우리는 베드로의 신앙고백의 진정성이 어떤지 혹은 그에게 있었던 믿음이 과연 구원하는 참된 믿음이었는지 논의해 볼 수 있지만, 분명한 사실은 예수님은 그의 신앙고백 위에 교회를 세우겠다고 말씀하셨다는 것입니다. 이 말은 베드로의 이해여부와는 상관없이 그가 고백했던 내용 그 자체는 교회의 기초요, 구원을 주는 믿음의 내용으로 부족함이 없다는 것입니다. 그런 의미에서 우리는 이 신앙고백을 가볍게 보아서는 안 됩니다. 물론 이보다 더 완전한 신앙고백이 있을 수 있고, 실제로 교회의 역사 가운데서 더욱 신학적으로 깊이 있는 신앙고백이 많이 만들어졌습니다. 하지만 아직 예수님이 십자가를 지시기 전이며 모든 계시가 완성되지 않았던 그 당시를 기준으로 본다면, 이 신앙고백은 믿음의 주요 또 온전케 하시는 분이 들으셨을 때도 칭찬하지 않을 수 없었던 아름답고 탁월한 믿음의 고백이었습니다. 여기서 우리는 예수님에 대한 두 가지 신앙고백을 접하게 됩니다.

주는 그리스도시요

베드로는 가장 먼저 예수님을 "그리스도"라고 고백합니다. 그리스도란 헬라어로 "기름 부음을 받은 사람"이라는 의미입니다. 그렇다면 기름 부음을 받았다는 말의 의미는 무엇일까요? 이 말의 의미를 바르게 파악하기 위해서는 반드시 구약을 살펴보아야 합니다. 구약 성경에서 하나님은 이스라엘 백성을 자신의 교회로 세우셨습니다. 더 정확하게 말하면 이들은 신약에 나타날 참된 교회의 모형이었습니다. 이스라엘은 지금까지 이 세상에 존재했던 그 어떤 나라와도 구별됩니다. 왜냐하면 이스라엘은 하나님이 직접 다스리시는 하나님의 나라였기 때문입니다. 바로 신약 성경의 교회가 그렇듯이 말입니다.

하지만 이렇게 하나님이 이스라엘을 다스리실 때 항상 초자연적인 방식으로 역사하셨던 것은 아닙니다. 하나님은 자신의 종들을 통해서 교회를 다스리는 일을 감당하도록 하셨습니다. 그래서 하나님은 자신의 명을 수행하여 주님의 백성을 다스리고 인도할 직분을 예비하셨습니다. 그런데 이들에게는 한 가지 분명한 특징이 있었습니다. 그것은 하나님의 성품을 반영하는 것으로서 '거룩'해야 했습니다. 이 거룩이라는 말은 "구별하다"는 의미를 담고 있습니다. 하나님과 관련된 특정한 목적을 위해서 구별될 때 거룩하다고 합니다. 그뿐만 아니라 하나님은 모든 피조물과 구별되는 거룩한 분입니다. 그러므로 하나님의 부르심을 받아 주님을 대신해서 주님의 백성을 인도해야 했던 이들은 모두 다 이 목적을 위해 구별된 거룩한 사람이어야 했습니다. 이를 나타내기 위해서 하나님은 자신의 뜻을 대신하여 백성 가운데서 하나님의 사역을 감당해야 했던 이들을 세울 때 하나님은 그들에게 기름을 부어 세우도록 했던 것입니다.

이처럼 기름은 구별을 의미하고, 거룩을 의미했습니다. 이렇게 기름을 부어 구별하여 거룩하게 한 사람을 통해서 하나님은 자신의 백성을 다스리시고 그들과 함께 하시고 그들을 인도하셨는데, 특별히 이를 위해서 세 직분을 정하셨습니다. 바로 선지자와 제사장과 왕의 직분이었습니다.

선지자

먼저 하나님은 자기 뜻을 대언할 선지자에게 기름을 부었습니다. 당시는 성경이 확정되지 않았던 시절이었으므로 구약 백성은 하나님의 뜻을 문자로 온전하게 알 수는 없었습니다. 물론 그들에게는 모세오경을 비롯한 신령한 글들도 있었지만, 여전히 하나님은 당신의 계시를 점점 더 확장하시고 분명히 해 나가시는 중이었습니다. 이때 하나님은 자기 뜻을 사람의 입을 통하여 언약백성에게 알리셨는데, 바로 선지자의 입을 통하여 그 뜻을 전하셨습니다. 그러므로 선지자는 신성한 하나님의 뜻을 전하는 자로서 구별되고 거룩해야 했기에 기름 부음을 받았던 것입니다.

여기서 중요한 것이 있습니다. 선지자는 반드시 하나님의 뜻만을 전해야 했다는 것입니다. 자기 생각과 말을 하나님의 이름으로 전하는 일은 절대 금물이었습니다. 그러므로 그들은 하나님의 놀라운 구속의 경륜이라는 웅장한 계획 안에서 자신에게 주어진 역할을 감당해야 했습니다. 바꿔 말하면, 그들은 하나님의 뜻을 전하는 선지자로서 자신보다 더욱 참된 선지자이신 예수님을 향해 구약 성도의 시선을 돌리는 일을 감당했던 것입니다.

제사장

구약에 기름 부음을 받도록 주어진 두 번째 직분은 제사장입니다. 제사장은 하나님과 인간 사이에서 중보하는 역할을 합니다. 물론 제사장 자신이 실제로 어떤 중보자가 될 수는 없습니다. 그는 인간이 죄 사함을 받아 하나님과 화목하게 되는 일에서 부여받은 역할을 할 뿐입니다. 실질적인 죄 사함은 제사장의 거룩함에서 오는 것이 아니라 제물의 죽음에서 옵니다. 하지만 이 말이 곧 제사장은 아무나 할 수 있다는 의미로 해석되어서는 안 됩니다. 비록 죄 사함의 직접적인 근거는 제물이지만 사실 제물의 죽음이 인간의 죄를 용서한다는 것도 역시 있을 수 없는 일입니다. 바꿔 말하면, 짐승이 죽임을 당한다고 해서 어떻게 사람이 지은 죄가 용서받을 수 있겠습니까? 불가능합니다. 그 짐승과 죄를 지은 사람 사이를 연결해 줄 것이 아무것도 없기 때문입니다.

하지만 그 짐승이 가리키는 것이 그리스도라면 달라집니다. 만약 짐승의 죽음에서 그리스도를 발견한다면 죽어가는 짐승과 용서를 원하는 죄인 사이에 연결고리가 생깁니다. 이 연결고리에 대해서는 나중에 더 구체적으로 다루도록 하겠지만, 여기서 우리가 생각해야 할 것이 있습니다. 바로 구약의 제사, 곧 짐승의 죽음을 통한 제사는 그 자체로 죄 사함의 효과가 있는 것이 아니라 그것이 가리키는 바, 곧 실체와의 관련성으로 용서가 주어진다는 사실입니다. 엄밀히 말하면, 구약백성은 이미 그리스도 안에서 용서받은 사실을 그 제사를 통해서 고백하고 확증하는 것입니다. 왜냐하면 제사를 드리는 그들은 이미 믿음을 가진 사람들이라는 사실을 전제하기 때문입니다.

이스라엘 백성은 할례와 율법의 준수가 백성의 정체성과 자격에 있어서 중요하지만 할례를 받고 그 율법을 준수하도록 하는 근본 동기는 믿음입니다. 바로 제사를 통해서 그들은 그 믿음의 대상을 바라보는 것이니 이미 받은 용서를 확증하는 것이라고 볼 수 있습니다. 그 제물은 예수 그리스도의 모형이고 제물을 통해서 그리스도를 발견함으로 죄인은 자신의 죄를 용서받았음을 확증합니다. 그렇다면 실체이신 예수 그리스도를 가리키는 것은 단순히 제물만이 아니라 그 제물을 하나님께 올려 드리는 일을 담당하는 제사장까지도 포함해야 합니다. 왜냐하면 제물은 스스로 제사라는 예식을 집례할 수 없고, 그 예식의 일부분으로서 피동적인 존재이기 때문입니다. 결국 제사는 죽임을 당하는 제물과 그 모든 과정을 집례하는 제사장의 행위까지 포함합니다.

그리고 하나님과 인간 사이를 화해시키는 작업인 제사는 범죄한 죄인과 하나님 사이에서 제사를 집행하는 제사장과 제물로 이루어집니다. 이 제사와 제사장도 역시 단순히 구약 시대 성도의 특정한 범죄를 실제로 용서하는 것이 궁극적인 목적이 아니라 죄인이 하나님의 구속 계획 속에서 제사장이신 그리스도를 통한 속죄로 말미암아 하나님과 화해하는 것을 가리킵니다.

왕

마지막으로 선지자는 왕에게 기름을 부었습니다. 그러므로 이스라엘의 왕은 다른 나라의 왕과는 달라야 했습니다. 다른 나라의 왕은 자신이 가진 권력과 힘으로 다스리며, 자신보다 더 높은 존재는 없었기에 자기 뜻에 따라 나라를 다스렸습니다. 반면에 이스라엘의 왕은 스스로 지존자가 될 수 없었고, 자기 뜻에 따라 다스릴 수도 없었습니다. 이스라엘의 왕은 그 나라의 진정한 왕이신 하나님의 뜻을 대리하여 시행하는 존재였습니다. 그러므로 그들은 하나님의 율법에 따라 나라를 다스려야 했고, 하나님께서 자신의 백성들을 보호하듯 그 분의 백성들을 보호해야 했습니다. 이처럼 이스라엘의 왕은 자신에게 주어진 거룩한 직분을 감당할 의무가 있었습니다. 하나님께서는 자신의 원대한 구원 계획 속에서 선지자, 제사장, 왕에게 기름을 부어 교회의 모형인 이스라엘이 자신의 백성으로 하나님과 화목한 상태로 살 수 있도록 인도하는 역할을 맡겼습니다. 그러나 결국 이 세 직분을 맡은 사람들은 자신의 연약함 때문에 그 일을 온전히 감당할 수 없었습니다.

그럼에도 불구하고 이 실패는 하나님의 실패라고 할 수는 없습니다. 왜냐하면 이 세 직분은 구속사 속에서 결국 신약에 오실 그리스도의 모형이라는 역할을 충실히 하였으며, 그 바통을 본체이신 그리스도에게 넘겨주었고, 그분은 수없이 많은 인간 선지자, 제사장, 왕이 실패했던 바로 그 자리에서 완전하게 그 역할을 수행하셨기 때문입니다. 또 지금도 이 직분들을 감당하고 계시며, 앞으로도 영원히 그럴 것입니다. 그리스도는 선지자로서 하나님과 그분의 뜻을 우리에게 완전하게 보이시며 가르치셨습니다. 그리스도는 제사장으로서 스스로 제물이 되셔서 죄로 말미암아 원수 되었던 하나님과 인간의 관계를 화해시키셨습니다. 이 제사는 구약의 모든 짐승을 통해 드린 제사를 의미있게 만들었으며, 오고 오는 모든 세대에 유일하고 완전한 제사로서 하나님과의 관계를 회복시켰습니다. 그리고 왕이신 그리스도는 하나님께서 창세 전에 자신 안에서 택하시고, 자신이 친히 십자가에서 피 흘리심으로 속죄하였던 이들을 지키고 보호하십니다.

예수님의 부활은 그분이 죽음과 죄악을 이기신 분으로서 참된 생명의 수호자가 되심을 증명하는 확실한 증거였습니다. 예수님은 왕으로서 아버지께서 자신에게 주신 백성은 하나라도 잃어버리지 않으실 것입니다.(요 6:37, 39) 그러므로 그리스도라는 말은 구약의 기름 부음을 받았던 세 직분이 가리키는 실체로서, 하나님의 참된 뜻을 우리에게 전하고 하나님 자신을 계시하는 선지자이시며, 죄인을 의로우신 하나님과 화해시키는 제사의 제물과 제사장이시고, 그 교회를 영원히 돌보고 인도하시는 왕이신 예수 그리스도가 어떤 분이신지를 잘 보여줍니다. 바로 이것이 우리 믿음의 대상이신 예수님의 정체성이며, 우리가 믿어야 할 사실입니다.

그렇다면 왜 예수님은 이러한 세 가지의 기름 부음을 받는 직분을 가지셔야 했을까요? 우리는 바로 이 질문에 대한 해답을 찾아야 합니다. 그리고 이 질문에 대한 대답은 베드로의 신앙고백이 말하는 예수님의 두 번째 정체성에서 발견할 수 있습니다.

하나님의 아들

베드로의 신앙고백의 두 번째 내용은 예수님께서 "하나님의 아들"이라는 사실입니다. 고대 사회에서 최고의 통치자는 흔히 신의 아들로 불렸습니다. 그들은 자신을 신적인 지위로 격상시키거나, 적어도 자신이 가진 권위의 출처를 신에게서 온 것으로 만들 때 자기 뜻에 따라 백성을 다스리기가 쉽다는 것을 잘 알고 있었습니다. 예수님이 이 땅에 계시던 당시 로마의 황제도 예외는 아니었습니다. 로마의 공화정을 끝내고 제정 시대를 여는데 결정적인 기여를 했던 율리우스 카이사르(Julius Caesar, B.C.100-B.C.44)가 죽자 로마의 원로원은 그를 "신격 카이사르(Divus Caesar)"라고 부름으로써 그를 신의 지위로 격상시켰으며, 그의 누나의 외손자였으나 훗날 그에게 입양되어 명실상부한 로마 최초의 황제가 되었던 옥타비아누스(Octavianus Gaius Julius Caesar, B.C.63-A.D.14)는 원로원으로부터 "지존자"라는 의미의 "아우구스투스"라는 호칭을 받게 되었습니다. 그리고 이 호칭은 이후 로마 황제의 공식적인 호칭이 되었습니다. 그의 업적은 신적인 용어로 치장되었고, 죽음 이후에는 그가 신들의 세상으로 올라갔다는 믿음에 따라 그를 숭배하는 신전이 건립되기도 했습니다. 이후 로마의 황제들은 스스로를 일컬어 신으로 부르기를 주저하지 않았는데, 칼리굴라(Caligula, 12-41)는 자신을 태양신 "헬리오스"로, 네로(Nero Claudius Caesar Augustus Germanicus, 37-68)는 음악의 신인 "아폴로"로 자처했습니다. 이러한 로마 황제들의 자기인식은 1세기가 끝날 무렵에는 황제 숭배를 강요하는 데까지 이르게 되었습니다.

그런데 이들이 말하는 신은 어떤 신일까요? 여기서 말하는 신이란 그리스 로마 신화에 등장하는 인간의 모습을 띤 그런 수많은 신들 중 하나이거나 그들과 어깨를 나란히 하는 또 하나의 신이었을 뿐입니다. 인간보다 좀 더 강력한 능력을 가진 어떤 존재로서 신을 의미합니다. 또한 이들이 신으로 추앙받을 수 있었던 것은 그들이 가진 지위와 권세로 말미암아 주어진 것으로서 정치적인 의미가 강했습니다. 그러므로 결코 성경이 말하는 전지전능하신 하나님 혹은 그 하나님의 아들이라고 할 수는 없습니다.

하지만 베드로가 예수님에게 고백했던 "하나님의 아들"이라는 고백은 인간을 신격화시켜서 예수님을 수많은 신들 중 하나로 격상시키는 정치적인 의미가 아니었습니다. 왜냐하면 베드로를 비롯한 예수님의 제자들은 유대교의 철저한 신앙 교육을 받았던 히브리인이었기 때문입니다. 이들은 기본적으로 유일신이신 여호와 신앙을 가지고 있었습니다. 이 세상 어떤 존재도 그분과 필적할 만한 존재는 없습니다. 어떤 피조물도 그가 가진 정치적인 위상이나 능력으로 인해서 신적인 칭호로 불릴 수 없습니다. 온 우주 만물 가운데 하나님은 오직 한 분뿐입니다. 그렇다고 스승이었던 예수님께서 그들은 3년간 데리고 다니면서 이들의 신관을 그리스 로마의 신관으로 바꾸었을 리도 만무합니다.

사실 유대인들이 사람을 향해서 '하나님의 아들'이라는 표현을 전혀 쓰지 않은 것은 아닙니다. 이미 창세기 6장에 "하나님의 아들들"이라는 표현이 등장합니다. 그뿐만 아니라 신구약 중간기에 기록된 유대교의 다양한 문서에도 인간을 가리켜 '하나님의 아들'로 표현하는 경우가 있습니다. 하지만 이때에도 그들이 진정으로 신성을 지닌 하나님의 아들이라는 의미가 아니라 하나님으로부터 특별한 사명을 부여받은 인물이나 잠언이 가리키는 지혜를 의인화시킨 경우이거나 혹은 하나님의 택함을 받은 백성으로서 이스라엘을 비유적으로 일컬었던 것입니다. 그런 이들이 예수님을 '하나님의 아들'이라고 고백합니다. 기름부음을 받은 자를 의미하는 그리스도라는 말은 그래도 할 수 있습니다. 왜냐하면 구약에 예언되어 있으니, 사람을 일컬어 그리스도라고 할 수는 있습니다. 근데 그 예수님을 향해서 유대인이 '하나님의 아들'이라고 부르는 것은 보통 심각한 일이 아닙니다.

어쩌면 누군가는 베드로가 말한 '하나님의 아들'은 정말로 신성을 지닌 인간을 일컫는 것이 아니라 유대인의 문서에 등장하듯이 예수님의 사역이 하나님으로부터 부여받은 신성한 것인 줄로 알고 그분을 높여서 부른 일종의 표현일 뿐이라고 말할는지도 모르겠습니다. 하지만 베드로가 예수님에 대해 했던 이 고백의 진정한 가치는 '하나님의 아들'이라는 표현 자체가 예수님에게만 사용되었다는 의미가 아니라, 예수님에게 사용된 이 표현이 다른 이에게 사용된 것과는 다른 의미를 가진다는 것입니다. 사실 이 신앙고백은 비록 베드로의 고백이기는 했지만 많은 학자는 이것이 베드로 혼자만의 고백이 아니라 제자들이 반복해서 토론하고 이야기하여 얻게 된 공통의 결과라고 보고 있습니다. 설령 이들의 고백이 예수님의 신성을 분명하게 인식하지 못했다고 하더라도 크게 문제가 되지 않습니다. 왜냐하면 지금 예수님의 칭찬이 향하는 대상이 베드로라는 한 인격일 수도 있지만, 그보다는 그가 표현한 신앙고백 그 자체인 것이 더 옳아 보이기 때문입니다.

그러므로 혹 베드로가 예수님의 정체에 대해서 정확히 몰랐다 하더라도 그가 고백한 말, 곧 "주는 그리스도시요 살아계신 하나님의 아들이니이다"라는 문장은 예수 그리스도의 정체성을 정확하게 보여주고 있습니다. 그러므로 우리에게는 이 고백을 한 사람이 베드로라는 것이 중요한 것이 아니라 이 고백을 듣고 칭찬하신 분이 그리스도라는 사실이 중요합니다. 이때 베드로가 "하나님의 아들"이라는 말을 어떤 의미로 사용했든지 상관없이, 그리스도는 우리에게 자신이 성 삼위일체 가운데 제2위이신 성자라는 사실을 성령님을 통해서 오늘 우리에게 말씀하십니다.

언약의 중보자

이처럼 그리스도는 구약에 모형으로 제시된 세 가지 직분, 곧 선지자와 제사장과 왕의 직분의 실체가 되실 뿐만 아니라 또한 하나님의 아들이십니다. 여기서 우리는 또 다른 신비를 접할 수 있습니다. 바로 예수님은 완전하신 하나님이자, 완전하신 사람이라는 진리입니다. 이 진리에 대해서 그리스도의 신성을 강조했던 초대교회의 대표적인 신조인 니케아 신조는 다음과 같이 고백합니다.

> 그분은 창세 이전에 성부에게서 나신 하나님의 독생자입니다. 그분은 하나님에게서 나신 하나님이시며, 빛에서 나신 빛이시요, 참 하나님에게서 나신 참 하나님입니다. 그분은 성부와 같은 분으로서 창조된 것이 아니라 성부에게서 나셨습니다.

여기서 예수님은 성부 하나님과 그 본성에 있어서 완전히 동일하신 하나님이라는 사실을 강조합니다.

이번에는 초대교회의 대표적인 에큐메니칼 신조(보편교회 신조)로 인정받으며 그리스도의 인성을 강조했던 아타나시우스 신조를 살펴보겠습니다.

> 하나님의 아들이신 우리 주 예수 그리스도께서 하나님이시며 인간이심을 믿고 고백하는 것이 올바른 신앙입니다. 성자는 … 시간 안에서 어머니의 실체에서 태어나기에 인간이시며 … 이성의 영혼과 인간의 육신으로 이루어진 완전한 인간이시다.

이처럼 기독교 신앙은 처음부터 예수 그리스도는 완전한 하나님이시며, 동시에 완전한 인간이라는 사실을 증명하기 위해서 많은 이가 오랜 시간에 걸쳐 피와 땀과 눈물을 흘려야 했습니다. 그렇다면 왜 예수 그리스도는 완전한 하나님이시며, 동시에 완전한 인간이어야 했을까요? 이 질문에 대답하면서 우리는 구원하는 믿음의 궁극적인 대상이신 하나님의 몇 가지 핵심적인 속성을 볼 수 있습니다.

예수 그리스도는 완전한 신성과 인성을 동시에 가졌다는 사실은 삼위일체 교리와 더불어 기독교 교리 가운데 가장 신비로운 교리 중에 하나입니다. 예수 그리스도라는 한 인격에 혼합되거나 섞이지 않고 구분되는 신성과 인성이라는 두 본성을 가진 것은 인간이 상상하기 힘듭니다. 물론 옛 전설이나 그리스 신화를 보면 이와 유사한 존재가 등장하기는 합니다. 그들은 신이면서 동시에 인간의 모습을 하고 있습니다. 심지어 신과 인간 사이에서 태어나 반신반인의 존재도 등장합니다. 하지만 그들이 말하는 신인(god-man)의 모습은 신에게 속한 몇 가지 속성과 인간에게 속한 속성을 혼합시켜 놓은 것에 불과합니다. 예를 들면, 올림포스산의 12신은 인간의 형상을 하고 있지만, 신이기에 죽지는 않습니다. 그들은 인간처럼 질투하고 사랑하고 심지어 자녀를 낳기까지 하지만, 신이기에 인간과는 비교할 수 없는 힘과 능력을 가지고 있습니다. 이러한 신과 인간의 합성은 서로 큰 모순 없이 존재할 수 있습니다. 왜냐하면 애초에 그들에게 신이란 성경이 말하는 무한하고 초월적인 신이 아니기 때문입니다.

하지만 그리스도 안에서 연합한 신성과 인성은 무한과 유한의 결합이며, 영원과 순간의 결합이므로 인간의 생각과 상상으로는 도저히 존재할 수가 없는 것입니다. 하지만 그 능력과 지혜에 있어서 무한하신 하나님은 이를 이루어 내셨습니다. 그렇다면 왜 예수 그리스도는 완전한 하나님이요, 인간이어야 했을까요? 바로 주님께서 이 땅에 오신 목적 때문입니다. 예수 그리스도는 자기 백성을 죄에서 구원하기 위해서 오셨습니다. 그런데 죄에서 구원하는 방법은 하나님과 맺으신 언약을 성취하는 방법밖에 없습니다. 왜냐하면 하나님이 존재하시고 이성적인 피조물인 사람이 존재하는 한 이 행위 언약은 영원하며, 하나님은 본성상 자신의 본성에 따라 존재하는 이 언약을 어길 수 없기 때문입니다.

하나님은 처음 인간을 만드시고서 모든 인간의 대표인 아담과 행위 언약을 맺으셨습니다. 이 언약은 본래 존재하였지만, 선악과에 대한 언약으로 구체화되었습니다. 이 행위 언약은 하나님이 명하시는 것을 행동으로 완벽하게 순종할 때 성취되는 언약입니다. 만약 조금이라도 어기게 되면 그 언약은 깨지게 되고, 언약의 조건에 따라 벌을 받아야 했습니다. 사실 하나님은 이 언약을 어겼을 때 주어질 벌에 대해서만 말씀하셨습니다. "반드시 죽으리라"(창 2:17)라는 경고가 그것이었습니다. 하지만 정당한 추론에 의하면, 반대로 이것은 언약을 성취했을 때는 생명이 주어질 것이라는 약속이라고도 볼 수 있습니다. 언약을 깨뜨렸을 때 죽을 것이라면, 언약을 지키면 죽지 않을 것이니 그것은 곧 생명입니다. 하지만 인간은 선악과를 먹음으로 그 언약을 깨뜨렸고, 이제 인간에게는 죽음 밖에는 다른 어떤 약속도 없었습니다. 그 언약이 지켜지지 않을 때 말입니다.

그러나 이 모든 인간의 연약함을 미리 아셨던 하나님은 창세 전에 성자와 더불어 이 모든 것을 극복할 수 있는 언약을 맺으셨습니다. 그리고 그 언약에 따라 행위 언약이 깨어진 직후 성자는 이 깨어진 언약을 완성하기 위해서 이 땅에 오셨습니다. 왜냐하면 하나님의 명령을 전적으로 순종함을 통해서 성취해야 하는 이 행위 언약은 폐지된 것이 아니었기 때문입니다. 아니, 그것은 절대로 사라질 수가 없었습니다. 왜냐하면 하나님이 언제나 동일한 속성과 성품을 가지고 계시는 한 그 속성과 성품에 맞는 법은 굳이 하나님이 자신의 뜻을 표현하지 않으셔도 이 세상에 존재할 수밖에 없기 때문입니다.

이는 마치 한 가정에서 가장이신 아버지의 성품이 변하지 않는 이상 그 가정의 규율은 변하지 않는 것과 같습니다. 설령 아버지가 집안의 규율을 말씀하지 않았어도 그 집에 살다 보면 자연스럽게 아버지의 성품에 따라 규율이 생겨나기 마련입니다. 하지만 그것은 새롭게 생겨난 것이 아니라 아버지와 함께 본래부터 존재하던 것입니다. 아기는 태어나면서부터 아버지의 성품과 권위에서 자연 발생적으로 생겨나는 법 아래에 있게 되는 것입니다. 이처럼 하나님과 인간의 관계는 하나님의 성품에 따라 발생하는 행동의 규칙이 존재할 수밖에 없습니다. 이것은 처음 아담이 창조될 때 아담의 영혼 속에 하나님의 형상이라는 이름으로 주어졌기에 그는 창조된 직후에 잠시지만 하나님의 뜻에 합당하게 행동하며 선악과를 먹기 전까지 에덴에서 이인자의 지위를 누릴 수 있었던 것입니다.

만약 하나님이 아담에게 선악과를 따먹지 말라고 명령하실 때, '싫습니다. 제가 왜 하나님의 말씀을 들어야 합니까? 저도 나름 자존심이 있는데 당신의 말을 듣기 싫습니다'라고 했다면, 선악과를 먹기 전에 이미 하나님과의 언약 관계는 깨어졌을 것입니다. 왜냐하면 지존하신 하나님은 모든 피조물에게 순종을 받아야 마땅하심으로 모든 피조물은 하나님께 순종해야만 하는 법이 원래 존재하고 있었기 때문입니다.

그러므로 하나님의 명령을 거스르는 것은 '내 명령에 순종하라'는 법이 주어지기 전에도 법을 어기는 것이었습니다.

그러므로 이 땅에 오신 그리스도는 자기 백성에게 임한 죽음의 저주를 제거하기 위해서 행위 언약을 완성하셔야 했습니다. 하지만 이것만으로는 인간의 죄악이 해결될 수 없었습니다. 왜냐하면 그리스도께서 단지 한 개인으로만 오셔서 율법을 다 지키신다면 그것을 통해서 얻는 의는 그리스도에게만 적용될 것이기 때문입니다. 그렇다면 어떻게 해야 그리스도의 공로가 자신이 택한 백성에게 전달될 수 있을까요? 이를 위해서 하나님은 또 다른 언약을 이미 창세 전에 계획하셨습니다. 온 세상의 기초가 마련되기 전에 성부와 성자는 놀라운 언약을 맺으셨던 것입니다. 그것을 우리는 "구속 언약"(*pactum salutis*)이라고 부릅니다. 왜 구속 언약일까요? 자신이 택한 백성을 구속하시기 위해서 성부와 성자가 맺으신 언약이기 때문입니다.

이 언약에 따르면 성자는 자신의 죄가 아니라 인간의 죄를 대신하기 위해서 성육신하시고, 율법 아래에 살면서 모든 율법을 다 지키시고, 마지막에는 율법이 요구하는 형벌, 곧 율법을 어겼을 때 당하게 될 형벌을 담당하심으로 율법이 요구하는 전부를 성취하셔야 했습니다. 이것이 성부가 요구하신 것이었다면, 성자는 그에 대한 대가를 요구하셨습니다. 바로 자신이 이 모든 일을 감당했을 때, 자신에 대한 믿음을 통해서 자신과 택자를 하나로 연합시키시고, 그들의 죄가 그리스도께로 전가되고, 그리스도의 모든 공로가 택한 백성에게 돌아가도록 해달라는 것이었습니다. 물론 성부와 성자 사이에 의견의 차이가 있어서 실제로 이런 방식으로 협상했다는 것은 아닙니다. 이 구속 언약의 내용을 사람들의 예로 표현한 것입니다. 당연히 이 모든 내용은 성부의 뜻이며, 동시에 성자의 뜻이었습니다. 하지만 우리 신앙의 선배들은 이 구속 언약을 쉽게 설명하기 위해서 이런 방식으로 묘사하곤 했습니다. 쉽게 말하면, 그리스도는 성취하실 행위 언약이 우리에게 전달되도록 하기 위해서 창세 전에 성부와 성자 사이에 구속언약을 맺었다는 말입니다. 그리고 실제로 그리스도는 구속 언약의 모든 조건을 완벽하게 이행하심으로 언약을 성취하셨으며, 그에 따라 하나님은 약속대로 택한 백성들에게 믿음을 주십니다. 또한 그 믿음으로 말미암아 그들을 그리스도와 연합하도록 하셨기에, 그리스도의 죽음은 그들의 죽음이 되고, 그리스도의 의는 그들의 의가 되도록 하는 은혜 언약이 시행된 것입니다. 결국 그리스도는 행위 언약을 성취하기 위해서 오셨고, 구속 언약에 따라 은혜 언약이 시행됨으로 이 공로가 믿음을 통해 택자에게 전달되도록 하셨던 것입니다.

그렇다면 이 은혜 언약에서 그리스도의 역할은 무엇일까요? 그리스도는 은혜 언약이 존재할 수 있는 기초가 되셨습니다. 이 언약은 하나님과 그의 백성 사이에 맺어진 것으로서, 믿음으로 말미암아 우리를 하나님의 자녀가 되도록 하는 언약입니다. 이때 우리는 우리의 믿음이 가진 내적인 공로로 하나님의 자녀가 되는 것이 아니라 바로 은혜 언약의 실체가 되시는 그리스도가 행위 언약을 완전히 성취하신 공로가 믿음으로 이루어지는 그리스도와의 연합을 통해 우리에게로 전가됩니다. 그래서 우리는 그리스도를 은혜 언약의 중보자라고 부릅니다. 이는 은혜 언약이 하나님과 택자 사이에서 맺어질 수 있도록 중간에서 모든 일을 하신 분이 바로 예수 그리스도라는 의미입니다.

이제 우리는 왜 그리스도가 참 하나님이시며, 참 인간이셔야 하는지를 알 수 있습니다. 그리스도는 우리를 구원하시는 은혜 언약의 중보자가 되기 위하여 사람이 되셨습니다. 특히 예수님은 인간으로서 율법의 의를 이루어야 했는데, 이를 위해서는 두 가지를 감당하셔야 했습니다. 먼저 그리스도는 친히 모든 율법을 다 지키셨습니다. 하지만 이것만 가지고는 율법을 완전히 성취할 수 없었습니다. 왜냐하면 인간이 범한 죄에 대한 형벌도 율법에 따라 주어지는 것이기 때문에 그 형벌을 다 감당해야 율법이 온전히 성취되기 때문입니다. 그러므로 그리스도는 십자가에서 우리에게 부어질 모든 하나님의 진노와 저주의 형벌을 감당하셨습니다. 그리하여 비로소 율법이 완전하게 성취되었습니다. 하지만 죄를 지은 주체가 인간이었으므로 처음부터 이 율법을 성취하는 이는 인간이어야 했습니다. 이는 행위 언약이 하나님과 인간의 대표였던 아담 사이에 맺어진 것이기 때문입니다. 이 대표성의 원리는 언약을 맺고 언약이 깨어질 때뿐만 아니라 이 언약을 성취할 때에도 적용됩니다. 그리스도는 마지막 아담이 되어서 모든 율법의 요구를 이루심으로 행위 언약을 완성하셨던 것입니다. 그러므로 주님은 완전한 인간으로서 행위 언약에서 요구되는 율법의 성취를 이루심으로 은혜 언약의 기초를 마련하셨습니다.

그런데 그리스도는 단순히 완전한 인간이기만 해서는 우리의 죄를 사할 수 없었습니다. 그리스도는 반드시 의로운 사람, 곧 무죄한 인간이어야 했습니다. 첫째 이유는 죄악된 존재와 거룩한 신성이 결합할 수 없기 때문입니다. 이 말은 거룩한 신성은 죄악 된 존재와는 어떤 방식으로도 접촉하지 않는다는 의미는 아닙니다. 이미 하나님은 이 죄악 된 세상 속에서 역사하고 계시기 때문입니다. 그뿐만 아니라 거룩하신 하나님은 마귀와 죄인을 심판하실 것입니다. 그러니 하나님은 죄악된 존재와 아무런 관계를 맺지 않을 수는 없지만, 중요한 것은 어떤 관계를 맺는가 하는 것입니다. 하나님은 항상 죄를 미워하시고, 그 죄악을 심판하시는 방향으로 관계를 맺습니다. 그런 하나님이 어찌 죄악된 육신과 신비적 연합을 이루어 한 인격을 이룰 수 있을까요? 불가능합니다. 그리스도 안에서 연합된 신성과 인성은 완전하고 신비한 연합이어서 구분은 되나 혼합되지 않고 한 인격을 이루는 연합입니다. 앞서 말했듯이 삼위일체의 하나 됨과 더불어 성경에 등장하는 가장 신비로운 연합이므로 결코 신성은 죄악 된 인성을 취할 수 없습니다. 하지만 더 중요한 이유는 거룩하지 않은 자가 죽임을 당한들 그것은 자신의 죄로 죽는 것이 될 뿐이기에 우리를 구원할 수 없었기 때문입니다.

신앙의 선배들은 이것을 조금 다른 각도로 설명했습니다. 만약 그리스도께서 율법을 적극적으로 다 지키지 않으신 채 십자가에서 죽기만 하셨다면, 우리를 대표하는 머리로서 우리와의 연결성은 완전히 사라지고, 오로지 자신의 죄에 대한 율법의 요구로 죽음이라는 형벌을 당할 뿐입니다. 그분의 죽음은 자신의 죄에 대한 형벌이 될 뿐이므로 우리를 위한 대리적 속죄의 역할을 전혀 감당할 수 없습니다. 그러므로 주님은 의롭지만 완전한 인간이어야 했습니다. 본래 의롭던 분이 모든 율법을 적극적으로 행하심으로 순종하셨습니다. 그 결과 그리스도께서 완전히 성취하신 율법의 의는 자신을 위한 것이 아니라 자신이 대표하는 이들을 의롭게 하기 위한 것이 될 수 있었습니다. 그뿐만 아니라 죄 없는 분이 죽으신 것은 자신의 죄에 대한 형벌이 아니라 이 또한 그들을 위한 형벌로써 그들이 당해야 하는 율법의 요구를 대신 지신 것입니다. 그리하여 그리스도는 죽음으로 죄의 삯은 사망이라는 율법의 요구를 친히 당하심으로 순종하셨습니다. 그리스도는 적극적으로 행하심으로 이룬 순종과 수동적으로 당하심으로 감당하신 순종 모두가 자기 백성에게 전가될 수 있도록 모든 여건을 마련하셨습니다. 그리고 하나님의 때에 택자에게 믿음을 주심으로 믿는 자에게 그리스도의 이 두 가지 순종이 이룬 율법의 의를 전가하여 우리의 구세주요, 율법의 중보자가 되셨습니다.

그뿐만 아니라 그리스도는 완전하신 하나님이셔야 했습니다. 인간이 범한 죄악의 크기는 누가 범했느냐에 따라 결정되지 않습니다. 물론 우리가 살아가는 세상에는 같은 죄를 범하더라도 어떤 사람이 범했느냐에 따라 죄의 크기가 결정되는 것처럼 보일 때가 많습니다. 예를 들면, 평범한 시민이 물건을 훔친 것과 목사가 물건을 훔친 것과 대통령이 물건을 훔친 것은 같은 범죄라도 그 비난의 강도는 전혀 다릅니다. 우리가 느끼기에도 평범한 시민보다는 목사나 대통령이 물건을 훔친 것이 더 추악해 보이고 분노를 일으킵니다. 하지만 이것은 도덕적인 비난에 대한 것이지 법적인 죄의 크기의 문제는 아닙니다. 한 인격과 인권의 평등을 믿는 민주주의 국가에서는 범죄의 크기를 그 죄를 저지른 자의 지위에 따라 규정하는 것이 아니라 어떤 종류의 범죄를 저질렀느냐에 따라 동일하게 처벌합니다. 물론 사회적인 모범을 보여야 할 자들이 범죄했을 때는 앞서 말한 대로 도덕적인 비난과 함께 약간의 가중처벌이 될 수는 있지만, 그것도 역시 법전에 규정된 범위를 넘을 수 없습니다. 법전에는 범죄자의 신분에 따라 형벌을 규정하지 않습니다.

그렇다면 죄의 크기는 무엇에 비례할까요? 바로 범죄의 대상에 따라 비례한다고 볼 수 있습니다. 이것은 중세 봉건 체제에서 뿐만 아니라 인권의 평등성을 강조하는 현대의 민주주의 체제에서도 큰 원리에 있어서는 비슷합니다. 예를 들면, 우리나라에 있는 법 중에 일단 유죄 판결을 받으면 무조건 사형인 죄가 있습니다. 바로 적국과 모의해서 적국을 이롭게 하는 국가 반역죄입니다. 이 죄에 대한 형벌은 징역형이나 벌금형이 없고, 죄가 확정되면 무조건 사형밖에 없습니다. 그러니 이 죄는 다른 어떤 죄보다 더 큰 죄라고 할 수 있을 것입니다. 그렇다면 왜 국가 반역죄가 이렇게 큰 죄일까요? 바로 국가와 국민을 상대로 저질러진 범죄이기 때문입니다. 한 국가에서 가장 고귀한 가치와 존재는 국가와 국민입니다. 그러므로 이 국가와 국민을 위태롭게 하는 죄는 오직 사형으로 다스리는 것입니다. 이런 예는 너무나 많습니다. 지나가다 길에 있는 개미 한 마리를 죽이면 아무런 죄가 되지 않지만, 살인을 하면 큰 형벌을 받습니다. 왜 그럴까요? 개미보다 사람이 더 중요하다고 생각하기 때문입니다. 뇌물을 받아도 일정한 금액 이상이 되면 가중처벌을 합니다. 왜 그렇습니까? 금액이 큰 만큼 죄가 커진다고 믿기 때문입니다. 이것은 비단 현대의 형법에만 적용되는 것이 아니라 모든 법의 기원이 되는 하나님이 주신 자연법에도 마찬가지입니다. 죄란 본래 그 대상이 누구냐에 따라 크기가 정해지고, 그 크기에 따라 형벌이 정해집니다.

그렇다면 죄의 정의가 무엇인지 살펴보겠습니다. 죄란 무엇일까요? 다양하게 정의할 수 있지만, 핵심은 바로 하나님이 인간에게 주신 율법을 어기거나 그 요구에 미치지 못하는 것이 죄입니다. 하지 말라는 것을 하거나, 하라는 것을 하지 않을 때 그리고 완전히 지키라는 것을 적당히 지킬 때 죄가 됩니다. 여기서 중요한 것은 앞서 말했듯이 하나님이 주신 율법이며, 이 율법은 하나님의 속성에서 나온 것이라는 사실입니다. 그뿐만 아니라 하나님은 친히 말씀으로 율법을 인간에게 제시하셨습니다. 그러므로 죄란 그 본질상 하나님을 대적하는 것입니다. 하나님의 속성에서 나온 법을 무시한다는 것은 하나님 자신을 무시하는 것과 다름이 없습니다. 왜냐하면 하나님은 그 속성 중에 하나인 단순성(divine simplicity)에 따라 각각의 율법의 기원이 되는 속성 그 자체이신데, 그 속성에서 나온 율법을 어기는 것은 그 속성을 부인하는 것이고 이는 하나님 자체를 부인하는 것이기 때문입니다. 예를 들면, 하나님의 속성 중에 사랑이 있습니다. 이 속성에서 이웃을 사랑하라는 명령이 나옵니다. 그런데 하나님의 단순성이란 하나님은 사랑 그 자체라는 말입니다. 하나님은 사랑 10%, 정의 5%, 지혜 17% … 이렇게 구성된 것이어서 사랑하지 않으면 하나님을 20%만 부인하는 것이 아닙니다. 하나님은 100% 사랑이시고, 하나님은 100% 정의이시며, 하나님은 100% 지혜이십니다. 그러므로 만약 형제를 사랑하지 않으면 그것은 하나님을 100% 부인하는 것과 같습니다.

이처럼 우리의 모든 죄는 하나님에 대한 범죄이며, 이는 우리의 죄의 크기가 하나님에 의해 결정된다는 말입니다. 그렇다면 하나님에 대한 범죄는 얼마나 큰 죄일까요? 우리는 하나님의 속성 중에 무한성과 영원성이 있다는 것을 알아야 합니다. 하나님은 무한하시며, 영원하십니다. 그러므로 하나님에 대한 범죄의 크기는 무한하고, 당연히 이 범죄에 대한 형벌도 무한하며 영원합니다.

그렇다면 어떤 인간이 하나님의 무한하고 영원한 벌을 받겠습니까? 먼저는 모든 죄인, 바꿔 말해서 그리스도 밖에 있는 모든 죄인은 무한하고 영원한 형벌을 받을 수밖에 없습니다. 그것은 말 그대로 무한하고 영원한 형벌입니다. 하지만 모든 죄인 각자가 영원히 감당해야 하는 형벌을 모두 대신 질 수 있는 인간은 온 우주에 존재하지 않습니다. 오직 무한하고 영원한 속성을 가진 하나님만이 무한하고 영원한 형벌을 대신 질 수 있습니다. 여기서 오해하지 말아야 할 것은 그리스도의 신성이 이 형벌을 당하는 것으로 생각하는 것입니다. 어떻게 신성이 고난을 당할 수가 있을까요? 모든 면에서 완전하신 하나님은 고난을 당하실 수 없으며, 영원히 복되신 하나님은 고난으로 불행을 겪으실 수 없습니다. 고난을 당한다면 그 자체로 하나님은 불행한 가운데 계시는 것이 되며, 이는 하나님의 본성에 어긋나는 것입니다. 그러면 이 고난은 오롯이 그리스도의 인성이 홀로 감당하는 것일까요? 당연히 불가능합니다. 이 고난은 그리스도의 인성이 당하는 고난이기는 하지만 그리스도의 인성만으로는 이 무한하고 영원한 고난을 견뎌낼 수 없습니다. 그래서 그리스도의 신성이 인성을 지탱하여 인성이 모든 고난을 감당할 수 있도록 한 것입니다.

이 모든 것은 그리스도의 인격 안에서 이루어진 신성과 인성의 신비로운 연합으로 말미암아 가능합니다. 이 신비로운 연합은 단순히 인성이 신성의 도움으로 모든 형벌을 감당할 수 있도록 하는 것이 아닙니다. 더 중요한 것은 이 신비로운 연합으로 말미암아 그리스도의 고난이 단지 물리적인 고난의 총량만이 아니라 가치에 있어서도 무한한 효력을 가질 수 있게 되었다는 사실입니다. 홀로 한순간 감당하신 고난이 모든 택자가 감당해야 할 죄에 대한 무한하고 영원한 가치를 가질 수 있는 것은 그분이 하나님이시기 때문입니다. 물론 방금 언급한 대로 그리스도의 신성이 고난을 당하셨던 것은 아닙니다. 그럼에도 불구하고 그리스도의 순종이 무한한 효력과 가치를 가져 하나님을 만족시킬 수 있었던 것은 그분의 인격 안에서 인성과 신성이 연합되어 있었기 때문입니다. 신성은 고난을 당하지 않았습니다. 고난은 오직 인성의 몫입니다. 그러나 그 인성은 그리스도의 위격 안에서 신성과 위격적으로 연합되어 있으므로, 그 모든 고난은 위격의 몫으로 돌려집니다. 그러기에 그 고난은 하나님의 고난이라고 부를 수 있으며, 단지 그렇게 부를 수만 있는 것이 아니라 실제로도 무한한 가치를 가지는 것입니다. 이 진리를 17세기 네덜란드의 탁월한 신학자요 목회자였던 빌헬무스 아 브라켈(Wilhelmus à Brakel, 1635-1711)은 다음과 같이 설명합니다.

자신의 인성으로 고난받으신 그 위격께서 하나님이시므로 그분이 받으신 고난의 효력과 가치는 그분의 위격성과 일치합니다. 그분께서 이 고난의 일부만을 당하신 것이 아닙니다. 다시 말해, 전체를 대변하는 일부만을 받으신 것이 아닙니다. 만일 그렇다면 그것은 참된 만족이 아니며, 값을 지불하지 않고 사함을 얻는다는 결론에 이르게 됩니다. 이 효력과 가치는 그분의 위격을 가진 분으로 여겨 주어서 그분이 당하신 고난 그 자체를 충분한 것으로 받아들인 결과가 아닙니다. 그것이 아니라 그리스도는 참으로 그러한 위격이셨으며, 실제로 그런 효력과 가치를 가지신 분이었습니다.

곧 자신의 인성을 따라 고난을 당하신 분이 바로 무한한 위격이시므로, 그분의 고난 역시 무한한 효력과 가치를 가지는 것입니다.

마지막으로 모든 택자에게 거룩함을 입히기 위해서 그리스도는 완전히 거룩한 사람이어야 했습니다. 우리의 죄를 용서할 뿐만 아니라 우리를 의롭게 하는 것은 그리스도의 완전한 순종이었습니다. 무슨 말이냐 하면, 그리스도에게는 원죄만 없었던 것이 아니라 실제로 그분은 전 생애에 걸쳐서 하나님의 율법을 완전하게 순종하셨다는 말입니다. 하지만 그 어떤 인간도 이를 이룰 수는 없었습니다. 심지어 무죄한 아담도 이것을 지킬 수 없었습니다. 그러기에 예수님이 이처럼 완전히 거룩한 삶을 사심으로 우리의 중보자가 되시기 위해서는 오직 그분이 하나님이셔야만 했던 것입니다. 그분의 위격에 있는 신성과의 위격적 연합이 이를 가능하게 했습니다.

이처럼 그리스도는 완전한 하나님이며, 완전한 인간이셔야 했습니다. 인성과 신성이 그리스도라는 한 위격 안에서 신비적으로 연합되어 있기에 그분이 인성으로 하신 일과 신성으로 감당하신 모든 일은 한 위격으로서 그리스도에게로 돌려질 수 있었습니다. 그리고 바로 이 그리스도의 순종으로 말미암아 행위 언약은 완성되었고, 은혜 언약이 실행되었습니다. 그러므로 그리스도는 우리를 하나님과 화목하게 하는 은혜 언약의 참된 중보자이십니다. 그리고 우리가 언약의 중보자이신 그리스도를 믿음으로 말미암아 하나님이 그리스도 안에서 약속하신 모든 복을 누릴 수 있게 된 것은 바로 이 은혜 언약 안에서 일어난 것입니다. 그러므로 우리는 바로 이 예수 그리스도를 구원하는 믿음의 대상으로 삼아야 합니다.

하지만 예수 그리스도는 앞에서 말했던 구원하는 믿음의 다른 두 대상과 다르지 않습니다. 우리는 그리스도 안에서 우리를 의롭게 하고 우리를 구원하는 참된 신앙의 대상인 하나님의 은혜와 하나님의 자비를 발견합니다. 자기 백성을 구원하기 위해서 창세 전에 성부와 언약을 맺으시고 친히 육신을 입고 이 땅으로 머나먼 여행을 오신 분, 33년간 모든 율법을 다 지키심으로 성부에게 순종하시고, 급기야 자신의 고난과 죽음으로 죄인에 대한 율법의 최종 요구인 형벌까지도 담당하심으로 순종하신 분, 그리고 이 땅을 걸으셨던 생애 동안 단 한순간도 우리를 잊지 않으셨던 그분은 참으로 그리스도이자, 살아계신 하나님의 아들이었습니다.

그런데 이 모든 것 속에서 찬란하게 빛나는 보석이 있으니 바로 하나님의 은혜와 자비가 아니면 무엇일까요? 죄인에게 하나님의 아들 예수 그리스도라는 이름은 아끼지 않고 자신의 모든 좋은 것을 주시는 어머니의 은혜보다, 어떤 잘못을 하더라도 받아주시는 아버지의 자비보다 더 크고 놀라운 선물과 복음입니다. 그리고 우리는 바로 그리스도 안에서 이를 발견할 때, 죄인일지라도 거룩하신 하나님 아버지에게로 나아올 수 있는 담력을 얻게 됩니다. 그러므로 우리를 의롭게 하는 믿음의 대상은 하나님의 은혜와 자비 그리고 주 예수 그리스도임을 결코 잊어서는 안 됩니다.

실천질문

1. 우리를 구원하는 믿음은 반드시 예수님을 그리스도로 믿어야 합니다. 그렇다면 베드로의 신앙 고백에 나타난 "그리스도"라는 단어 속에 담겨 있는 믿음의 내용은 무엇입니까?

2. 행위언약으로 타락한 인간을 구원하기 위해 하나님은 언약을 맺으셨습니다. 하나님은 누구와 언약을 맺으셨으며 그 언약의 내용은 무엇인지 함께 나눠봅시다.

3. 예수님을 믿으면 구원을 받습니다. 그렇다면 왜 '예수님'을 '믿으면' 구원을 받게 되는지 설명해 보십시오.

4. 여러분이 예수님을 믿는다는 말은 바로 이 언약의 중보자이신 그리스도를 믿는다는 말입니다. 여러분은 이 사실을 알고 있었습니까?

05

믿음은
구원을 위해서
활동한다

또 그들이 눕기 전에 라합이 지붕에 올라가서 그들에게 이르러 말하되 여호와께서 이 땅을 너희에게 주신 줄을 내가 아노라 우리가 너희를 심히 두려워하고 이 땅 주민들이 다 너희 앞에서 간담이 녹나니 이는 너희가 애굽에서 나올 때에 여호와께서 너희 앞에서 홍해 물을 마르게 하신 일과 너희가 요단 저쪽에 있는 아모리 사람의 두 왕 시혼과 옥에게 행한 일 곧 그들을 전멸시킨 일을 우리가 들었음이니라 우리가 듣자 곧 마음이 녹았고 너희로 말미암아 사람이 정신을 잃었나니 너희의 하나님 여호와는 위로는 하늘에서도 아래로는 땅에서도 하나님이시니라(수 2:8-11).

믿음은
구원을 위해서
활동한다

우리는 앞서 택자의 구원에 직접 관련된 믿음을 그 대상에 따라 일반 믿음과 특별 믿음으로 구분했습니다. 믿음을 구분한 이유는 무엇일까요? 혹시 불필요한 구분은 아닐까요? 그냥 아무렇게나 하나님만 믿으면 되지, 이렇게 복잡하게 믿을 필요가 있느냐고 얼마든지 반문할 수 있습니다. 어떤 사람은 믿음을 이렇게 구분하는 것은 과거 중세 스콜라주의자의 불필요한 사색을 생각나게 한다고 말할 수도 있습니다. 하지만 이것을 단순히 스콜라적인 구분법이며 불필요한 사색에 불과하다고 치부해서는 안 됩니다. 왜냐하면 이런 구분은 복음에 대한 바른 이해에 뿌리를 두고 있으며 성경이 가르치는 진리이기 때문입니다.

오늘 우리 시대는 사회의 각 분야가 점점 더 세분되고 복잡한 형태로 변해 가고 있습니다. 각종 산업 분야는 더욱 전문화되어서 개인 맞춤형 시대가 되어 가고 있으며, 과학은 말로 표현할 수 없을 정도로 세월이 갈수록 더욱더 고도화되고 있습니다. 기성세대는 날마다 새롭게 나오는 기계와 전자 제품의 사용방법을 습득하는 것조차 점점 힘겨워합니다. 한편 이런 복잡한 환경 속에서 사람들의 마음과 정신은 점점 지쳐 가고 있습니다. 그러기에 현대인에게 종교란 이런 복잡한 시대를 겨우겨우 살아가는 자신들에게 마음의 위안과 평안을 주는 것이어야 합니다. 이런 현상은 기독교라고 해서 별반 다른 것 같지 않습니다. 많은 기독교인들은 복잡한 교리 공부가 이런 안식과 평안을 주기는커녕 안 그래도 정신없는 삶을 더욱 피폐하게 만들 뿐이라고 믿습니다. 그럴수록 그들은 교회 안에서 더욱 인간적인 위로와 안식을 추구하게 됩니다. 간단히 말하면, "뭘 그리 복잡하게 믿느냐"는 것입니다. 그 결과 진리와 보이지 않는 나라에 대한 믿음은 단순한 감정적 흥분과 현세적인 복에 대한 믿음으로 대치되었고, 하나님과의 영적인 교제는 사람들 사이의 인간적인 교제로 대체되었습니다. 이제 교회 안에서 진리에 대한 깊은 고민과 숙고를 불필요하고 거추장스러운 것으로 여기는 모습을 흔히 볼 수 있습니다. 그런 것이 없어도 얼마든지 행복할 수 있습니다. 아니 그런 것이 없어야 행복한 교회가 될 수 있다고 합니다. 교회에서 가르치는 내용이 정말로 성경에 근거한 사실인지, 내가 믿는 사실이 진리인지는 중요하지 않고, 중요한 것은 그것이 당장 나에게 위로를 주느냐 주지 않느냐가 되어 버렸습니다.

이러한 현상은 기독교 신앙의 핵심을 이루는 믿음과 구원에 대한 이해에서 극명하게 드러납니다. 사람들은 믿음의 내용과 그 결과를 진지하게 생각하기 싫어하고 그저 모든 믿음을 뭉뚱그려서 막연한 상태로 만든 후에 자기 믿음이 성경에 부합한다고 스스로 생각하게 되었습니다. 그러니 하나님이 어떤 분인지, 그분에게서 나오는 구원이 어떤 것인지, 하나님의 속성과 구원의 의미에 따라 우리가 믿어야 할 대상은 무엇인지 고민하기를 거부하는 것은 전혀 이상한 현상이 아닙니다.

하지만 하나님은 고유한 속성을 가지고 계시며, 그 속성에 따라 모든 하나님의 행사가 결정됩니다. 이것은 아주 당연한 일입니다.

대표적으로 하나님을 예배하는 방식과 하나님이 인간을 구원하는 방식을 들 수 있습니다. 인간이 하나님을 섬길 때는 반드시 하나님의 속성에 합당한 방식을 따라야 합니다. 그분이 어떤 분인지 모른 채 바르게 섬길 수는 없습니다. 왜냐하면 섬김의 방법은 섬기는 자가 정하는 것이 아니라 당연히 섬김을 받는 분이 정하는 법입니다. 마찬가지로 하나님이 인간을 구원하시는 방식도 하나님의 속성에 의해서 결정됩니다. 그러므로 죄인이 구원을 얻기 위해서는 하나님이 자신의 성품에 따라 정하신 구원방식을 알아야 하고 그것을 따라야 합니다. 물론 이때에도 부패하고 무능하고 무지한 인간이 구원을 주도하는 것은 불가능하기에 성령님이 모든 과정을 주도하시고 도우십니다. 그러므로 하나님께서 우리를 구원하시는 방식은 하나님의 성품에 합당하게 이루어집니다. 이는 마치 같은 일을 하더라도 사람마다 그 일을 처리하는 방식이 조금씩 다른 것과 같습니다. 이는 사람마다 성품과 능력이 달라서 그 성품대로 일을 처리하기 때문입니다. 만약 같은 일을 사람과 개가 동시에 한다면 처리 방식의 차이는 더욱 커질 것입니다. 아무래도 속성의 차이는 사람과 개 사이가 사람 사이보다 클테니 말입니다.

믿음으로 구원을 얻는다는 이 진리도 바로 이러한 원리에서 이해해야 합니다. 그러므로 믿음의 참된 본성과 대상도 우리는 명확하게 분별해야 합니다. 그 이유는 하나님의 속성에 맞지 않는 믿음의 본성과 대상은 결코 우리를 구원할 수 없기 때문입니다. 우리가 의롭게 되기 위해서는 우리를 의롭게 할 수 있는 믿음의 대상을 믿어야 합니다. 우리가 모든 유혹을 이기고 인내하기 위해서는 그렇게 할 수 있도록 도우시는 하나님의 속성을 믿어야 합니다. 물론 현실에서 우리가 믿을 때 항상 따로 구분하여 인식하며 순간순간을 살아가는 것은 아닙니다. 하지만 이제 다루게 될 믿음의 구분에 따른 믿음의 대상과 속성의 구분은 신자가 믿음의 본질을 더 잘 이해하도록 도와주어 자신의 믿음을 점검하는 데 큰 유익을 줄 것입니다. 그리고 이에 대한 고민을 통해서 신자는 자신의 믿음을 점검하여, 진정한 회심을 갈망하게 되거나 아니면 더 큰 구원의 확신으로 나아갈 수 있을 것입니다.

구원의 과정

구원은 단번에 일어나는 사건일까요? 아니면 일정한 과정을 거쳐서 일어나는 사건일까요? 그리고 이 과정에서 믿음은 어떤 역할을 하는 걸까요? 우리는 그저 "믿으면 구원받는다"라는 단순한 도식만을 가르칠 때가 많습니다. 실제로 교회에 출석하는 많은 사람은 이렇게 믿고 있습니다. 물론 이 말은 전혀 잘못된 말이 아닙니다. 하지만 이 말은 그 본질적인 의미를 알지 못하면 별 도움이 되지 않는 피상적인 말입니다. 신자로서 살아갈 때 정말로 주의해야 할 것은 바로 피상적인 개념입니다. 그것이 무엇이든 피상적인 개념만을 가지고 있다는 것은 아무것도 없다는 말과 같습니다. 여기서 우리가 반드시 물어야 할 두 가지 질문이 있습니다. 첫째로, 구원을 주는 믿음이란 무엇일까요?

우리는 지금까지 이 문제에 대답을 해왔습니다. 둘째로 구원이란 무엇일까요? 사실 이에 대해서도 앞에서 잠시 언급했습니다. 하지만 여기서는 이 구원을 좀 더 자세하게 살펴보고, 우리가 지금까지 논의했던 믿음이 구원에 구체적으로 어떤 역할을 하는지 살펴보겠습니다.

구원받았습니까?

신앙생활을 하다 보면 종종 '구원받았느냐?'는 질문을 들을 때가 있습니다. 그럴 때면 '나는 살면서 여전히 죄악도 범하고 고난도 당하면서 살고 있는데, 이게 구원받은 삶이냐는 의문이 생기며 혼란스러워하는 경우가 종종 있습니다. 왜 우리는 구원받을 것이냐고 묻지 않고 구원받았냐고 물을까요? 이것은 기독교 신앙에만 있는 매우 특별한 구원 개념 때문입니다. 성경이 가르치는 구원은 단순히 죽어서 천국에 가는 것이 아닙니다. 이 세상의 모든 죄악과 고난을 끝내고 낙원(paradise)으로 들어가는 게 아닙니다. 만약 그렇다면 이 세상에 살고 있는 사람들은 절대로 구원받았다는 과거형의 표현을 쓸 수 없습니다. 구원은 언제나 미래의 사건이 되고, 오늘을 살아가는 우리는 전혀 구원을 누릴 수 없게 됩니다. 과연 구원이 반드시 죽음 이후에 누리게 되는 미래의 사건일까요? 아니면 지금 이 순간에도 구원을 누릴 수 있는 건가요? 만약 구원을 지금 이 땅에서 누릴 수 있다면, 구원을 받은 사람의 삶 속에 어떻게 죄와 고통이 존재할 수 있을까요? 구원이라는 것은 정녕 이렇게 시시한 것일까요?

구원의 과정인가? 언약의 축복인가?

구원의 시기에 관한 관점은 크게 세 가지로 나눠 볼 수 있습니다. 구원을 과거 사건으로 보는 관점과 현재 사건으로 보는 관점 그리고 미래 사건으로로 보는 관점입니다. 신앙의 선배들은 구원의 시간성과 관련하여 각 관점을 깊이 연구했고, 특히 이 말씀에 관심을 기울였습니다.

> 하나님이 미리 아신 자들을 또한 그 아들의 형상을 본받게 하기 위하여 미리 정하셨으니 이는 그로 많은 형제 중에서 맏아들이 되게 하려 하심이니라 또 미리 정하신 그들을 또한 부르시고 부르신 그들을 또한 의롭다 하시고 의롭다 하신 그들을 또한 영화롭게 하셨느니라(롬 8:29-30).

여기 보면 하나님이 우리를 구원하시기 위해서 단일한 하나의 행위를 하시는 것이 아니라 여러 가지 행위를 하십니다. 물론 영원하신 하나님은 단일한 행위로서 이 모든 것을 하십니다. 하지만 시간 속에서 시간의 흐름에 따라 살아가는 인간의 처지에서는 하나님의 단일한 행위가 시간에 따라 이루어지는 일련의 행위로 구성되는 과정입니다.

인간의 처지에서 하나님의 구원 사역을 볼 때 하나님은 가장 먼저 자신이 구원할 사람을 미리 아셨습니다. 그리고 그를 구원하기로 미리 정하셨습니다. 이때 그 목적은 우리가 하나님의 자녀가 되는 것입니다. 본문에서는 "그 아들의" 형상을 본받게 하기 위하여 정하셨다고 하는데, 여기서 아들이란 바로 예수 그리스도를 의미합니다. 왜 우리로 예수님의 형상을 본받게 하려고 하셨을까요? 바로 예수 그리스도(그 아들)를 하나님의 맏아들이 되게 하시려는 것입니다. 이 말은 우리를 하나님의 자녀가 되게 하신다는 것입니다. 그래야 그리스도가 맏아들이 됩니다. 결국 하나님은 우리를 자신의 자녀로 삼으시기 위해서 장자이신 그리스도의 모습을 닮게 하십니다. 여기까지가 창세 전에 삼위일체 하나님 안에서 일어난 사건입니다. 세상이 존재하기도 전에 하나님은 구원의 계획을 세우셨습니다. 그리고 창세 전에 구원할 사람을 정하셨고, 그들을 구원할 목적도 정하셨습니다. 그다음으로 등장하는 내용은 창조 이후 시간 속에서 이루어지는 사건입니다. 하나님은 창세 전에 세운 영원한 계획을 따라 시간 속에서 그 계획을 실행하셨습니다. 바로 30절 말씀이 이 사실을 보여줍니다.

한 영혼을 구원하기 위해서 시간 속에서 하나님이 가장 먼저 하신 일은 무엇일까요? 하나님은 가장 먼저 그를 부르십니다. 하지만 이 부르심은 즉흥적인 부르심이 아니라 창세 전에 미리 알고 정한 대상을 부르시는 것입니다. 우리는 이것을 유효적 부르심(effectual calling)이라고 합니다. 왜 유효적이냐 하면 하나님이 구원을 위해서 부르시는 자는 반드시 그 부르심에 응답하기 때문입니다. 그다음으로 하나님은 부르신 자을 의롭다고 선언하십니다. 이것을 칭의(justification)라고 부릅니다. 왜냐하면 하나님의 부르심에 응답하는 것은, 믿음이 없이는 할 수 없기 때문입니다. 그래서 하나님은 그 믿음을 보시고 그를 의롭다고 하십니다. 마지막으로 하나님은 의롭다고 하신 이를 영화롭게 하십니다. 이것을 영화(glorification)라고 하는데, 이 영화는 반드시 칭의에 따라오는 결과입니다.

이렇게 구원이 완성되는데, 여기서 우리는 일련의 연속적인 과정을 볼 수 있습니다. 바꿔 말하면, 영화를 얻기 위해서는 칭의가 그 전에 있어야 하고, 칭의를 얻기 위해서는 그 전에 부르심을 받고 그 부르심에 응답해야 합니다. 그런데 하나님은 아무나 즉흥적으로 부르지 않으시기 때문에 그 부르심의 대상은 이미 창세 전에 하나님이 아시고 정하신 사람일 수밖에 없습니다. 결국 미리 아심에서부터 영화에 이르는 모든 하나님의 행위는 서로 연결되어 있습니다. 물론 여기서 말하는 순서는 시간적인 순서도 있고 논리적인 순서도 있습니다. 하지만 중요한 것은 구원을 완성하시기 위한 모든 하나님의 행위가 서로 연결되어 있다는 것입니다. 그래서 이 중 어느 하나라도 발견한다면 다른 모든 것들도 함께 발견할 수 있습니다. 이는 마치 고구마를 캘 때 줄기 하나를 집어들면 고구마들이 주렁주렁 줄기를 따라 딸려 나오는 것과 같습니다. 이 모든 것들은 서로 떨어질 수 없는 연결고리로 묶여 있어서 누구도 이 고리를 끊을 수 없습니다. 그래서 바울은 로마서에서 다음과 같이 고백합니다.

> 내가 확신하노니 사망이나 생명이나 천사들이나 권세자들이나 현재 일이나 장래 일이나 능력이나 높음이나 깊음이나 다른 어떤 피조물이라도 우리를 우리 주 그리스도 예수 안에 있는 하나님의 사랑에서 끊을 수 없으리라(롬 8:38-39).

이와 같은 이유로 신앙의 선배들은 로마서 8장 30절에 나오는 연속적인 과정을 구원의 황금 사슬(the golden chain of salvation)이라고 불렀습니다.

이렇게 창세 전에 미리 아심에서 시작하여 한 사람이 죽는 순간 경험하게 되는 영화에 이르기까지 연속적인 과정이 있다는 사실을 성경에서 발견했던 신앙의 선배들은 특히 한 인간이 태어나서 경험하게 되는 부르심, 칭의, 영화라는 일련의 과정에 주목했습니다. 미리 아심과 미리 정하심은 창세 전에 일어난 일이라서 우리가 경험할 수 없습니다. 하지만 나머지는 우리가 이 땅에 태어나 살아가는 동안 일어나는 사건입니다. 바로 지금 살아가는 성도에게도 일어나고 있거나 일어나야 할 일이므로 신앙의 선배들은 이것들을 잘 연구하면 우리에게 귀한 유익을 줄 수 있다고 믿었습니다. 특별히 구원의 확신과 관련하여 더욱 그렇게 믿었습니다. 만약 내가 유효적인 부르심을 받은 것이 확실하다면, 하나님의 미리 아심도 미리 정하심도 확실하며, 우리의 영화도 확실합니다. 내가 의롭다 함을 받은 것이 분명하다면 당연히 하나님에게서 부르심을 받았기 때문이며, 영화도 확실합니다. 하지만 그들이 볼 때 성경에는 우리를 부르시고, 의롭다 하시고, 영화롭다 하시는 것 외에도 하나님이 우리의 구원을 위해서 감당하시는 더 많은 일이 기록되어 있었습니다.

로마서 8장 30절 말씀을 통해서 황금 사슬의 대표적인 세 가지 연결고리를 확인할 수 있었고, 그 외에도 성경의 다른 곳에서는 구원을 위한 하나님의 다양한 활동과 역사가 택자의 영혼에 일어나는 것을 보았습니다. 거듭남, 양자, 믿음을 주시는 일, 거룩하게 하시는 일, 환란과 유혹을 이겨내도록 하시는 일 등 하나님은 자신이 택한 사람을 구원하시기 위해서 그가 살아 있는 동안 다양한 일들을 그 사람의 영혼에 행하십니다. 그래서 신앙의 선배들은 이것을 구원 서정(ordo salutis)이라고 불렀는데, 이 말은 구원은 완성되기까지 순서가 있는 일련의 과정이라는 의미입니다. 그 결과 어떤 사람들은 이 모든 것들 하나하나가 완전한 구원에 이르기 위해서 통과해야 하는 과정이라고 생각했습니다. 그런데 그렇게 되면 이런 것들 하나하나가 얼마나 피곤하고 무거운 짐이 될까요? 이런 것들 없이 바로 구원이 완성되면 좋겠는데 부르심, 중생, 칭의, 양자, 성화, 견인 이 모든 것을 통과해야 하니 거추장스러운 짐입니다. 하지만 구원 서정은 결코 짐스럽고 귀찮은 것이 아닙니다. 구원에 이르기 위해서 어쩔 수 없이 통과해야 하는 필수 코스가 아니라는 말입니다. 그래서 신앙의 선배들은 구원 서정을 하나님의 축복이라 달리 부르기도 했습니다. 이것들은 하나님이 우리에게 주시는 축복이며 선물입니다. 우리가 최종적인 구원까지 무사히 이르도록, 그리고 영원한 나라에서 잘 살 수 있도록 우리를 빚어가는 하나님의 선물입니다.

특별히 이 축복은 하나님과의 영원한 은혜 언약 안에 약속되어 있습니다. 그래서 신앙의 선배들은 이것들 하나하나를 언약적 축복(covenantal blessing)이라고 불렀습니다. 이것은 복되신 하나님이 은혜 언약에 들어온 사람을 위해 준비하신 선물로서, 이 덕분에 우리가 은혜 언약에서 떨어지지 않고 천성을 향해 순례를 무사히 마칠 수 있습니다. 이것은 마치 옛날 동화 속에 흔히 나오는 이야기와 비슷합니다. 주인공이 엄마가 있는 곳까지 가는 길에는 엄청나게 많은 시련이 기다리고 있습니다. 그때 도사님이 나타나서 그에게 약봉지를 주시서, 어려울 때마다 펼쳐보라고 합니다. 소년은 어려움을 당할 때마다 약봉지를 펼쳤고,

그때마다 그 어려움을 헤쳐 나갈 수 있는 방편이 적혀 있었습니다. 소년은 도사가 준 약봉지의 도움으로 엄마가 있는 곳에 무사히 도착할 수 있었습니다. 이처럼 우리도 하나님이 준비하신 은혜 언약의 축복으로 영원한 천국에 거할 자격을 얻고, 모든 환란과 유혹을 이겨 내어 이 복된 믿음의 순례를 무사히 마칠 수 있습니다. 완전한 구원에 이르러 영원토록 천국에 살려면, 하나님의 부르시는 음성을 들어야 하고, 천국에 어울리는 새로운 본성을 받아야 합니다. 그리고 그에 합당한 자격을 얻기 위해서 그리스도의 피를 믿음으로 하나님께 의롭다고 인정받고 또 모든 특권을 누리기 위해서 하나님의 자녀가 되어야 합니다. 그뿐만 아니라 그 믿음으로 무장하여 천국 시민에 걸맞는 생활 습성을 몸에 익혀야 하며, 어떤 환란과 고난과 유혹이 닥쳐와도 이길 수 있는 인내심을 받아야 저 영원하고 복된 천성의 문을 열고 그곳에서 영원토록 살 수 있습니다.

이처럼 구원이란 창세 전부터 시작하여 한 사람의 일생을 가로질러 그의 죽음에 이르러 완성되는 길고 긴 과정입니다. 물론 죽음 직후에 구원의 모든 과정이 완결되는 것은 아닙니다. 그리스도가 재림하셔야 비로소 영원한 천국이 완성되고 우리의 복된 상태는 더 이상 완전해질 수 없는 상태가 됩니다. 그러므로 그때에야 비로소 구원의 과정이 최종적으로 완성되었다고 할 수 있습니다. 우리의 선택이나 역할이 창세 이전과 죽음 이후의 결과에는 어떤 영향도 끼칠 수 없으므로, 우리에게 중요한 것은 우리가 이 땅을 살아가는 동안 하나님이 우리 안에서 이루시는 구원의 행위입니다. 흔히 구원 서정이라고 부르는 일련의 하나님의 축복을 통해서 우리는 구원의 본질과 구원과 믿음이 구체적으로 어떤 관계에 있는지를 더욱 실감 나게 알 수 있습니다.

구원의 세 가지 시제

신자는 살아가는 동안 구원의 과거성과 현재성 그리고 미래성을 다 경험하며 살아갑니다. 앞서 말한 대로 성도들이 구원받았느냐며 서로에게 묻는 이유는 구원을 과거 사건 혹은 그 사건이 현재 우리에게 영향을 끼치고 있는 것으로 보기 때문입니다. 이렇게 생각하는 사람 중에 어떤 사람은 구원이란 미래에 있을 것에 대하여 미리 도장을 받아 두는 것으로 생각합니다. 물론 이 말 자체는 큰 오류가 없습니다. 그러나 믿기 전이나 믿고 난 후나 자신에게 있어서 달라진 것이 전혀 없지만 일단 예수님을 믿기만 하면 죽어서 반드시 천국에 들어갈 수 있는 도장을 받은 것이며, 이것은 결코 취소될 수 없으므로 이미 구원받았다고 생각한다면 곤란합니다. 어떤 사람은 지금은 믿고 있으니 당장 죽으면 천국에 갈 수 있으므로 구원받았다고 할 수 있지만, 만약 언젠가 믿지 않을 경우 언제든지 천국행 열차표가 취소될 수 있다고 여깁니다. 그래서 구원이 취소되지 않도록 온 힘을 다해서 끝까지 예수님을 믿어야 한다고 생각합니다. 첫 번째 경우는 자신이 개혁파 신앙을 가졌다고 생각하는 많은 사람이 흔히 범하는 오류입니다. 두 번째는 아르미니우스주의 신앙에 포함된 오류입니다. 물론 믿음이 개혁주의인지 아르미니우스주의인지 관심 없는 사람이 대다수이겠지만 이 두 가지 오류야말로 구원과 믿음의 관계에서 가장 흔히 범하는 오류라고 할 수 있습니다.

이와는 달리 구원을 전적으로 미래인 사건으로 보고, 이 땅에서 삶이 다 끝난 후에 우리의 모든 행실을 보고 최종적으로 구원이 결정된다고 생각하는 사람도 있습니다. 이 견해는 철저히 사람의 행위에 근거를 둔 구원관으로서 역사적으로 보면 유대의 율법주의 구원관이나 초대교회의 펠라기우스주의 구원관이 이에 해당합니다. 율법주의적 구원관이란 율법을 얼마나 잘 지키느냐에 따라 미래의 영원한 운명이 결정된다는 것이고, 펠라기우스적 구원관도 원죄를 부인하고 인간의 행위에 따라 영생이 결정된다는 점에서 율법주의 구원관과 유사합니다. 로마 가톨릭 교회의 구원관도 이 둘과 상당히 비슷합니다. 차이라면 성례를 통해서 주어지는 최초의 '은혜의 주입'을 전제로 선을 행할 능력을 부여받는다는 점입니다. 하지만 결국 이들도 현재 구원을 확신하지 못하고 구원을 미래 사건으로 취급하여서 세례를 받더라도 이 땅에서 선행을 얼마나 많이 하느냐에 따라 구원이 최종적으로 결정된다고 본다는 점에서 앞선 두 구원관과 큰 차이가 없습니다. 최근에는 소위 "바울에 대한 새 관점"(The New Perspective on Paul)을 주장하는 학자들이 제안한 구원관도 구원을 미래 사건으로 본다는 점에서는 이 범주에 포함될 수 있습니다.

하지만 이러한 미래 구원관을 가지게 되면 죽는 순간까지 구원을 확신하기가 어렵습니다. 언제 믿음을 버릴지 모르기 때문입니다. 그럼에도 불구하고 미래 구원관은 사람이 본성적으로 가지기 가장 쉽습니다. 이 구원관은 바른 구원관을 교육 받지 않으면 자연스럽게 지나게 되기에, 교파를 초월하여 정통신앙을 자랑하는 교회 안에서도 널리 퍼져 있습니다. 그렇다면 본격적으로 구원이 과거 사건인지, 현재 사건인지 아니면 미래 사건인지부터 살펴보겠습니다.

구원의 과거성

오직 믿음으로 의롭게 된다는 이신칭의 교리로 유명한 종교개혁은 본질적으로 구원에 대한 지대한 관심에서 시작되었고, 그 이후도 마찬가지입니다. 죽음과 죽음 이후의 인간 상태라는 주제는 시대를 막론하고 인류에게 가장 중요한 문제입니다. 의학이 발달하지 못했던 과거에는 더 큰 문제였습니다. 죽음은 늘 그들 가까이에 있었습니다. 하지만 의학이 발달하여 평균수명이 늘어난 지금은 대부분 노인이 되어 죽습니다. 그래서 죽음을 인생 마지막에 경험하는 자연스러운 한 과정 정도로 생각하는 경향이 강합니다. 물론 현대에도 죽음은 심각한 문제입니다. 예를 들면, 사랑하는 사람이 죽을 때 사람들은 죽음을 두려워하고 죽음 이후의 삶을 진지하게 고민합니다. 또한 자신이 죽음을 앞두고 있을 때 죽음은 더욱더 실존의 문제로 다가옵니다. 아무리 죽음이 인생 마지막에 자연스럽게 경험하는 과정이라 하더라도 죽음을 앞둔 사람은 죽음과 그 이후 세계를 가볍게 생각할 수 없습니다. 하지만 자신의 죽음을 실존적으로 인식할 때 자신의 구원의 문제로 고민하기도 하지만 늦어버린 경우가 대부분입니다.

반면에 종교개혁과 그 직후를 살았던 사람은 우리보다 훨씬 더 죽음을 실존적인 문제로 생각했습니다. 유아 생존율이 지극히 낮았던 당시에는 자신과 함께 뛰어놀던 형제와 자매의 죽음을 경험하거나, 심지어 사랑하는 자녀의 죽음을 맞이하는 일이 많았습니다. 이 세상 누구라도 자녀의 죽음 앞에서 죽음과 죽음 이후의 세상을 고민하지 않을 사람은 없을 것입니다. 이처럼 삶 속에서 늘 죽음을 느꼈을 이들에게 죽음과 구원은 인생의 마지막에 있을 자연스러운 경험이거나 자연스러운 고민거리가 아니었습니다. 지금 당장 고민하고 해답을 찾아야 했던 긴급한 실존의 문제였습니다.

로마 가톨릭 교회는 이런 실존적인 고민에 성경에 근거한 해답을 주지 못했습니다. 그들은 성경 자체를 신도에게 가르치지 않았고, 사제들의 권위와 일곱 가지 성례에 의존하여 구원을 확신시키려 했습니다. 물론 로마 가톨릭 교회의 구원관에는 행위에 따른 공로사상이 있기에 죄악을 범할 때마다 많은 로마 가톨릭 교회의 신도는 불안에 떨수밖에 없었을 것입니다. 이러한 두려움은 연옥사상으로 더욱 커졌습니다. 교회 안에 있으면서 사제의 지도를 잘 받으면 지옥은 면할 수 있다는 위로를 얻기도 했지만, 교회 안에 있으면서 나름대로 최선을 다한다고 하더라도 천국으로 가는 길은 너무나도 멀고 험해 보였는데, 연옥이 자신들의 거처가 될 가능성이 상당히 농후했기 때문입니다. 그런데 문제는 연옥이란 장소는 천국을 위해서 정화되는 곳으로 또 다른 이름의 지옥처럼 신도에게는 느껴졌다는 점입니다.

종교개혁자 마르틴 루터는 이러한 구원의 불확실성과 두려움에 빠진 로마 가톨릭 교회의 신도에게 핵폭탄을 던졌습니다. '오직 믿음으로 말미암아 구원을 얻는다'는 이 진리는 구원이 인생의 마지막에 결정되는 불투명한 미래 사건이 아니라, 인생 가운데 결정되는 과거 사건이면서 현재 사건이 되도록 바꿔 놓았습니다. 여기에 더해서 개혁파 종교개혁자들은 성도의 견인 교리를 발전시켜서 한 번 참된 믿음을 가진 사람은 결코 그 믿음을 완전히 잃어버리는 일이 없다는 진리를 가르쳤습니다. 그러므로 구원이 과거 사건인 이유는 누군가가 만약 참된 믿음을 가졌다면, 그는 이미 하나님 앞에 의롭게 되었기 때문입니다. 그 사실을 인식하는 순간 구원은 과거 사건이 됩니다. 이미 하나님은 당신을 의롭다고 하셨고, 이 칭의는 결코 변하지 않기 때문입니다.

하지만 구원은 언제나 과거 사건으로만 머물러 있는 것은 아닙니다. 이미 믿음으로 의롭게 되어 칭의를 받은 사람은 하나님의 자녀요, 상속자이기에 칭의 사건 이후로 그는 하나님의 자녀라는 지위를 누리게 됩니다. 그뿐만 아니라 그의 영혼은 새롭게 태어났으므로 그에게는 새로운 영적인 자질도 생겨납니다. 우리는 이것을 중생이라고 합니다. 중생은 반드시 외적인 변화를 의미하는 것은 아닙니다. 비록 자신의 외적 환경에는 큰 변화가 없다고 하더라도 자신의 본성이 변화되었고, 자신의 지위가 변화되었습니다. 중생은 일차적으로 내적이고 본성적인 변화입니다. 그래서 중생과 칭의를 경험한 직후에 자신의 변화를 피부로 느끼지 못 할 수도 있습니다.

인생에 변화를 느끼는 방법은 두 가지가 있습니다. 하나는 외적인 환경을 바꿔서 삶의 변화를 일으키는 방법입니다. 하지만 그것은 일시적인 방법에 불과합니다. 왜냐하면 자신의 변화되지 않은 죄악된 본성은 변화된 환경까지도 되돌릴 수 있는 강력한 오염 능력을 가지고 있기 때문입니다. 몇 년 전 좁고 오래된 집을 전문가들이 리모델링 해주는 방송을 본 적이 있습니다. 새롭게 꾸며진 집을 공개할 때는 입이 딱 벌어질 정도였습니다. 놀랍게 바뀐 집을 보고 그 집에 사는 사람은 눈물을 흘리기도 했습니다. 하지만 그 집은 오래가지 못했습니다. 언젠가 뉴스에서 그 집 사람이 집주인과 갈등을 겪고 나갔다는 기사를 본적이 있습니다. 집을 너무 지저분하게 사용한 것이 이유였습니다. 그리고는 사진을 보여 주는데, 충분히 이해되었습니다. 그 집은 불과 몇 년 사이에 쓰레기로 가득 찬 더러운 곳이 되어 있었습니다. 새롭게 장만해 주었던 가구에는 각종 스티커가 덕지덕지 붙어 있었고, 다른 가구들은 제자리를 찾지 못하고 망가져 있었습니다. 이처럼 외적인 변화는 결국 되돌아가게 됩니다. 반면에 내적이고 본성적인 변화야말로 진정한 변화이며, 실질적으로 사람이 누릴 수 있는 변화입니다. 하지만 그것을 체감하기까지 시간이 걸릴 수 있습니다.

앞서 말한 대로 본성적인 변화로 말미암아 인생의 목표가 바뀌기 시작하고, 좋아하는 것과 싫어하는 것이 변하기 시작합니다. 새로운 목표가 생겨나기도 하는데, 이는 사랑하는 새로운 대상이 생겨났기 때문입니다. 그뿐만 아니라 자신이 하나님과 화해하고, 심지어는 하나님의 자녀라는 사실을 알게 되면 세상을 바라보는 눈이 달라집니다. 세상의 유력한 사람과 비교하여 별 볼 일 없는 사람이라고 주눅 들어 살다가도, 하나님의 자녀라는 사실에 큰 힘과 자신감을 얻습니다. 그래서 이 사실을 깊이 확신하는 사람일수록 표정이 밝아지고, 안정감과 평온함을 표정에서 느낄 수밖에 없습니다. 하지만 신자가 현재 누리는 구원은 단순히 중생과 칭의를 확신하는 사람 편에서만 만들어 내는 변화는 아닙니다. 하나님은 이미 죄인과 화해하시고, 그를 자녀 삼으셨기에 실제로도 그를 모든 악과 사탄의 공격에서 보호하시고 인도하시되 모든 것이 합력하여 선을 이루도록 하십니다. 이 모든 것은 이미 과거에 일어난 구원 사건의 결과로 현재 누리게 되는 열매입니다. 이때 변화된 우리 신분을 누리고 경험하도록 우리에게 주신 핵심 수단이 바로 믿음입니다.

여기서 우리는 믿음과 관련한 중요한 사항을 깨닫게 됩니다. 먼저 하나님은 우리에게 의롭게 하는 믿음을 주십니다. 이 믿음으로 말미암아 우리는 하나님과 화해하고, 하나님의 자녀가 됩니다. 우리의 모든 죄는 실제로 용서받고 하나님은 자녀에게 주시는 특권을 우리에게 베풀기 시작하십니다. 이것은 어떤 의미에서 구원 그 자체라고도 할 수 있습니다. 왜냐하면 과거 사건이기 때문입니다. 또한 우리의 권리와 신분이 한순간에 영원히 변했기 때문입니다. 이미 우리는 믿음으로 완전한 구원을 얻었습니다. 하나님은 우리를 보고 의롭다고 선언하심으로 권리가 생겼고, 우리를 자신의 자녀로 삼으심으로 우리의 신분이 변했습니다. 이 칭의와 양자는 완전하며, 완벽한 변화입니다. 어떤 의미에서도 구원하는 믿음을 가진 신자에게 절반의 칭의와 절반의 양자는 없습니다. 그러므로 신자의 일생 가운데 경험하는 구원의 과거성이란 부르심, 칭의, 양자와 같이 구원의 완성된 측면을 의미합니다. 유효적 부르심은 반복되지 않으며, 한 번 받은 칭의는 사라지지 않고, 하나님의 자녀로 한 번 입양되면 그 신분은 취소되지 않기 때문입니다. 그러므로 모든 참된 신자는 바로 자신의 과거에 이처럼 결정적인 사건이 있었음을 알고 있으며, 이 바탕 위에 구원의 현재성을 경험하며 살아갑니다. 그러므로 토마스 굿윈은 이런 언약의 축복을 구원 그 자체라고 불렀습니다. 이처럼 부르심과 칭의와 양자와 같은 축복은 완전하며, 단회적이고, 황금사슬에 따라 최종적인 영화를 보장합니다.

구원의 현재성

예전에는 구원을 천국에 들어가는 것으로 여기는 경향이 많았습니다. 여러 가지 이유가 있겠지만, 종교를 가지는 주요한 이유 하나가 사후 세계에 대한 두려움 때문입니다. 그뿐만 아니라 어려운 시절을 살던 사람들은 종교를 현실의 고통에서 벗어나게 해 주는 수단으로 여겼는데, 현실에 별반 큰 변화가 없을 때 사람들은 그 종교를 떠나든지 아니면 남아있기 위해서는 다른 기대를 가져야만 했습니다. 그 결과 한 종교 안에 있는 사람들은 죽음 이후에 주어질 보상을 기대하는 경우가 많았습니다. 기독교 신앙도 크게 다르지 않습니다. 구원을 누리기 위해서 신앙생활을 시작했는데, 문제는 믿음으로 구원을 받고 나더라도 우리에게는 여전히 삶의 비참한 현실이 기다리고 있다는 사실입니다. 그렇다면 구원이 무슨 의미가 있을까요? 그래서 일어난 생각이 구원을 미래 사건으로 보는 것입니다. 이렇게 믿음으로 미래에 천국에 들어갈 입장권을 구했으니 이 땅에서의 삶은 인내하기만 하면 된다는 생각입니다. 이 경우 신자는 자신의 삶 속에 주어진 하나님의 뜻을 발견하지 못하며, 삶을 이원론적으로 보게 되어 세상과 분리된 채 내세만을 바라보며 현실에 불성실한 태도를 보이게 될 위험이 있습니다. 그 결과 구원의 현재성이 가지는 의미는 대폭 축소될 수밖에 없었습니다. 단순히 미래에 대한 소망을 주어서 현재의 고난을 일시적으로 인내하는데 도움을 주는 정도에 불과했습니다. 물론 이것만으로도 오늘을 살아가는 신자의 삶에 큰 도움이 될 수 있습니다. 하지만 구원의 현재성이란 현재의 고난을 이겨내는 데 도움을 주는 정도가 아니라 더 크고 위대한 하나님의 계획 속에서 감당하는 고유의 역할이 있음을 시사합니다.

그렇다면 구원의 현재성이란 참된 의미는 무엇일까요? 오늘 우리가 믿음을 통해서 얻은 구원은 나중에 누리게 되는 것이 아니라 오늘 이 순간 그 구원을 누립니다. 이는 구원이 가진 아주 특별한 본성 때문입니다. 구원이란 단순히 천국행 표를 손에 쥐여 주는 것이 아닙니다. 구원이란 우리 본성의 실제적인 변화를 포함합니다. 우리가 천국행 표를 가질 수 있는 것은 우리의 본성이 변화되었다는 사실도 중요한 역할을 합니다. 그 결과 구원받은 사람은 그리스도와 함께 이 땅에 부분적으로 임한 천국을 누릴 수 있게 됩니다. 이처럼 구원받은 신자는 본성이 변화되어 유한하고 일시적인 현세적인 즐거움을 넘어서 무한하고 영원한 영적인 실체를 바라보게 됩니다. 무엇보다 모든 선함의 기원이시며, 만복의 근원이신 하나님을 바라보되 자신의 아버지로 보며, 그리스도를 보되 자신의 신랑으로 보고, 성령님을 자신의 변호사와 인도자로 봅니다. 또한 그는 하나님의 본성이 가진 영광의 광채와 아름다움과 탁월함을 보고 누릴 수 있습니다. 이는 마치 어린아이가 주위에 있는 자연의 아름다움을 알지 못하다가 성인이 되어 어릴적 자신이 지나쳤던 자연과 만물의 아름다움을 깨닫게 되는 것과 같습니다. 음식의 맛을 모르던 사람이 음식의 맛을 즐기게 되고, 음악과 그림을 구경도 못 해봤던 사람이 음악과 그림 속에 있는 아름다움을 발견하는 것과 같습니다. 만물 속에 있는 하나님의 손길을 지각하지 못하던 자연인이 그 본성의 변화로 삶의 모든 곳에서 하나님의 자취를 발견하고 그분의 손길이 담겨 있는 위대한 아름다움을 바라보는 것은 그 자체로 구원을 누리는 것입니다.

이처럼 과거에 믿음으로 말미암아 얻은 칭의와 양자와 같은 완성된 구원의 결과로 오늘 우리는 하나님의 은혜를 경험하면서 살아갑니다. 하지만 이것이 구원의 현재성을 나타내는 전부라고 생각하면 큰 오산입니다. 이런 것들은 모두 다 과거에 얻은 구원의 열매로 우리에게 주어집니다. 하지만 구원의 현재성은 단순히 과거의 열매를 누리는 것을 넘어 현재 우리가 구원을 실질적으로 이루어가는 것을 포함합니다. 예를 들면, 다음 왕으로 지정된 세자는 왕위를 이을 자로서 많은 것을 누립니다. 사람들은 다 그를 다음 왕으로 보고 그의 신분에 합당한 대접을 하고, 왕도 그렇게 대접합니다. 하지만 그렇다고 세자가 오로지 이런 권리를 누리기만 하는 것이 아닙니다. 그는 훌륭한 왕이 되기 위해서 자신의 품성을 계발하고, 지혜와 지식을 배워야 합니다. 그리고 왕실의 법도와 통치하는 방법도 배워야 합니다. 이것도 역시 왕세자가 자신의 신분에 맞게 감당해야 하는 것입니다. 이 모든 것을 갖출 때 비로소 그는 왕이 되어서 왕으로서의 지위를 온전히 누릴 수 있게 됩니다. 마찬가지로 신자는 구원의 과거성을 누리기만 하는 것이 아닙니다. 오히려 그것을 누리기 위해서 더욱더 수고하고 이루어야 할 것이 있습니다. 이것을 우리는 이루어가는 구원 혹은 구원을 위한 '방편'이라고 부를 수 있습니다. 이것은 앞서 설명한 "구원 그 자체"를 의미하는 칭의나 양자와는 구별됩니다. 이미 언급한 대로 칭의나 양자는 이미 완전히 이루어지고 성취된 변화입니다. 신분과 권리의 변화이기 때문입니다. 하지만 구원을 위한 방편으로 불리는 축복들은 그 자체로는 완전한 구원이 아니지만, 최종적인 완전한 구원에 이르기 위해서는 꼭 필요합니다. 그렇다면 어떤 언약의 축복이 여기에 해당할까요?

먼저 우리가 흔히 말하는 성화가 있습니다. 성화는 단번에 완성되는 것이 아니기에 그 자체를 구원이라고 할 수 없습니다. 칭의와 비교해 보면 알 수 있습니다. 칭의는 완전합니다. 하지만 성화는 언제나 불완전합니다. 칭의는 그 자체로 완성되었으며 구원의 완성인 영화를 보장하기에 구원 자체와 동일시될 수 있는 반면에, 성화는 미완성된 것이기에 계속적으로 이루어 나가야 하며, 완성된 구원에 이르기까지 반드시 거쳐야 하므로 구원을 위한 방편으로써 역할을 합니다. 견인도 마찬가지입니다. 신자가 구원의 완성에 최종적으로 이를 때까지 모든 환란과 유혹을 이겨 내는 것을 의미하는 견인도 최종적인 구원에 이르기 위해서 현재 진행되고 있다는 점에서 볼 때 꼭 필요한 구원의 방편입니다. 이처럼 성화와 견인은 신자가 현재 경험하고 있다는 점에서 구원의 현재성이며, 구원의 완성에 최종적으로 이르기 위해서 필수적으로 요구되기에 구원의 방편으로 부를 수 있습니다.

구원의 미래성

구원의 미래성은 개인적 미래성과 우주적 미래성으로 나누어 생각해 볼 수 있습니다. 첫째는 개인적 미래성으로서 모든 구원 서정의 마지막인 영화(glorification)입니다. 칭의와 양자의 경우를 생각해 보면 구원은 이루어졌다고 볼 수 있습니다. 하지만 신자는 한 평생 실질적으로 더 거룩해지기 위해서 힘쓰는 성화와 모든 유혹과 환란에도 믿음을 지켜나가는 견인의 측면에서는 여전히 완성을 향해서 나아가고 있습니다. 그러므로 개인적인 의미에서 구원이 가진 미래성이란 구원 서정 가운데 신자가 경험하게 될 영화를 의미합니다. 영화는 이 땅에서 살아가는 신자에게는 언제나 미래 사건입니다. 부르심, 칭의, 양자, 성화, 견인과 같은 것은 모두 다 과거에 경험했거나 현재 경험하고 있습니다. 하지만 오직 영화만은 죽음과 더불어 일어나는 구원 서정의 최종 단계이므로 살아있는 신자 입장에서는 늘 미래에 일어날 일이 됩니다.

둘째는 우주적 미래성으로서, 영화를 통해 개인적인 구원이 성취된 이후에 경험하게 될 최종적으로 완성된 구원을 말합니다. 이 땅에서 이루어지는 구원의 역사는 영화를 마지막으로 완성됩니다. 하지만 모든 구원의 과정이 완전히 끝난 것은 아닙니다. 이게 무슨 말이냐 하면 우리의 영혼이 죽은 직후의 상태와 그리스도가 재림하심으로 이 땅에 완성될 천국에서 이르게 되는 최종적인 상태가 동일하지 않다는 뜻입니다. 거듭난 영혼이 죽게 되면 우리는 낙원에 이르게 됩니다. 하지만 분명한 사실은 이 낙원은 택자가 머물게 될 최종적인 상태는 아닙니다. 종말에 주님이 재림하실 때 우리의 영혼은 부활한 몸과 결합하여 처음 하나님이 인간을 창조하셨던 바로 그 완성된 인간성, 곧 무죄하고 완전한 영혼과 몸의 결합을 이루게 됩니다. 아니 그보다 더 탁월한 상태, 곧 죄를 지을 수 없는 상태가 되어 영혼과 새로운 몸이 결합하게 됩니다. 그리고 이렇게 완성된 상태로 인간은 영원토록 복된 새 하늘과 새 땅에서 하나님과 함께 살아갈 것입니다. 그러므로 구원의 완성은 지금까지 어떤 사람도 경험하지 못한 최종적인 상태로서 그날이 오기 전에는 항상 미래 구원으로 남아 있습니다. 그리고 이는 우리가 소망하며 영원히 누리게 될 최종적인 상태를 의미합니다. 토마스 굿윈은 우리가 죽어 영화롭게 될 때는 죄악 된 몸을 입고 살던 이 땅의 모습보다 비교할 수 없이 영화롭고 복될 것이라고 말합니다. 하지만 이 영광도 재림 이후 우리가 구원이 완전하고 최종적인 완성에 이르러 가지게 될 영광의 상태 앞에서는 그 빛을 잃어버리게 될 것이라고 말합니다.

구원하는 믿음과 구원을 돕는 믿음

우리는 앞에서 믿음을 그 대상에 따라 일반 믿음과 특별 믿음으로 구분했습니다. 일반 믿음은 성경에 기록된 모든 내용을 믿는 믿음입니다. 하지만 여기서 조심해야 할 것이 있는데, 그것은 성경의 모든 내용을 알지 못하면서 그냥 "나는 성경을 믿는다"라고 생각하면, 그것은 실질적으로 믿음의 내용이 아무것도 없는 허망한 맹목적 믿음(*fides implicita*)이라고 했습니다. 하지만 만약 성경의 내용을 모두 알고 그것을 참되게 믿는다면 어떨까요? 혹은 성경의 모든 내용을 다 알지는 못하지만, 성경의 많은 내용을 알고 있으며, 그 모든 내용을 믿을 때는 그 믿음은 구원 하는 믿음이라고 할 수 있을까요? 당연히 성경의 모든 내용을 알고 그 내용을 다 믿는다면 그의 구원은 의심할 여지가 없습니다. 그런데 종종 보면 이와 관련하여 주의를 기울여야 할 부분을 보게 됩니다. 일반적으로 신앙생활을 오래 하신 분들은 성경도 읽고, 설교도 많이 들었기 때문에 성경에 있는 내용을 많이 알고 있습니다. 하지만 정말로 우리를 구원하는 믿음의 대상과 내용에 대해서는 인식하지 못하는 경우도 적지 않습니다. 왜 이런 일이 생길까요?

우리 옛 속담에 "구슬이 서 말이라도 꿰어야 보배"라는 말이 있습니다. 아무리 좋은 정보를 많이 알고 있어도 그것이 일정한 원리에 따라 연결되지 않으면 별 의미가 없습니다. 이처럼 성경에 대한 많은 지식을 가지고 있어도 그것을 연결하여서 의미를 전달해 줄 신학적인 원리가 없으면 그 지식만으로는 영혼을 구원할 수 없습니다. 그 모든 지식을 하나로 꿰서 하나님이 성경을 통해서 우리에게 전해주고자 하시는 진리의 체계로 나아가야 합니다. 물론 이 진리의 체계가 항상 복잡하고 학문적이어야 한다는 것은 아닙니다. 학식이 풍부한 사람이나 머리가 좋은 사람만 이해할 수 있는 어떤 고도의 분석적인 사유를 해야만 구원을 받을 수 있다는 것은 더더욱 아닙니다. 하지만 하나님의 본성에 따라 우리에게 제시된 구원의 원리를 파악하지 못한다면 많은 지식이 있어도 얼마든지 울리는 꽹과리가 될 수 있습니다. 이 구원의 원리는 일자무식한 사람도 알 수 있지만, 박사학위를 가진 교수라도 모를 수 있습니다.

이와 동일한 원리가 구원에 관한 믿음의 대상과 내용에도 적용됩니다. 막연한 믿음이나 하나님의 속성에 맞지 않는 믿음의 대상을 믿는다면 그가 설령 성경을 다 외운다 하더라도 구원에 이르지 못합니다. 이제부터 우리는 앞에서 언급했던 구원 서정을 구원 자체와 구원을 위한 방편으로 구분한 후에 각각에 해당하는 믿음의 대상이 무엇인지 살펴보겠습니다.

의롭게 하는 믿음

앞에서 구원 서정을 구분하면서 부르심, 칭의, 양자와 같은 것을 구원 그 자체라고 말했습니다. 이것이 구원 그 자체라고 할 수 있는 이유는 단번에 완성되기 때문이며, 한 번 완성된 것은 결코 취소되지 않기 때문입니다. 하지만 이 중에서 부르심은 우리에게 믿음을 주기 위해서 하나님이 부르시는 행위이므로 믿음의 결과라고 하기 어렵습니다. 반면에 칭의와 양자는 믿음으로 말미암아 주어지는 것으로서 믿음의 직접적인 결과라고 말할 수 있습니다. 특히 칭의는 우리 죄악이 용서받고 그리스도의 거룩한 의가 전가되는 것으로서 하나님과의 화해와 이 화해에서 출발하는 구원의 과정의 기초가 되는 하나님의 축복입니다. 우리는 이 칭의를 가능하게 하는 믿음을 의롭게 하는 믿음이라고 부릅니다. 그리고 이 칭의의 결과로 주어지는 것이 양자, 곧 하나님의 자녀로 입양되는 것이기에 칭의를 이루는 믿음과 양자의 믿음은 동일하다고 할 수 있습니다. 둘 다 우리의 신분을 결정적으로 변화시키는 것입니다. 그렇다면 우리의 신분을 변화시키고, 우리에게 없던 하나님의 자녀라는 권리를 주는 이 믿음의 대상은 무엇일까요? 이에 대해서 앞에서 조금 다루었지만, 여기서 조금 더 살펴보겠습니다.

우리는 믿음으로 말미암아 구원을 받는다는 사실을 알고 있습니다. 그렇다면 도대체 믿음이 어떤 작동 원리로 우리를 구원할까요? 무슨 원리인지는 모르지만, 그냥 교회에서 믿음이 우리를 구원한다고 하니 우리를 구원하는 것이라고 생각합니다. 그렇다면 이것도 역시 로마 가톨릭 교회의 맹목적 신앙과 별반 다를 것이 없습니다. 이 원리를 제대로 알지 못하면 우리는 두리뭉실한 믿음을 가질 수밖에 없으므로 우리는 믿음이 우리를 어떤 방식과 원리로 구원하는지 알아야 합니다. 일단 우리가 믿음으로 말미암아 구원을 받는다는 말은 크게 두 가지로 설명할 수 있습니다. 첫째는 그리스도와의 연합이라는 관점이고, 둘째는 언약의 관점입니다.

그리스도와의 연합

많은 사람이 칼뱅 신학의 핵심이 무엇인지 궁금해하면서 나름대로 자신의 견해를 밝혀왔습니다. 어떤 사람은 칼뱅 신학의 핵심은 하나님의 주권 사상이라고 하고, 어떤 사람은 예정론이라고 합니다. 그 외에도 다양한 견해가 있습니다. 하지만 적어도 칼뱅의 구원론에 있어서 가장 중요한 개념 하나를 꼽는다면 '그리스도와의 연합'이 빠질 수 없습니다. 사실 칼뱅 뿐만 아니라 그 이후의 많은 개혁파 신학자도 그리스도와의 연합이 구원에 있어서 얼마나 중요하고 핵심적인지 잘 파악했습니다. 이 연합 사상은 이들이 생각해 낸 것이 아니라 성경이 강력하게 지지하고 있습니다. 신약 성경은 다양한 모습으로 이 연합을 설명합니다. 어떤 곳에서는 신랑과 신부의 연합으로 표현되기도 하며, 다른 곳에서는 줄기와 가지의 비유를 차용하기도 하고, 머리와 몸의 관계로 설명하기도 합니다. 그리스도와 신자의 관계에 대한 이러한 비유의 공통점이 바로 '연합'입니다.

성경이 말하는 그리스도와 신자의 연합은 우리가 자연 만물 속에서 볼 수 있는 어떤 연합과도 다릅니다. 이는 기독교 교리에 등장하는 다른 두 연합 사상 만큼이나 신비롭습니다. 삼위일체 하나님의 연합과 그리스도의 인격 안에 있는 신성과 인성의 위격적 연합은 그리스도와 신자의 연합의 기원이 됩니다. 물론 그 작동 원리가 동일하다는 것은 아닙니다. 그렇다면 이 연합의 결과가 무엇일까요? 바로 우리의 죄악이 그리스도에게로 전가되고, 그리스도의 의가 우리에게로 전가되는 것입니다. 그리스도와 신자는 연합되었기 때문에 그분의 죽음은 나의 죽음이 됩니다. 그분의 부활도 나의 부활이 되며, 그분이 계시는 곳에 우리도 함께 있게 됩니다. 우리가 마지막 날에 영화롭게 되어 그리스도와 함께 영원히 거하는 것은 원래 필연적으로 그럴 수밖에 없는 것이 아니라 그분과의 연합으로 가능하게 됩니다. 하나님은 법적으로 그리스도와 우리를 하나로 보시며, 실질적으로 그리스도의 공로와 우리의 죄가 서로에게 전가되도록 하셨습니다. 이 모든 것이 우리가 그리스도와 연합했기 때문에 가능한 것입니다. 또한 앞서 말했듯이 구원 서정 혹은 은혜 언약 안에 약속된 언약의 축복도 역시 그리스도와의 연합을 통해서 우리가 누리게 되는 선물입니다. 그러므로 그리스도와의 연합은 구원 서정 안에 있는 하나의 과정이거나 언약의 축복 가운데 하나가 아닙니다. 연합은 구원 서정 전체의 근거이며, 모든 언약 축복의 뿌리입니다. 결국 구원의 전 과정은 연합의 결과라고 할 수 있는 것입니다.

문제는 이 연합이 어떻게 일어나느냐입니다. 바로 믿음을 통해서 일어납니다. 믿음으로 말미암아 신자는 그리스도와 하나가 됩니다. 그리고 이 연합의 결과 구원의 모든 축복이 우리에게 주어지게 된 것입니다. 쉽게 말하면, 믿음은 신자를 그리스도에게 묶는 끈과 같습니다. 그렇다면 믿음에는 어떻게 이런 능력이 생기게 된 것일까요? 이것은 믿음 안에 어떤 능력이나 공로가 본래 내재되어 있기 때문이 아닙니다. 믿음 그 자체는 아무런 능력이 없습니다. 다만 하나님이 구속 언약을 통해서 믿음이 그 역할을 하도록 정하셨기 때문에 믿음은 우리를 그리스도에게 묶는 수단이 되었습니다.

은혜 언약

신자를 그리스도와 연합하게 하는 믿음의 능력은 하나님이 정하신 것이지 믿음 자체에 내재된 능력이 아니라면 믿음은 어떻게 작동하는 것일까요? 하나님이 그냥 임의로 믿음을 사용하시면 그만일까요? 물론 그렇게 하실 수도 있습니다. 하지만 하나님은 언약을 통해서 믿음을 연합의 수단으로 정하셨습니다. 그뿐만 아니라 언약을 통해서 하나님은 우리가 믿음으로 말미암아 구원의 모든 은혜를 누리게 하셨습니다. 모든 것은 하나님이 언약을 통해서 스스로 자신을 매신 결과입니다.

만물의 주재권이 하나님의 손에 있습니다. 그러므로 하나님은 온 세상을 당신의 뜻대로 하실 수 있습니다. 하지만 하나님은 이 세상을 통치하심에 있어서 언약을 맺으시고 그 언약에 스스로 매이시기를 기뻐하셨습니다. 특히 하나님은 사람과 관계를 맺으실 때 언약은 매우 중요한 역할을 합니다. 하나님은 이렇게 사람과 언약을 맺으시고 언약의 내용에 따라 자신의 행동을 제한하신 것은 사람을 향한 사랑 때문입니다. 하나님은 우리에게 약속하시고, 우리가 그 약속을 바라보며 자유의지를 사용할 수 있도록 하셨습니다. 우리는 본능에 따라 살아가는 짐승이나 자연법칙에 따라 살아가는 무생물과는 달리 이성을 가진 피조물이자, 의지를 가진 존재로서 하나님은 우리에게 일정한 자유를 허락하심으로 우리를 만물과 다른 존귀한 존재로 여기셨습니다. 하나님의 언약이 처음으로 등장하는 것은 창세기 2장입니다. 하나님은 아담에게 선악과를 먹지 말라고 명령하시면서, 아담의 순종여부에 따라 상과 벌을 정하셨습니다. 우리는 이것을 일반적으로 최초의 언약인 행위 언약이라고 부릅니다.

하지만 이 언약 이전에 하나님과 인간 사이에는 이미 행위 언약이 존재했습니다. 앞서 행위 언약에 대해서 간략하게 언급했는데, 여기서는 좀 더 구체적으로 살펴겠습니다. 하나님은 아담을 일정한 지성과 이성을 지닌 윤리적인 존재로 지으실 때, 인간이 존재하기 시작하면서 동시에 하나님과 인간의 존재론적 가치 차이에서 나오는 일정한 법이 존재했습니다. 쉽게 말하면, 선악과를 통해서 직접적이고 명시적인 명령을 통해 언약을 세우기 전에 이미 언약에 준하는 법칙이 하나님과 인간 사이에 존재했습니다.

더 쉽게 표현하면, 보통 가정에 어떤 공적인 법이 제정된 경우는 거의 없습니다. 그럼에도 불구하고 거의 모든 가정에는 상과 벌이 존재합니다. 부모가 자녀에게 상과 벌을 줍니다. 대체로 자녀들이 부모의 말에 순종했거나 불순종했을 때 상이나 벌을 받게 됩니다. 어떤 가정은 부모가 자녀에게 평소 '이렇게 해라' 혹은 '저렇게 하면 안된다'는 말을 통해서 법을 세우고 그에 따라 상과 벌을 주었기 때문에 자녀가 그 부모의 말을 법과 같이 알고 따릅니다. 하지만 자녀는 부모님에게서 어떤 구체적인 명령과 금지를 듣기 전에도, 말하자면 어떤 법도 정식으로 세워지기 전에 칭찬을 듣든지 꾸중을 듣든지 하게 됩니다. 왜 그럴까요?

우리 집에는 18개월짜리 딸이 있는데, 이 딸이 사람의 말을 알아듣기도 전에 저는 아이가 웃기만 해도 칭찬합니다. 때로는 어떤 금지 명령을 하기도 전에 아이가 어떤 못된 행동을 하면 저는 아이에게 훈계하고 벌을 줍니다. 미리 아이에게 아무런 규정도 말해주지 않았지만 그렇게 합니다. 결국 칭찬과 훈계를 통해서 규칙을 가르쳐 주는 셈입니다. 이 최초의 칭찬과 벌이 다음부터는 아이에게 암시적인 법이 되는 것입니다. 하지만 아이의 행동에 대하여 저도 모르게 나오는 이 최초의 칭찬과 훈계는 어디에서 비롯된 것일까요? 바로 제 성품과 도덕성에서 비롯됩니다. 그리고 아버지라는 천부적인 권위에서 비롯됩니다. 아이의 처지에서는 기가 막히지 않을까요? 어떤 규칙이나 법을 말해준 적도 없는데, 왜 내가 이런 행동을 하면 꾸중을 들어야 할까 하고 생각할 수 있습니다. 하지만 이유는 간단합니다. 보이지 않는 법이 있었기 때문입니다. 아빠가 딸에게 말하지 않았을 뿐, 우리 집에는 법이 있습니다. 그리고 그 법은 바로 제 성품과 도덕성에서 비롯됩니다. 저는 거짓말을 싫어하기 때문에 우리집 아이들이 처음 거짓말을 할 때 꾸중하고 회초리를 듭니다. 전에 거짓말에 대해서 경고하지 않았더라도 우리 집에는 가장이라는 권위와 거짓말을 싫어한다는 제 성품에 따라 법이 존재하고 있었던 것입니다.

하나님도 마찬가지입니다. 하나님이 친히 율법을 반포하시거나 선악과를 먹지 말라고 명령하시기 전에 인간이 존재하는 그 순간부터 하나님과 인간 사이에는 법이 존재합니다. 그것은 창조주라는 하나님의 존귀한 지위와 피조물이라는 인간의 낮은 지위의 차이와 창조주이신 하나님의 성품에서 비롯됩니다. 만약 하나님의 성품에 맞는 행동을 하면 복을 받겠지만, 하나님의 성품에 어긋나는 행동을 하면 벌을 받게 됩니다. 그런데 문제는 하나님이 자신의 법을 말씀하시지도 않고 아무

명령도 내리지 않고 언약을 세우시지도 않았는데 어떻게 하나님의 뜻을 알고 우리가 순종할 수 있느냐입니다. 아이는 부모와 시간을 보내다 보면 혼도 나면서 가정의 불문법을 배우게 되지만, 하나님과의 관계에서 인간은 그렇게 하면 안 됩니다. 왜냐하면 인간이 처음 하나님의 법을 어기는 순간 그와 그의 후손들은 영원한 심판의 대상이 되기 때문입니다. 가정에서야 자녀는 칭찬을 받고 벌을 받으며 규칙과 법을 배우지만, 하나님과 인간 사이에서는 그렇게 할 수 없습니다.

이 자연법을 어기는 것은 선악과를 통해서 세운 언약을 어기는 것과 동일한 결과를 얻습니다. 그래서 하나님은 자신의 형상을 따라 창조한 인간이 온 세상에 존재하는 하나님의 법을 알 수 있도록 하셨는데, 그것이 바로 하나님의 형상 속에 포함된 '지식'입니다. 의와 지식과 거룩을 인간에게 주어진 하나님 형상의 핵심으로 보는데, 그중에 있는 지식에는 하나님과 인간 사이의 존재론적 차이에 따라 생기게 된 자연법을 포함합니다. 결국 아담과 하와는 하나님이 선악과를 통해서 세운 행위 언약이 있기 전부터 자신의 마음에 새겨진 하나님의 법을 알고 있었고, 그 법을 즐거이 따랐던 것입니다. 이것이 바로 선악과를 통해 맺으신 행위 언약 이전에 존재했던 자연법으로서 행위 언약입니다. 신앙의 선배들은 이것은 자연 언약 혹은 창조 언약이라고도 불렀습니다.

행위 언약이란 좁게 말하면 선악과를 통해서 맺어진 언약을 가리키지만, 넓게 생각하면 인간이 창조되던 그 순간부터 존재하고 그들의 마음에 새겨졌던 자연법 자체도 행위 언약이라고 할 수 있습니다. 왜냐하면 이 자연법을 지키거나 어기게 되면 얻게 되는 결과가 선악과를 통해서 세운 행위 언약의 결과와 동일하기 때문입니다. 모든 하나님의 법을 어기게 되면 그 결과는 영원한 사망일 수밖에 없습니다. 왜냐하면 하나님은 무한히 거룩하시고, 의로 우시기에 그 죄의 결과는 당연히 무한하고 영원하기 때문입니다. 반면에 그것을 모두 지킨다면 그는 태초의 무죄한 상태를 지니고 있기에 하나님의 심판의 대상이 되지 않습니다.

하지만 아담은 선악과를 먹음으로 하나님과의 언약을 깨뜨렸습니다. 이것은 아담과의 개인적인 언약이 아니라 인류의 대표로 아담이 맺은 언약이었기에 그 결과도 아담뿐만 아니라 그의 모든 자손에게 미치게 되었습니다. 앞서 말한 대로 행위 언약을 깨뜨린 결과는 영원한 심판이며 인간으로서는 이제 더 이상 이 결과를 무효로 돌릴 수 있는 방법이 없었습니다. 여기서 우리는 위대한 모순을 발견합니다. 성경은 기본적으로 죄를 하나님의 뜻을 거스르는 것이라고 가르칩니다. 그렇다면 타락 이전의 세상은 하나님의 뜻이 완전하게 이루어졌습니다. 그 때 하나님께서 계획하신 인간의 모습은 영원한 멸망의 대상이 아니었습니다. 하나님과의 완전한 교제를 나누는 대상이었습니다. 그에게는 하나님의 형상이 있었으므로 이 사실은 더욱더 분명해집니다. 그런데 죄가 모든 것을 망가뜨렸습니다. 그렇다면 하나님의 뜻이 좌절되었다는 말일까요? 인간과 교통하려는 하나님의 창조의 목적은 중단되고 좌절되어 버린 것일까요? 그렇다면 하나님의 실패를 의미하는 것일까요? 그렇지 않습니다. 절대로 하나님의 계획이 좌절되거나 목적인 무산되는 경우는 없습니다. 그렇다면 지금 인간이 행위 언약을 어김으로 영원히 멸망 당하게 된 현실은 어떻게 설명해야 할까요? 사실 이 질문은 지극히 당연한 질문입니다. 하지만 미리 실망할 필요는 없습니다. 사람으로서는 해답이 보이지 않지만, 지혜와 권능이 무궁하신 하나님에게는 전혀 문제가 되지 않습니다. 아니 이 모든 것을 알고 계셨던 하나님은 이미 해답을 준비해 놓고 계셨습니다. 그런데 이것도 역시 언약을 통해서 이루어졌습니다.

이제 우리는 다시 시간을 거꾸로 가야 합니다. 처음 창조가 시작되던 때보다 더 전으로 갑니다. 그렇습니다. 창조 이전, 시간이 존재하기 이전, 공간도 존재하기 이전 영원한 과거로 갑니다. 만물이 존재하기 이전에, 심지어 우주라는 공간도 존재하기 이전에 유일한 존재가 있었으니 바로 성 삼위일체 하나님입니다. 성부와 성자와 성령 하나님은 그 어떤 외부와의 관계가 존재하기 전에 계셨습니다. 우리는 이것은 내재적 삼위일체(Immanent Trinity)라고 말합니다. 이 내재적 삼위일체란 오로지 삼위 하나님 안에서의 존재 방식이기에 우리가 그 존재의 본질을 파악할 수 있는 것은 거의 없습니다. 우리가 알고 경험하는 삼위일체란 소위 경륜적 삼위일체(Economic Trinity)라고 불리는 것으로서 하나님은 자신 외부의 존재와의 관계 속에서 나타나는 모습을 말합니다. 아주 쉽게 말하면, 우리가 흔히 들을 수 있는 말 중에 성부는 계획하시고, 성자는 성취하시고, 성령은 적용하신다는 말이 있습니다. 이것은 경륜적 삼위일체에 대한 설명 중에 가장 대표적인 것인데, 성부는 모든 구원을 계획하시고 작정하시며, 성자는 친히 성육신하신 후에 십자가에서 죽으심으로 구원을 성취하시고, 성령님은 성부께서 택하신 각 사람에게 믿음을 주시고, 그가 모든 구원 서정을 거치도록 하심으로 그리스도가 성취하신 구원을 각 사람에게 적용하신다는 것입니다. 바로 이것이 우리가 알 수 있는 삼위일체 하나님의 역할입니다. 그렇다면 우리가 알 수 없었던 내재적 삼위일체가 우리가 파악할 수 있는 경륜적 삼위일체로 그 모습을 드러내던 순간은 언제였을까요? 바로 하나님이 만물에 대하여 작정하던 순간입니다. 물론 이것은 시간의 흐름 속에서 일어난 것이 아니고 영원에서 일어난 사건이기에 어떤 순간으로 말하는 것이 어색하지만, 논리적인 개념으로 가정하고 그렇게 표현하는 것입니다. 같은 의미에서 '동시에' 작정과 더불어 일어난 사건으로서, 우리가 아는 경륜적 삼위일체가 본격적으로 드러나게 된 것은 바로 '구속 언약'을 통해서입니다. 이 구속 언약이라는 개념은 성경에 명시적으로 나타나지는 않지만, 창세전에 삼위 하나님 사이에 인간의 구원을 위한 일정한 논의가 있었다는 것에 대해서는 신구약 성경이 암시하고 있습니다. 예를 들면, 이 구속 언약 교리를 세우는 데 중요한 공헌을 했던 코케이우스(Johannes Cocceius, 1603–1669)라는 17세기 네덜란드 신학자는 스가랴 6장 13절에 등장하는 "평화의 의논"(council of peace)이 바로 성부와 성자 사이의 영원한 언약을 가리킨다고 보았습니다. 예수님은 자신이 이 땅에 오시기 전에 성부가 자신에게 주신 사명이 있었음을 분명하게 밝히고 있습니다(요 5, 6, 7장). 이 외에도 신구약 성경에 이러한 주장을 뒷받침하는 구절들이 더 있으므로 이 언약은 개혁파 신앙 안에서는 보편적으로 인정받고 있습니다. 그렇다면 구속 언약이란 무엇일까요?

논리적 순서에 있어서 이미 구원할 백성을 선택하신 삼위 하나님은 택한 백성을 구원할 방편을 정하셔야 했습니다. 이를 위해서 삼위 하나님은 서로 언약을 맺으셨습니다. 이때 많은 신학자는 성부와 성자만이 이 언약의 당사자라고 말하지만, 더러는 성령도 이 언약에 참여하셨다고 주장하기도 합니다. 하지만 이 언약의 핵심은 택자를 어떻게 구원할 것인가에 있었으며, 그 내용은 성자가 택자를 대신해서 십자가에서 죽으시고, 그 모든 공로를 택자에게 전가시키는 방법이었습니다. 특별히 이 언약에서는 그 방편도 정해졌는데, 바로 믿음을 통해서 그리스도의 공로가 택자에게 전가되도록 하셨습니다. 그리고 믿는 자를 그리스도의 죽음으로 말미암는 은혜 언약 안에 들어가게 해서 그 안에 준비된 모든 축복을 누리게 하셨습니다. 이때 성령님은 이 언약의 모든 결과를 각각의 택자에게 적용하는 역할을 맡으셨습니다. 이 내용에 대해서 토마스 굿윈은 다음과 같이 설명합니다.

처음 인간이 창조될 때 하나님은 그저 "우리가 사람을 만들자"라고 하셨다. 어떤 사람은 이것이 단순히 창조를 넘어서 더 멀리 본 것이라고 말한다. 이 의논(구속 언약)은 마치 삼위일체 하나님이 앞에 있는 어떤 작품을 만들듯이, 각 위격이 어떤 특별한 보살핌을 베풀어서 그를 복음의 상태에까지 인도해야 했는지를 보여준다. 성부께서 "내가 그를 선택할 것이다. 하지만 그는 타락할 것이다. 그리고 그에게 내가 계획했던 사랑에 그는 미치지 못할 것이다"라고 말씀하셨다. 그러자 성자께서는 "제가 그들의 잃어버린 상태에서 그들을 구속하겠습니다. 하지만 그는 타락한 상태이기 때문에 그 은혜와 그 은혜의 제공을 거부할 것이고 멸시할 것입니다"라고 말씀하셨다. 이에 성령께서 나서서 "그러므로 제가 그를 거룩하게 하겠습니다. 그리고 그의 불의를 이겨내고 그가 은혜를 받아들이도록 만들겠습니다"라고 말씀하셨다. 그에 대한 이런 의논을 마치고, 삼위 하나님은 "우리가 그를 만들자"라고 말씀하신 후에 그를 만들었다. 그리고 이 모든 것을 그를 위하여 다 하셨다.

물론 위의 대화는 굿윈이 우리의 이해를 돕기 위해서 구속 언약 속에서 삼위 하나님의 역할을 상상으로 만들어 낸 것입니다. 하지만 이 영원한 언약의 순간은 내재적 삼위일체 하나님이 드디어 우리에게 처음으로 그 모습을 드러내는 순간이었습니다. 물론 시간적인 의미는 아닙니다. 시간을 초월한 영원 속에서 일어난 것입니다. 성부와 성자와 성령이 우리를 위하여 어떤 영광스러운 사역을 하실지 그리고 어떻게 하실지 이 언약에서 확정되었습니다. 바로 구속 언약 안에서 우리가 은혜 언약이라고 부르는 방법으로 하나님은 자기 백성을 구원하기로 하셨던 것입니다. 그리고 은혜 언약에 들어가는 수단으로서 믿음이 정해진 것도 구속 언약입니다.

은혜 언약은 구속 언약에서 정해진 내용이 실제로 시간 속에서 창세 이후에 펼쳐진 것입니다. 구속 언약에서 성자는 성부에게 성육신하여 우리의 죄를 지고 십자가에서 죽으시기로 한 그대로 이 땅에 오셨습니다. 그리고 성부도 역시 구속 언약에서 정한 대로 그리스도의 순종으로 말미암은 모든 공로를 자신이 택한 백성의 것으로 삼으셨습니다. 그리고 그 방편은 그리스도와의 연합입니다. 우리를 그리스도와 연합시켜 한 몸으로 만드심으로 그리스도에게 속한 것이 우리의 것이 되도록 하셨습니다. 그리스도는 인성으로 이루신 모든 것을 우리와 공유하십니다. 그분의 죽음도, 그분의 부활도, 그분의 의도 그리고 그분의 거룩함도 우리는 공유합니다. 그뿐만 아니라 앞에서 말한 대로 이 연합을 이루는 수단은 믿음입니다.

그렇다면 이제 우리는 은혜 언약을 정확하게 살펴보겠습니다. 많은 사람이 구속 언약과 은혜 언약을 구분하지 못합니다. 또 은혜 언약이라는 말은 많이 들었지만, 실제로 이 언약이 의미하는 바가 무엇인지 잘 이해하지 못하기도 합니다. 하지만 은혜 언약을 모른다는 것은 우리의 구원이 어떻게 주어지는지 모른다는 말과 같습니다. 물론 '예수를 믿으면 구원받는다'는 말은 사실입니다. 하지만 이 말은 너무나 다양하게 해석될 수 있기에 반드시 구체적인 의미를 살펴야 합니다. 만약 교회의 지도자가 이것을 구체화하지 않고 이 말을 선언하기만 한다면 그것은 심히 무책임한 일입니다. 왜냐하면 사람들은 이 말을 각자 자기 생각대로 해석하고 결국 예수님이 누구신지, 예수님의 무엇을 믿어야 한다는 것인지 아니면 믿는다는 것은 무엇인지 몰라 멸망하는 이들이 많을 것이기 때문입니다. 이는 마치 성도의 영혼을 놓고 도박하는 것과도 별반 다르지 않습니다. 운이 좋아서 제대로 이해하면 구원에 이를 것이고, 만약 그렇지 못하면 할 수 없다는 태도는 결코 목사를 비롯한 교회의 지도자가 가져야 할 태도가 아닙니다.

그런데 바로 '예수를 믿으면 구원을 받는다'는 이 명제가 가리키는 것이 은혜 언약입니다. 그러므로 은혜 언약의 원리를 안다는 것은 예수님을 믿고 구원받는 원리를 알 뿐만 아니라, 우리의 구원을 견고히 하며 그 안에서 더 큰 확신을 누릴 수 있는 길을 안다는 것을 의미합니다. 더 이상 무엇을 믿어야 하는지, 왜 믿어야 하는지 방황하지 않고 우리가 바라보아야 할 믿음의 대상과 내용을 분명하게 바라볼 수 있다는 말입니다.

앞서 말한 대로 은혜 언약이란 구속 언약이 이 세상 속에서 시행되는 것입니다. 그러므로 구속 언약이 삼위일체 하나님 사이에서, 특히 성부와 성자 사이에서 맺어진 언약이라면, 은혜 언약은 삼위 하나님과 택자 사이에 맺어진 언약입니다. 하지만 택자가 언약의 당사자라는 말은 행위 언약의 경우와는 전혀 다른 의미를 가집니다. 행위 언약에서는 택자가 스스로의 힘으로 하나님의 명령을 지켜야 했습니다. 자신이 언약의 조건을 성취해야 했습니다. 하지만 은혜 언약은 하나님이 이 일을 감당하십니다. 그럼에도 불구하고 은혜 언약의 한쪽 당사자가 택자인 이유는 그의 능력에 언약의 성취가 달려 있기 때문이 아니라, 이 언약으로 말미암아 얻는 유익을 얻는 대상이 택자이기 때문입니다. 그러나 더 중요한 것은 택자의 행위가 언약의 조건을 성취하는 데 있어서 완전히 배제되지 않고 결정적인 역할을 감당한다는 사실입니다. 이 부분은 매우 조심스럽게 접근해야 합니다. 왜냐하면 혹시라도 택자의 행위가 공로로서 은혜 언약의 조건이라는 의미가 조금이라도 있다면 그것은 다시 은혜 언약을 행위 언약으로 만들어 버리기 때문입니다. 그렇다면 택자는 이 언약에서 무엇을 하는 것일까요? 믿는 일을 합니다. 이 언약 관계 안에 들어가기 위해서는 택자의 믿음이 필요합니다. 다른 누구도 아니고 언약의 당사자인 택자가 예수 그리스도를 믿어야 합니다. 하지만 이 믿음은 택자의 고유한 행위가 아닙니다. 그리고 이 믿음 자체에 어떤 의미의 공로도 없습니다. 이 믿음마저도 하나님이 주시는 선물이며, 이 믿음이 은혜 언약의 조건이 되는 것은 오직 그것을 구속 언약에서 결정하셨기 때문입니다. 여기서 아르미니우스주의와 개혁주의가 나뉩니다. 아르미니우스주의는 믿음은 인간의 행위로서 그 자체에 공로가 있다고 합니다. 반면에 개혁주의는 믿음은 하나님의 선물이며, 그 행위 자체는 내재적인 공로가 없다고 합니다. 그래서 언약의 은혜성이 온전히 유지될 수 있는 것입니다.

그렇다면 예수 그리스도를 어떻게 믿어야 할까요? 그분의 무엇을 믿어야 할까요? 구속 언약에 따라 성육신하시고, 택자를 위해 모든 죄의 짐을 짊어지고 죽으셨다가 부활하신 예수 그리스도의 모든 순종이 바로 우리를 위한 것임을 믿어야 합니다. 그분이 우리의 자리에 오셔서 우리가 담당해야 할 모든 죄와 그에 따른 심판을 담당하셨다는 사실을 믿어야 합니다. 앞에서 자세하게 설명했듯이 그분이 왜 참 하나님과 참 인간이셔야만 했는지 알고 믿어야 합니다. 그리고 이 땅에서 어떤 직분을 가지고 어떤 역할을 하셨는지 알고 믿어야 합니다. 그리고 이 직분을 감당하기 위해서 한 인격 안에 신성과 인성이라는 두 본성이 왜 연합되어 있어야 하는지 알아야 합니다. 다시 말하면, 참된 선지자와 왕과 제사장으로서 그리스도의 사역의 의미가 무엇인지 알고 믿어야 합니다. 바로 그때 우리는 하나님과의 은혜 언약으로 들어가게 됩니다. 예수님에 관한 다른 것이 아니라 이와 같은 사실을 분명히 믿어야 합니다. 그리스도는 나사렛에서 태어나셨다는 것을 믿는 것이 아니라, 그분의 어머니가 마리아라는 사실이 아니라, 그분이 오병이어를 일으키셨다는 그 사실 자체가 아니라, 바로 이와 같은 사실을 믿어야 합니다. 이처럼 은혜 언약에 믿음이 꼭 필요하다는 의미에서 믿음은 이 언약의 조건이라고 할 수 있습니다.

하지만 만약 우리 자신의 힘으로 믿어서 이 언약에 들어가고 또 믿다가 믿지 않을 경우 다시 이 언약에서 탈락하게 된다면, 이 언약은 또 하나의 행위 언약일 뿐입니다. 아담이 자기 힘으로 율법을 지켜서 성취하려고 했다가 실패했던 바로 그 언약 말입니다. 그러나 이것이 은혜로운 언약인 이유는 첫째, 이 믿음이 우리가 만들어 내는 것이 아니라 성령님이 주시는 것이기 때문입니다. 둘째로 이 믿음 자체에 어떤 공로도 없이 하나님이 구속 언약에 따라 정하셨기 때문입니다. 마지막으로 은혜 언약 안에 들어간 사람은 그 믿음이 사라지는 법이 없고 은혜 언약에서 탈락하는 법이 없기 때문입니다.

요약하면, 하나님과 인간 사이에 여전히 존재하는 행위 언약은 율법의 완전한 성취를 조건으로 합니다. 이 행위 언약은 아담이 파기했으나 하나님과 인간 사이에서는 결코 사라지지 않습니다. 왜냐하면 두 존재의 존재론적 차이에서 필연적으로 있을 수밖에 없는 법이기 때문입니다. 다만 그리스도가 이 행위 언약을 우리를 대신하여 성취하셨으므로, 이제 우리는 그리스도의 공로를 나의 것으로 만들면 하나님과 화목하게 될 수 있습니다. 우리가 구원받기 위해서 반드시 성취해야 하는 것은 바로 행위 언약입니다. 이것이 어떻게든 그 공로를 나의 것으로 만들어야 하는 이유입니다. 그런데 인간의 힘으로는 절대 불가능합니다. 바로 이 불가능한 것을 은혜 언약은 가능하게 해 줍니다. 쉽게 말하면, 은혜 언약이라는 것은 우리가 행위 언약을 성취하는 방법으로서, 심히 뻔뻔하고 면목이 없기는 하지만 그리스도가 말할 수 없는 고난을 통해 성취하신 행위 언약의 완성을 우리의 것으로 만드는 원리입니다. 오직 믿음으로 말미암아 그리스도와 연합되어 우리는 그분이 성취하신 행위 언약의 완성을 누리게 됩니다. 결국 하나님은 우리에게 이렇게 말씀하시는 셈입니다. '내 사랑하는 아들아, 내 아들 예수 그리스도가 행위언약을 다 이룰 것이니, 너는 그를 믿음으로 그와 연합하라. 그러면 예수 그리스도가 한 모든 공로를 너의 것으로 인정해 줄게.'

그런데 이것은 당연히 그렇게 되는 것이 아닙니다. 예수님이 죽으신다고 그분의 모든 공로가 자연적으로 나의 것이 되지 않습니다. 이는 언약이라는 원리를 통해서 가능합니다. 그 방편이 믿음인 것도 언약으로만 가능합니다. 왜냐하면 하나님이 믿음을 수단으로 사용하겠다고 약속하지 않으셨으면 믿음이 우리를 그리스도와 연합시킬 수 없기 때문입니다. 그런 의미에서 그리스도를 은혜 언약의 중보자라고 부릅니다. 그리스도가 행위 언약을 성취하시고, 우리와 한 몸이 되지 않으신다면 우리는 하나님과 화해할 수 없습니다. 우리의 믿음도 헛것이 됩니다. 하지만 구속 언약을 따라 그리스도가 그 모든 일을 감당하셨기 때문에 그분 안에서 우리의 믿음과 우리의 모든 순종이 의미를 가지게 되었습니다. 그러므로 그리스도는 우리가 하나님과 은혜 언약을 통해서 화해를 하도록 중간에 서서 중매하셨던 참된 중보자이십니다.

구속 언약은 삼위일체 하나님이 인간을 구원하기 위해서 상호 간에 맺으신 언약입니다. 반면에 은혜 언약은 삼위일체 하나님과 택자 사이에 맺어진 언약으로서 이 언약에는 반드시 그리스도가 중보자가 되셔야 했습니다. 구속 언약에서 은혜 언약의 내용이 결정되었고, 그리스도는 그에 따라 중보자의 직을 행하셨습니다.

의롭게 하는 믿음

믿음은 택자가 하나님과 은혜 언약을 맺는데 꼭 필요한 조건이자 하나님이 정하신 수단으로서, 하나님은 믿음으로 택자를 그리스도와 연합하게 하여 그 언약 안에 들어가게 합니다. 이렇게 믿음은 우리의 구원과 밀접하고 직접적인 관계를 가지고 있습니다. 지금까지 우리는 구원을 세 가지 관점에서 살펴보았습니다. 가장 먼저 구원 서정의 측면에서 살펴보았고, 둘째로 그리스도와의 연합의 관점에서 살펴보았으며, 마지막으로 언약의 관점에서 살펴보았습니다. 이 셋은 단순히 구원을 보는 하나의 관점이 아니라 실제로 하나님께서 역사하시는 방식입니다. 하나님은 이 중 어떤 한 가지 방법으로 우리를 구원하는 것이 아니라 이 세 가지 모두가 신자의 구원에 적용됩니다. 그러므로 이 세 가지 관점은 서로 밀접하게 연결되어 있습니다. 그렇다면 이 셋을 하나로 이어주는 것은 무엇일까요? 바로 믿음입니다. 그러므로 우리가 믿음으로 구원을 받는다고 할 때 이 말속에는 구원 서정과 그리스도와의 연합과 언약의 원리가 동시에 작동하고 있으며, 믿음이 이 세 원리가 적절하게 작동하게 하는 중요한 수단입니다.

그런데 여기서 우리가 반드시 고려해야 하는 사항이 있습니다. 보통 믿으면 구원받는다고 할 때, 사람들은 최초의 믿음에 대해서 생각합니다. 특히 장로교와 같은 개혁파 신학의 영향 속에서 배운 사람들은 한 번 구원은 영원한 구원이라는 생각을 가지게 되었습니다. 물론 이 말이 틀린 말은 아니지만 고려해야 할 사항이 아주 많습니다. 이런 생각을 가진 사람에게 믿음이란 처음 예수님을 믿을 때만 사용하고 그 이후에는 구원을 받았으니 이 세상의 삶에 어려움이 닥치거나 하나님에게 요구하고 싶은 것이 있을 때나 꺼내서 쓰는 것이라고 생각하는 경향이 많습니다. 쉽게 말하면, 믿음을 구원의 수단으로 사용하는 경우는 처음 믿을 때뿐이고, 나머지는 구원과는 상관없이 삶을 윤택하게 하는 도구쯤으로 여깁니다. 아니면 어떤 이들은 처음 예수님을 믿었던 수십 년 전의 기억만을 간직한 채 그 이후로는 믿음을 거의 사용하지 않고도 한번 구원은 영원한 구원이라는 문구만을 믿고 죽음에 이르는 경우도 많습니다. 이때 믿음은 중보자이신 그리스도를 바라보는 것이 아니라 "한번 구원은 영원한 구원"이라는 두리뭉실하고 어쩌면 공허할 수도 있는 구호를 그 대상으로 삼습니다. 하지만 반드시 기억해야 할 사실은 은혜 언약의 중보자이신 그리스도가 아니고서는 그 어떤 믿음의 대상도 죄인을 구원할 수 없다는 것입니다.

믿음은 구원이 시작될 때만 사용되는 것이 아닙니다. 쉽게 말하면 믿음은 칭의와 같이 우리에게 단번에 변화된 신분이나 자격을 줄 때만 필요한 것이 아니라는 말씀입니다. 믿음은 성화와 견인과 같이 구원을 위한 방편이 되는 축복을 누리는 데에도 절대적으로 필요합니다. 칭의의 믿음은 성화의 믿음과 동일하며, 이 믿음은 반복적으로 일상에서 사용되어야 합니다. 바꿔 말하면, 성화의 믿음이 없는 사람은 칭의의 믿음도 시작된 적이 없고, 칭의의 믿음이 있는 사람은 성화의 믿음도 역사할 수밖에 없습니다. 이를 언약적으로 표현하면 처음 믿음으로 언약에 들어온 사람은 계속에서 그 언약 안에 있어야 하는데, 이때도 반드시 믿음이 있어야 합니다. 비슷한 의미로 한번 그리스도와 믿음으로 연합된 사람은 역시 믿음으로 그 연합을 유지합니다. 이렇게 믿음은 우리의 구원의 모든 과정에 한순간도 빠짐없이 적극적으로 참여합니다. 하지만 칭의의 믿음과 성화의 믿음을 굳이 구분한다면 신자의 신앙에 도움이 되는 차이점도 발견할 수 있습니다.

먼저 칭의의 믿음을 보겠습니다. 우리는 이미 우리의 믿음을 특별 믿음과 일반 믿음으로 구분했습니다. 이때 핵심이 된 것은 바로 믿음의 대상이었습니다. 먼저 믿음과 대상과의 관계를 살펴보는 것이 중요합니다. 왜냐하면 우리가 믿는 대상이 무엇인가에 따라 그 믿음의 효력이 천차만별이기 때문입니다. 아무렇게나 믿으면 되는 것이 아니라 정확한 대상을 믿어야 구원을 얻을 수 있습니다. 사실 믿음은 그 자체로는 아무것도 아니라고 했습니다. 앞서 말한대로 믿음 자체에는 어떤 구원을 가능하게 하는 가치나 능력도 없습니다. 그래서 우리는 믿음을 수단이라고 했습니다. 무엇을 위한 수단일까요? 믿음은 구원의 근거가 되는 예수 그리스도의 공로를 우리에게 전달하는 수단입니다. 그분의 의로우심을 우리에게 전가시켜 주는 수단입니다. 여기서 주의해야 할 것은 우리를 구원하는 것은 믿음이 아니라 그리스도의 공로라는 사실입니다. 하나님은 우리의 믿음을 보고 의롭다 하시는 것이 아니라 그 믿음을 통해서 우리에게 전가된 그리스도의 공로를 보고 의롭다 하십니다. 혹은 그 믿음으로 말미암아 우리가 그리스도와 연합되어 있기에 그리스도의 공로를 우리의 것으로 보시기 때문입니다.

좀 더 쉽게 설명해 보겠습니다. 여기에 갈증이 나서 물을 찾아 헤매는 사람이 있습니다. 그 사람의 갈증을 풀어주는 것은 바로 물입니다. 하지만 근처에 있는 저수지에 아무리 물이 많이 있다고 하더라도 집에서는 결코 그 물을 먹을 수가 없습니다. 그러니 여전히 갈증은 해갈되지 않습니다. 이때 필요한 것이 수도관입니다. 수도관은 수원지와 연결되어서 가정에 있는 우리에게 물을 공급합니다. 수도관은 우리의 갈증을 풀기에는 꼭 필요하지만, 수도관을 먹는다고 해서 갈증이 해결되는 것은 아닙니다. 의에 주린 우리를 의롭게 하는 것은 그리스도의 공로이며, 그리스도의 의입니다. 하지만 그것이 나에게로 오는 것은 오직 믿음으로만 가능합니다. 그래서 믿음은 우리의 구원에 꼭 필요합니다. 그렇지만 수도관을 먹는다고 갈증이 해갈되지 않듯이, 믿음 그 자체는 우리를 의롭게 하지 못합니다. 수도관으로 물을 먹을 때 우리의 마른 목을 축이는 화학적이고 생리적인 작용은 수도관이 아니라 물이 하듯이, 우리의 죄를 용서하고 우리를 의롭게 하는 영적인 화학 작용은 믿음이 아니라 그 믿음을 통해서 전달되는 그리스도의 의가 하는 일입니다. 결국 수도관이 물을 우리에게 전달해 주는 수단이 되듯, 믿음은 이 공로와 의를 우리에게 전달하는 수단이 되는 것입니다. 그러므로 믿음의 수도관이 어떤 대상에 연결되어 있는가는 말할 수 없이 중요합니다. 왜냐하면 믿음의 능력은 그 믿음이 전달해 주는 그 대상에게서 나오기 때문입니다.

특별한 대상을 믿으면 특별 믿음이고, 일반적인 대상을 믿으면 일반 믿음입니다. 여기서 특별한 대상이란 하나님의 자비와 은혜 그리고 예수 그리스도라고 했습니다. 그리고 우리는 이것을 의롭게 하는 믿음의 대상이라고 불렀습니다. 반면에 일반 믿음의 대상은 성경에 나온 모든 내용, 특히 하나님의 속성과 역사에 대한 모든 내용이라고 했습니다. 그러므로 정말로 성경의 내용을 그대로 다 믿는다면, 최고의 신앙은 바로 일반 믿음입니다. 하지만 현실은 그렇지 않습니다. 일반 믿음이란 말 그대로 너무나도 일반적인 믿음이기에 스스로 일반 믿음을 가졌다고 생각하는 사람 중에는 실제로 그렇지 않고 오히려 성경에 무지한 채로 자신을 오해하고 있는 사람이 많다고 했습니다. 성경에 어떤 내용이 있는지도 모르면서 나는 성경을 다 믿는다는 말은 로마 가톨릭 교회의 맹목적 믿음(implicit faith)와 같은 것이라고 했습니다. 어떤 사람은 일반 믿음과 특별 믿음을 구분하는 것은 지나치다고 생각할 수도 있습니다. 사실 현실에서 우리가 믿을 때 이 둘은 엄밀하게 나누어서 믿는 사람은 없습니다. 이 둘은 서로 혼합되어 있습니다. 그럼에도 불구하고 이러한 구분은 가치가 있습니다.

특별 믿음이란 하나님의 자비와 하나님의 은혜와 예수 그리스도에 대한 믿음입니다. 이 특별 믿음의 세 가지 대상이 알려주는 사실은 예수 그리스도의 능동적 순종과 수동적 순종을 통한 율법의 완성이 우리에게 전가되어 하나님의 진노를 누그러뜨리는 일을 했다는 것입니다. 결국 하나님 편에서 우리를 향한 모든 진노가 이렇게 사라지게 되었습니다. 하지만 하나님은 우리를 강제로 이끄시지는 않습니다. 하나님과 우리가 언약으로 맺어지고, 그리스도와 우리가 연합하기 위해서는 하나님 편에서만 우리를 향한 진노가 사라진다고 되는 것이 아니라 우리 편에서도 하나님을 향한 두려움이 사라져야 합니다. 화해는 양편에서 일어나야 합니다. 그러므로 이 특별 믿음의 대상에는 하나님의 자비와 은혜가 반드시 포함되어야 합니다. 물론 이 둘은 그리스도 안에서 가장 분명히 나타난다는 사실은 말할 것도 없습니다. 이처럼 믿음으로 말미암아 하나님과 죄인 사이에 있던 모든 담이 무너진 사실이 우리에게 적용될 때, 그리스도와의 참된 연합이 일어나며, 그로 말미암아 은혜 언약이 성립됩니다. 결국 우리를 의롭게 하는 믿음은 우리를 하나님에게 이끄는 믿음이며 이 믿음은 성경의 모든 진리와 하나님의 성품 중에서도 바로 하나님의 자비와 은혜와 그리스도를 바라보는 믿음입니다. 이 내용을 제외하고 다른 것을 믿는다면 그는 하나님에게 나아갈 수 없습니다. 그러므로 그 믿음은 우리를 의롭게 하지 못할 것입니다.

만약 우리의 믿음이 하나님의 자비하심을 바라보지 못한 채 하나님의 공의로우심과 전능하심에만 연결되면 죄인이 그 하나님께로 나갈 수 있을까요? 오히려 그런 믿음은 가지면 가질수록 하나님에게서 멀어질 수밖에 없습니다. 그런데 어떻게 그리스도와 하나가 될 수 있을까요? 하나가 될 수 없다면 어떻게 의롭게 될 수 있을까요? 이 믿음은 우리를 그리스도와 하나로 묶어 줄 수가 없습니다. 그러므로 하나님의 자비하신 성품을 붙들어야 합니다. 출애굽기 34장에 "여호와라 여호와라 자비롭고 은혜롭고 노하기를 더디하고 인자와 진실이 많은 하나님이라"(6절)라고 말합니다. 하나님은 다시 이스라엘과 함께 가시는 하나님입니다. 죄를 범한 이들을 용서하시고 그들과 함께 가시는 하나님이십니다. 출애굽기 34장에서 송아지 우상을 만들고 섬긴 죄악된 이스라엘 백성들을 용서하실 때 하나님은 자신을 자비가 무궁하신 분으로 소개하십니다. 그 패역한 죄악을 범한 이스라엘을 용서하시고 그들과 함께 마침내 가나안땅으로 들어가신 하나님이 바로 의롭게 하는 믿음의 대상입니다. 우리와 같이 죄악 된 존재라도 언제든지 하나님에게 돌아서기만 하면 받아주시는 하나님의 무한하신 자비하심 그리고 자격이 없는 우리에게 용서라는 선물을 주시고 우리에게 모든 귀한 것을 넘치도록 주시는 하나님의 은혜 그리고 그 모든 자비와 은혜의 절정이신 예수 그리스도, 바로 이것이 의롭게 하는 믿음의 대상입니다.

이 하나님을 믿을 때 우리는 하나님과 동행할 수 있습니다. 단순히 하나님이 존재하신다는 믿음이 우리를 하나님에게 이끌지 못합니다. 하나님이 전능하신 분이라는 믿음도 마찬가지입니다. 하나님이 모든 것을 알고 계신다는 믿음도 마찬가지고, 하나님이 성경의 모든 기적을 일으키셨다는 믿음도 다 못하기는 마찬가지입니다. 하나님의 은혜와 자비와 그리스도에 대한 믿음만이 우리를 의롭게 합니다. 주님이 물 위를 걸으시는 것을 믿으면 우리가 하나님을 바로 볼 수 있을까요? 우리의 죄악 됨이 물 위를 걸으시는 주님을 바라본다고 무슨 수로 해결될 수 있을까요?

마치 무단으로 가출을 하고 나와서 부모님에게 큰 죄를 범하고는 차마 두려움과 죄송함 때문에 부모님에게 다시 돌아가지 못하는 아이에게 이웃집 아저씨가 나타나서 "애야, 빨리 집에 들어가야지. 너희 아버지가 얼마나 고위직에 있는지 알잖아. 너희 아버지는 사장님이잖아. 재산이 많아. 그리고 얼마나 무서운 분인지 아니? 그러니 빨리 집에 들어가"라고 말하는 것과 같습니다. 그런 것은 아이의 두려움을 달래는데 아무런 도움이 되지 않습니다. 안 그래도 무서워서 못 가는 아이를 더 집에서 멀어지게 할 뿐입니다. 그때는 그 부모가 날마다 집 앞에서 그 아이를 얼마나 기다리고 있는지를 알려줘야 합니다. 부모님가 그 아이를 이미 용서한 것을 그리고 얼마나 애타게 기다리고 있는지를 알려줘야 합니다. 부모의 용서와 자비가 얼마나 큰지 알려줘야 됩니다. 무엇보다 그 부모가 지금 그 아이를 얼마나 그리워하고 있는지 그래서 너를 찾기 위해서 자신의 가장 귀한 것도 다 포기하고 있다고 알려줘야 합니다. 그래야 그 아이는 돌아갈 수 있습니다. 하나님에 대한 믿음도 이와 동일합니다.

　그리스도는 우리를 향한 하나님 아버지의 사랑의 증거입니다. 로마서 5장 8절은 "우리가 아직 죄인 되었을 때 그리스도께서 우리를 위하여 죽으심으로 하나님께서 우리에게 대한 자기의 사랑을 확증하셨느니라"고 말합니다. 성경은 하나님이 얼마나 자비로우신지, 은혜가 풍성하셔서 회개하는 자를 용서할 준비가 되어 계신 분임을 알려줍니다. 하나님에게 가기만 하면 됩니다. 그 증거가 무엇입니까? 예수 그리스도 자신입니다. 예수 그리스도는 인간이 되신 하나님이십니다. 죄인인 우리의 자리에 서시기 위해 우리의 모든 죄과를 담당하시기 위해서 인간이 되신 하나님이십니다. 그분은 죽기 위해서 오셨습니다. 그분의 일생은 한 순간도 자신을 위한 것이 없었습니다. 그리스도의 삶의 모든 부분은 자신이 택한 백성을 위한 것이었습니다. 그분이 이 땅에서 쉬셨던 단 하나의 호흡도 자신의 생명을 유지하시기 위한 것이 아니었습니다. 오직 우리를 위해서 사셨던 분입니다. 그러니 그분이 십자가에 죽으신 것을 볼 때 우리는 하나님에게 나아갈 담력을 얻게 됩니다. 죄가 없으신 분이 죽어야 했던 유일한 이유는 바로 우리의 죄를 대신 지고 가셔야 했기 때문입니다.

　그러기에 의롭게 하는 믿음은 언제 어디서나 우리를 하나님에게 이끕니다. 우리가 처음 의롭게 될 때 뿐만 아니라 그 후에 신자가 되어서도 우리가 죄를 범할 때마다 바로 이 믿음에 의지하여 하나님에게 나가는 것입니다. 나의 부족함, 나의 연약함, 믿음으로 살지 못하는 모습, 범죄하는 모습, 이런 모든 경우에 우리는 바로 이 믿음에 의지하여 두 손 들고 주님에게 나아갑니다.

우리를 구원하는 믿음의 대상은 하나님이 계신 것을 믿는 것이 아닙니다. 하나님의 능력을 믿는 것도 아닙니다. 그렇다고 막연히 성경에 나오는 모든 내용을 그냥 다 믿으면 된다고 말하는 것은 더욱 위험합니다. 우리를 의롭게 하는 믿음은 죄인을 하나님에게 인도해 주는 대상을 바라봅니다. 바로 하나님의 값없는 은혜요 그분의 자비하심입니다. 이것이 의롭게 하는 믿음의 대상입니다. 무엇보다 그 모든 은혜와 자비가 집약된 예수 그리스도가 그 믿음의 대상입니다. 하나님은 예수 그리스도 안에서 우리에게 모든 용서와 자비를 약속하셨습니다. 그러므로 성경의 수많은 내용 중에, 하나님의 수많은 성품 중에 우리를 의롭게 하는 대상은 바로 이것들이라는 사실을 잊어서는 결코 안 됩니다.

성화와 견인의 믿음

하나님의 은혜와 자비 그리고 예수 그리스도가 우리를 의롭게 하는 특별 믿음의 대상이라면, 성경에 나오는 다른 것들은 믿음의 대상이 아니냐고 물을 수 있습니다. 저는 지금까지 하나님이 홍해를 가르셨다는 사실을 믿었는데, 그럼 이것은 우리를 구원하는 믿음과 상관없다는 말일까요? 만약 그렇다면 성경에 나오는 그 수많은 이야기를 왜 우리는 주일 학교 어린이에게 가르칠까요? 당연히 이와 같은 의문이 일어날 것입니다. 먼저 이 질문에 대답부터 하자면, 전혀 그렇지 않다고 말하겠습니다. 이와 같은 일반적인 믿음의 대상을 바라보는 믿음도 말할 것 없이 우리의 구원과 밀접한 관계를 가지고 있습니다. 하지만 굳이 분류하자면 특별 믿음의 대상과는 다른 방식으로 우리의 구원에 절대적으로 필요한 내용입니다. 우리는 이와 같은 믿음은 일반적 대상을 향한 믿음이므로 일반 믿음이라고 이미 앞에서 말했습니다.

특별 믿음이 하나님과 죄인 사이에 놓인 담을 무너뜨리고 관계를 회복하는데 직접적인 역할을 한다면, 그 외에 성경에 기록된 진리, 특히 하나님의 다른 성품과 역사에 대한 일반 믿음은 우리에게 하나님을 더욱 굳세게 붙들 수 있는 강력한 동기를 제공합니다. 예를 들면, 천지 창조를 통해서 나타난 하나님의 주권과 능력은 칭의를 받지 못한 죄인에게는 두려움의 대상이지만, 이미 의롭게 된 사람에게는 새로운 힘과 용기를 제공합니다. 의롭게 하는 믿음을 가지지 못한 사람에게 하나님의 지식과 지혜는 숨길 수 없는 자신의 모든 죄악을 들추어 내는 검사의 완전한 기소장이지만, 회심하여 의롭게 된 신자는 자신이 살아가는 시대가 아무리 칠흑같이 어두워도 하나님의 지혜를 믿기에 믿음을 쫓아가는 그 길이 가장 복된 길임을 의심하지 않습니다. 하나님의 공의는 세상의 기준이 아니라, 하나님의 뜻을 가슴에 품고 사는 자에게는 항상 삶의 기준이 되고 세상의 반응에 연연하지 않도록 합니다. 하나님의 무소부재하심에 대한 믿음은 우리가 언제 어느 곳에 있든지 모든 것을 하나님에게 맡길 수 있는 동기를 제공합니다. 외모를 보지 않으시고 중심을 보시는 하나님에 대한 믿음은 신자에게 이 세상의 평판과 외적인 아름다움을 추구하기보다는 우리의 영혼의 아름다움을 가꾸도록 합니다. 하지만 여기서 반드시 기억해야 할 것은 이 모든 하나님의 성품에 대한 믿음은 바로 하나님과 우리의 회복된 관계 그리고 우리가 그분의 자녀가 되었다는 전제 위에 서 있다는 사실입니다. 특별 믿음의 기초 위에 든든히 서 있어야 이 일반 믿음이 제대로 된 힘을 발휘합니다. 아무리 하나님의 크신 능력을 믿더라도 하나님의 자비를 믿지 못하면, 우리는 그 능력으로 인해서 불안할 수 밖에 없습니다. 그리스도로 말미암는 화해의 역사를 믿지 못한다면 하나님의 공의를 바라보는 것은 전혀 달콤한 즐거움이 아니라 쓰디쓴 고문이 될 것입니다.

이 사실을 우리가 지금까지 배웠던 개념을 들어서 정리해 보겠습니다. 특별 믿음을 통해서 하나님과의 관계가 회복되고, 완전히 새로운 자녀의 지위를 얻게 됩니다. 이것을 우리는 칭의와 양자라고 설명했습니다. 또한 우리는 그리스도와 연합하는 것이며, 은혜 언약에 들어가는 것이라고 했습니다. 하지만 이것이 끝이 아닙니다. 칭의 받았다고 모든 구원의 과정이 완전히 끝난 것도 아닙니다. 그리스도와 연합했다고 그 연합이 저절로 영원한 것은 더더욱 아닙니다. 마찬가지로 은혜 언약에 들어갔다고 아무런 수고 없이 자동으로 그 안에서 영원히 거하게 되는 것은 아닙니다. 시작된 이 모든 것을 지속시켜주는 작업이 필요합니다. 이것은 결코 성령님이 혼자 하시지 않습니다. 물론 성령님의 도우심이 모든 순간에 요구되기에 전적인 성령님의 역사라고 할 수도 있습니다. 하지만 우리가 의롭게 되고, 연합하며, 언약에 들어가는 것은 하나님의 일방적인 은혜의 결과라면, 이제 이 모든 것을 유지하는 데에는 성령님의 사역과 더불어 우리의 의무가 발생합니다. 물론 이 때도 성령 하나님의 사역이 우리를 통해서 나타나는 것이기는 하지만, 결코 우리를 로보트나 기계처럼 사용하는 것이 아니라 우리의 지성과 감정과 의지를 통하여 역사하십니다. 그러므로 이 모든 유지와 지속의 역사는 하나님의 사역이면서 동시에 성령님의 역사를 받은 인간의 인격이 '자발적으로' 참여하는 역사입니다.

그렇다면 과연 어떻게 하나님의 역사가 인간의 자발적인 참여로 나타나게 될까요? 여기서도 믿음이 필요합니다. 믿음은 우리 안에 구원이 시작되게 하는 역할도 하지만, 우리의 구원이 지속되는 데에도 적극적으로 참여합니다. 아니 오히려 우리와 평생 동행하는 믿음은 우리를 거룩하게 하고, 연합을 지속시키며, 언약에 머물게 하는 믿음입니다. 그렇다면 어떤 믿음이 우리의 구원을 지속시키는 일을 어떻게 감당하는 것일까요?

처음 신앙생활을 할 때 우리는 다양한 지식을 접하게 됩니다. 예수님에 대해서도 듣게 되고, 그분이 일으키신 기적에 대해서도 듣고, 하나님의 창조에 대해서도 들으며, 하나님이 구약 성경에 일으키신 위대한 능력에 대해서도 듣습니다. 하지만 이 모든 지식이 우리 안에서 구원의 능력으로 역사하는 것은 우리가 특별 믿음의 대상에 대해서 바르게 믿을 때부터입니다. 그 순간 우리가 가졌던 모든 지식은 그 전과는 전혀 다른 의미로 다가오게 됩니다. 바꿔 말하면, 그는 하나님의 다른 성품과 진리들이 얼마나 복되고 달콤한 것인지 전과는 전혀 다른 의미로 깨닫고 힘을 얻습니다. 혹은 어떤 사람은 특별 믿음의 대상을 가장 먼저 믿고 의롭게 되었다면, 그 이후로 그가 알게 되는 하나님에 대한 모든 지식과 성경의 진리는 그의 믿음을 더욱 굳건하게 해 줄 것입니다. 이처럼 특별 믿음의 바탕 위에 더해져 가는 하나님의 대한 참된 지식은 그의 믿음을 날마다 더 굳건하게 하여서 그를 점점 더 성숙한 그리스도인으로 변화시켜 갑니다. 우리는 이것을 성화라고 부릅니다. 하나님의 거룩하심에 대한 인식이 깊어질수록 자신의 거룩함에 대한 열망은 커져 갑니다. 하나님의 율법에 대한 지식이 깊어갈 수록 더 율법을 사랑할 것이며 그것을 따를 것입니다. 그뿐만 아니라 하나님의 지혜와 능력을 믿는다면 자신에게 닥치는 모든 환란과 유혹 가운데서 더욱 하나님을 붙들며 신자의 길을 갈 수 있게 됩니다. 그는 그리스도와의 연합을 더욱 굳건히 하여 이 세상의 어떤 것이 유혹해도 그리스도에게서 떨어지지 않을 것이며, 하나님과 맺은 은혜 언약의 백성으로 살아가는 길을 결단코 포기하지 않을 것입니다. 그러므로 특별 믿음은 우리를 의롭게 하며, 연합시키고, 언약 안에 들어가게 합니다. 그러나 이 특별 믿음에 더해진 일반 믿음은 우리를 더욱더 거룩하게 하고 인내하게 할 것이며, 연합을 더 공고히 하고, 언약 안에서 평생 살도록 도울 것입니다.

이처럼 믿음은 우리를 의롭게 할 뿐만 아니라 더욱더 우리가 거룩하게 되고, 모든 시험과 유혹을 이기며 그 믿음을 지켜나가는 평생에 걸쳐서 우리와 동행하는 동반자입니다. 하지만 많은 사람은 믿음을 칭의에 필요한 것으로만 여기거나 처음 예수님을 믿을 때만 요구되는 것으로 생각합니다. 이것은 치명적인 오류이며, 목회적으로도 치명적인 실수입니다. 우리를 의롭게 할 때 우리의 마음을 녹여 버렸던 하나님에 대한 열렬한 믿음은 오늘 우리에게 여전히, 아니 더욱더 필요합니다. 당태종 이세민은 나라를 창업하는 것보다 수성이 더 어렵다고 말하지 않았습니까! 그래서 웨스트민스터 신앙고백은 믿음에 대한 장을 칭의를 설명하는 11장 앞에 두지 않고, 성화를 설명하는 13장 다음에 두어서 우리를 의롭게 했던 바로 그 믿음이 우리를 거룩하게 하는 하나님의 역사의 수단이 된다는 사실을 암시적으로 말해줍니다.

특별 믿음과 일반 믿음에 대한 이와 같은 구분은 단순히 복잡하다거나 사색적이라고 거부할 것이 아닙니다. 이것은 성경이 가르치는 구원에 관한 진리의 우물에서 퍼 올려진 교리이며, 또한 우리가 믿어야 할 대상을 분명하게 알려줍니다. 더욱이 하나님의 성품과 성경의 진리에 대해서 우리가 더 많이 알고 배워야 하는 강력한 동기를 제공합니다. 더 많이 알고 믿을수록 우리는 더 성숙한 신자로 성장해 나갈 것입니다. 얼마나 많은 사람이 자신이 무엇을 믿어서 구원을 받는지, 무엇을 믿어서 신자의 삶을 살아갈 수 있는지 인식하지 못한 채, 두리뭉술하게 믿고 있는 현실을 쉽게 접할 수 있습니다. 만약 우리가 이들을 깨우치지 않는다면 그들은 너무나도 불행한 결과를 맛보아야 할 수도 있습니다. 저 예배당 밖에 있는 사람들에게도 전해야 하지만, 당장 지난 주일에도 함께 예배했던 이들 중에도 얼마든지 이에 해당하는 사람들이 있을 것입니다. 특히 목양을 담당하는 목회자나 그 목회자를 도와서 함께 성도들의 영혼을 책임지고 섬겨야 할 장로와 집사가 이 진리에 있어 무지하다면 그것이 바로 소경이 소경을 인도하는 것이 아니고 무엇일까요?

실천질문

1. 언약의 결과로 신자들이 경험하게 되는 구원의 서정은 단순히 구원을 받기 위해서 거치는 과정일까요? 아니면 언약의 축복일까요? 그렇게 생각하는 이유는 무엇입니까?

2. 우리의 구원에는 세 가지 시제(과거성, 현재성, 미래성)가 있습니다. 각각의 의미에 대해 설명해 보십시오. 여러분이 지금 경험하고 있는 구원의 내용은 무엇입니까?

3. '구원하는(의롭게 하는) 믿음'과 '구원을 돕는 믿음'이란 무엇이며 그 차이는 무엇입니까?

06

믿음은
반드시
열매를 맺는다

내가 예언하는 능력이 있어 모든 비밀과 모든 지식을 알
고 또 산을 옮길 만한 모든 믿음이 있을지라도 사랑이 없
으면 내가 아무 것도 아니요 내가 내게 있는 모든 것으로
구제하고 또 내 몸을 불사르게 내줄지라도 사랑이 없으면
내게 아무 유익이 없느니라(고전13:2).

믿음은
반드시
열매를 맺는다

성도에게 교리를 가르칠 때 가장 난감할 때는 바로 하나님의 작정과 예정에 대해서 가르칠 때입니다. 개혁파 신조를 따르지 않을 경우는 어차피 하나님의 완전한 작정을 믿지 않으므로 인간의 책임을 강조하는 것이 문제가 되지 않습니다. 바꿔 말하면, 모든 것이 사람이 어떻게 하느냐에 따라 결정되고 달라질 수 있으며, 그것은 구원의 문제도 마찬가지라고 생각하면 간단해 보입니다. 그러나 개혁파 신앙은 명백히 이와 다른 견해를 가지고 있습니다. 그럼에도 불구하고 현실은 그렇지 않은 것 같습니다. 교파를 막론하고 한국 교회는 내가 얼마나 기도하느냐에 따라 나의 운명이 결정되는 것처럼 가르칩니다. 모든 것이 나에게 달려 있고, 하나님은 그것을 돕는 분으로 소개합니다. 그게 가장 이해하기 쉽고, 성도들이 나태해지지 않으며, 이렇게 가르칠 때 성도들도 좋아하기 때문입니다. 내가 기도를 열심히 하면 나의 운명이 바뀐다고 믿는 이가 얼마나 많은지 모릅니다. 가난한 자가 부자가 될 수 있고, 병든 자가 치료를 받을 수 있습니다. 무엇이든지 내가 하기에 달렸습니다. 이 얼마나 듣기 좋은 소리입니까! 내가 작은 하나님이라는 말이 아니고 무엇일까요? 물론 우리에게 하나님과 같은 능력은 없다고 인정하지만, 결국은 하나님을 부려 먹을 수 있다는 고백입니다. 물론 하나님을 좀 크게 부리기 위해서는 며칠 동안 밥을 굶거나 새벽에 잠도 못자고 일어나 기도해야 하는 등 고생을 좀 해야 하기는 하지만 말입니다.

이런 신앙에 익숙한 신자에게 작정과 예정의 교리를 가르치는 것은 그들의 신앙의 근본을 갈아엎는 과정입니다. 하나님이 창세 전에 만물의 길을 미리 정해놓으셨다고 가르치면, 곧바로 "그렇다면 기도할 필요가 없겠네요?"라는 서운한 감정이 섞인 대답이 돌아옵니다. "하나님이 다 정해 놓으셨는데, 기도는 하나 마나 어차피 정해놓은 대로 될 테니까요"라고 말하는 목소리에는 이 교리를 온몸으로 저항하고 싶어하는 반항적인 몸부림이 생생하게 느껴집니다. 지금까지 내가 어떻게 하느냐에 따라 나의 현실을 변화시킬 수 있다는 믿음으로 신앙생활을 했는데, 하나님이 만물을 미리 작정하셨다는 교리는 자신이 무언가를 할 수 있는 모든 가능성을 제로로 만들어 버리는 느낌을 가지게 하기 때문입니다. 구원의 문제도 마찬가지입니다. 하나님이 창세 전에 구원할 사람을 미리 택정했다고 가르치면, "그렇다면 전도할 필요가 없겠네요?"라는 대답을 듣게 될 것이 분명합니다. 혹 말은 안 해도 그 가르침을 듣고 있는 이들의 머릿속에는 이 대답이 맴돌고 있을 것입니다. 당장 내 남편, 내 자식을 위해서 하던 기도가 아무런 소용이 없고, 그들에게 복음을 전할 필요도 없는 것이 아니냐는 의문을 갖게 됩니다. 이 문제는 결코 가볍게 볼 수 있는 것이 아닙니다. 단지 신학적 측면에서만이 아니라 목양적인 측면에서 볼 때도 상당히 중요한 문제임이 틀림없습니다. 이것은 비단 작정과 예정 교리를 이해하지 못하는 성도에게만 곤란을 주는 것이 아니라, 그들을 목양하는 목회자에게도 중요한 의미를 가집니다. 충분히 성숙하고 신뢰하는 관계가 아니라면, 이로 인한 신앙적 혼란은 그 교리 공부를 마칠 때까지 이어질 것이며, 그가 이 교리의 참된 의미를 깨달을 때까지 그 사람의 마음에는 자신을 목양하는 목사에 대한 거부감이 배어있을 수 있기 때문입니다. 그러나 하나님의 예정과 작정의 문제는 하나님의 절대적인 주권의 문제이기에 결코 타협할 수 없습니다. 하나님이 인간의 선택에 의해서 영향을 받게 된다면, 그분은 절대적 주권을 가진 분이 될 수 없습니다. 오히려 인간이 하나님의 운명을 결정하는 권한을 가지고 있다고 할 수 있습니다.

종종 하나님을 부모에 비유하는데, 이는 하나님과 신자의 관계가 부모와 자녀의 관계와 유사한 점이 많기 때문입니다. 하지만 모든 경우에 다 그런 것은 아닙니다. 특히 이 경우는 조심해야 합니다. 하나님이 우리에게 그런 것처럼 부모는 자녀보다 더 능력이 있습니다. 하지만 하나님과는 달리 실제로 부모의 행복은 자녀의 결정에 좌우되는 경우가 많습니다. 자녀가 공부하지 않고 게임만 하고 있으면 많은 부모는 불행하다고 느낍니다. 자녀가 부모의 말을 잘 들으면, 부모는 행복해지고 그렇지 않으면 불행해집니다. 하지만 하나님과 우리 관계는 이와 다릅니다. 하나님은 자신의 행복을 어떤 피조물에게도 의지하지 않습니다. 자신의 행복을 다른 존재에 의지한다는 것은 그가 완전하지 않으며 연약하다는 증거입니다. 하지만 하나님은 완전하시며 능력과 지혜가 무궁하시므로 결코 자신의 행복을 다른 존재, 특히 피조물에게 의지하지 않으십니다. 그러므로 자신의 행복을 위해서 우리를 지으셨기에 우리의 존재는 하나님의 행복을 더할 뿐이지, 결코 그분을 불행하게 할 수 없습니다. 이처럼 하나님의 절대적 주권과 여기서 파생되는 하나님의 독립성, 즉 하나님 자신의 행복을 절대로 피조물에게 의존하지 않으신다는 것은 하나님 본성의 문제이므로 결코 포기할 수 없는 것입니다. 이것을 포기하는 순간 하나님은 자신을 부인하는 결과가 되며, 이는 하나님은 더 이상 하나님으로 존재할 수 없습니다. 그러므로 이런 일은 있을 수 없습니다.

그렇다면 문제는 이 하나님의 절대적 주권 사상이 인간의 책임과 의무를 제거하느냐는 것입니다. 사람의 구원에 임한 하나님의 절대적 주권을 우리는 '은혜'라고 표현합니다. 구원이 하나님의 은혜라는 말은 구원에 관하여 하나님에게 절대적인 주권이 있다는 말과 같습니다. 그렇다면 결국 하나님의 은혜는 인간의 책임과 의무를 부인하는 것일까요? 아니면 반대로 인간을 책임 있는 존재로 만들기 위해서는 반드시 하나님의 은혜를 부인해야 할까요? 혹은 은혜와 인간의 책임을 절반씩 섞으면 그것을 은혜라고 부를 수 있을까요? 지금부터 이러한 질문에 대한 해답을 찾아보겠습니다.

은혜냐? 책임이냐?

17세기 잉글랜드는 매우 특별한 무대였습니다. 정치, 사회, 문화, 종교적인 측면에서 이 시대는 매우 혼란스럽고 복잡했습니다. 영국 정치 역사에서 중요한 분기점이 되었던 청교도 혁명과 명예혁명이 바로 이 시기에 있었습니다. 13세기에 최초로 왕권을 견제하는 마그나 카르타(Magna Carta)가 만들어진 이후 성장하기 시작한 의회의 권력은 마침내 17세기에 이르러 권리청원을 통해 더욱 커졌습니다. 그 후 신앙적인 문제가 겹치면서 왕권과 의회의 갈등은 커졌고, 마침내 잉글랜드 국왕이었던 찰스 1세가 의회의 손에 단두대에서 죽는 사태에 이르게 됩니다. 그 결과 잉글랜드를 통일했던 웨식스(Wessex) 왕국 이후로 잉글랜드 역사에서 유일하게 왕이 없는 공위 시대(*interregnum*)를 맞이하게 되었습니다. 왕이 없는 국가를 상상조차 하지 못했던 잉글랜드의 국민과 사회가 혼란에 빠지는 것은 불을 보듯 뻔했습니다. 이후 찰스 2세를 통해 왕정이 복고 되면서 의회의 권력이 약해지는가 했더니, 이내 명예혁명을 통해 제임스 2세를 몰아내고 권리장전을 제정하여 왕권을 확실하게 제어하고, 오늘날 영국 정치 제도의 기초를 마련했습니다.

사상적으로도 대륙의 데카르트에서부터 시작된 이성주의의 물결이 영향을 미치기 시작했고, 특히 존 로크의 등장은 이성 중심의 계몽주의가 영국에서 시작되고 있음을 알렸습니다. 인간 이성의 중요성이 증대됨에 따라 아이작 뉴턴과 같은 이들이 등장하여 새로운 과학적 발견과 발달을 이끌기도 했습니다. 이처럼 이성의 중요성이 증대되는 사상적 전환으로 인해 막연한 종교심에 따라 교회를 의지하던 많은 사람의 신앙은 흔들리기 시작했습니다. 사회적으로도 17세기 잉글랜드는 그리 안정된 상태가 아니었습니다. 내적으로는 정치적인 불안정에서 비롯된 내전(civil war)과 외적으로는 3차에 걸친 네덜란드와의 전쟁이 이

어졌습니다.

하지만 이 모든 것보다 혼란스러웠던 것은 신앙적인 혼란이었습니다. 특히 사회가 혼란스러울수록 구원에 관한 갈망은 커질 수밖에 없기에, 구원론에 있어서 다양한 견해가 이 시기에 나타난 것은 단순한 우연이라고 치부할 수 없습니다. 헨리 8세에 의해 이루어진 잉글랜드의 종교개혁과 그가 세운 국교회는 신앙적 동기에서 출발하지 않았기에 영적 생명력이 없었고 로마 가톨릭 교회의 냄새가 진하게 남아 있었습니다. 그리하여 많은 이들이 국교회에 저항했는데, 그 대표적인 사람들이 청교도였습니다. 주로 대륙의 개혁파 신앙에 영향을 받았던 청교도는 오직 하나님의 은혜를 강조하면서도, 언약 사상을 통해서 하나님의 은혜와 인간의 책임을 균형 있게 이해하려고 노력했습니다. 하지만 청교도 외에도 많은 이들이 다양한 신앙을 수용하고 또 전파했습니다. 그중에 당시 잉글랜드 사회에 지대한 영향을 끼친 분파가 있었는데, 소위 우리가 반율법주의자 혹은 율법폐기론자라고도 부르는 안티노미안(antinomians)이 바로 그들입니다. 이들 중에 과격한 사람은 하나님이 이미 창세 전에 택하실 때 우리를 의롭게 하였으므로 신자의 칭의는 믿음으로 받는 것이 아니며, 믿음은 이미 주어진 칭의를 우리가 알게 되는 것에 불과하다고 주장했습니다. 또한 이들은 우리가 그리스도를 믿을 때, 그리스도가 모든 율법을 지키셨던 '행하신 순종' 혹은 '능동적 순종'을 통해 얻은 공로가 우리에게 전가된다고 믿었으므로 신자는 이제 더 이상 하나님의 율법에 얽매일 필요가 없다고 주장하여 방종한 삶을 부추기는 결과를 낳기도 했습니다. 이들 중 온건한 사람의 경우 방종한 삶을 장려하지는 않았지만, 그들도 역시 신학적으로는 행위와 구원의 관계에 그리 관심을 가지지 않았습니다. 이러한 잘못된 믿음과 구원에 대한 오해는 방종하고 무책임한 삶을 낳았고, 신자의 영혼은 피폐해져만 갔습니다.

구원에 있어서 하나님의 은혜의 우선성은 아무리 강조해도 지나칠 수 없습니다. 어떤 인간의 공로도 우리의 구원에 포함되어서는 안 됩니다. 하지만 이 말이 인간의 무책임과 방종을 의미하는 것은 결코 아닙니다. 이 문제는 비단 이 시대만의 문제가 아니라 종교개혁 이후에 항상 제기되었던 문제였습니다. 개혁파 신앙을 가졌던 대다수의 청교도는 이들에 대해서 반대하기는 했지만 그들이 주장하는 하나님의 은혜에 대한 강조는 수용했습니다. 하지만 리처드 백스터(Richard Baxter, 1615-1691)와 같은 이들은 이 반율법주의자 혹은 율법폐기론자의 견해 속에 있는 오류를 지극히 반대하여 오히려 다른 방향으로 너무 나가버렸습니다. 하나님의 은혜도 중요하지만, 이 은혜를 너무 강조하다 보면 인간의 책임이 무시되고 윤리가 실종될 수 있다고 생각했습니다. 그래서 그는 죄인이 그리스도를 믿을 때 행위 언약이 성취되고, 이제 죄인은 하나님과의 새로운 언약에 들어가게 된다고 설명했습니다. 그리고 이 언약 안에서 인간은 하나님이 제시하시는 새로운 조건에 대하여 "복음적 순종"을 보일 때 구원에 이를 수 있다고 가르쳤습니다. 이 조건은 그전에 그리스도가 성취하셨던 언약이 요구하는 것처럼 율법에 대한 완전한 순종이 아닌 인간이 할 수 있는 정도의 순종을 요구한다고 보았던 것입니다. 그는 이것을 복음적 순종이라고 불렀습니다. 이 복음적 순종은 믿음과 그 믿음을 통해서 할 수 있는 하나님의 명령에 대한 순종을 의미했습니다. 율법에 대한 완전한 순종은 오직 그리스도만 하실 수 있지만, 복음적 순종은 믿음을 가진 자들이 할 수 있는 순종입니다. 그래서 우리가 믿음으로 얻는 의가 있지만, 그것만으로는 완전한 구원을 얻을 수 없고, 우리가 평생의 삶을 통해서 하나님에게 순종하는 복음적 순종의 삶을 살 때 하나님이 최종적으로 우리를 의롭다고 칭하여 구원을 확증하신다고 가르쳤습니다. 만약 복음적 순종의 기준에 미치지 못하면 우리의 칭의는 취소될 수 있으므로 최종적인 칭의는 최후 심판대에서 결정된다고 주장했습니다. 우리는 이러한 사람들을 신율법주의자 혹은 네오노미안(neonomian)이라고 부릅니다. 이처럼 하나님의 은혜를 강조하면 인간의 책임이 무시되고, 인간의 책임을 강조하면 구원의 은혜성이 훼손되는 일은 이천 년 교회 역사를 통해서 끊임없이 반복되었습니다. 종교개혁 때나 지금이나 인간은 변한 게 없고, 자신의 공로로 구원에 이르고자 하는 오류도 여전히 교회 안에 있습니다.

이제 우리는 구원하는 믿음이 반드시 맺을 수밖에 없는 열매에 대해서 살펴보려고 합니다. 물론 하나님의 은혜와 인간의 책임을 조화시켜 설명하기는 쉽지 않습니다. 하지만 하나님은 실제로 신자 안에서 이 일을 행하십니다. 그것은 교회가 이리저리 왔다 갔다 하는 동안에도 한 치의 오차 없이 하나님이 해오신 일입니다. 무엇보다 믿음에 대한 바른 이해가 있는 곳에 은혜와 책임의 아름다운 조화가 생겨날 수 있습니다. 왜냐하면 이 믿음이야말로 하나님의 은혜를 훼손하지 않고, 사람에게 하나님의 뜻을 좇게 하는 수단이기 때문입니다.

은혜와 책임은 공존할 수 있다

사실 이러한 신학과 신앙적인 혼란은 비단 17세기 잉글랜드만의 특징은 아니었습니다. 유럽 대륙도 이와 비슷한 현상을 겪었습니다. 하지만 구원에 관한 하나님과 인간의 역할에 대한 관심은 잉글랜드에서 더욱 활발하게 논의되었습니다. 실제로 대륙의 개혁신학자들은 개혁파 신학의 전체적인 시스템을 세우는데 더 깊은 관심이 있었던 반면에 잉글랜드의 청교도는 한 영혼의 영적 순례길을 거치면서 겪는 고난과 역경을 어떻게 헤쳐나가느냐에 더욱 착념했습니다. 특히 이들의 가장 큰 관심사는 하나님의 은혜와 인간의 책임의 관계였습니다. 우리의 구원이 하나님의 은혜의 결과인가? 만약 그렇다면 인간의 책임과 노력은 어떤 자리를 차지하는가? 물론 이러한 질문들은 비단 이 시대만의 것이 아닙니다. 아무리 세월이 좋아졌다고 하나 그것은 현세적인 영역일 뿐, 인간의 영혼이 당하고 있는 비참한 형편은 전혀 변한 것이 없습니다. 모든 사람은 죄인이며, 하나님의 심판은 모든 죄인을 향하고 있습니다. 그러므로 인간이 직면한 가장 중요하고 시급한 문제는 여전히 구원의 문제입니다. 과연 은혜와 책임은 공존할 수 있을까요?

사람들은 구원에 있어서 하나님의 은혜와 인간의 책임의 관계를 제로섬(zero sum) 게임이라고 생각합니다. 어느 것 하나가 많아지면, 상대적으로 다른 것은 줄어들어서 둘의 합은 항상 같아야 할 것이라고 믿습니다. 구원을 위해서 하나님의 은혜가 100% 필요하다면 인간의 책임은 0%가 되어야지 둘 다 100%가 될 수 없다는 의미입니다. 물론 수학적으로는 그렇습니다. 하지만 하나님은 무한하신 지혜와 전능하신 능력으로 은혜와 인간의 책임을 훼손하지 않고 구원을 이루십니다. 구원이 100% 하나님의 은혜로 이루어지지만 동시에 100% 인간의 책임으로 이루어졌다는 이 초수학적인 일을 하나님은 이루실 수 있고 또 그렇게 하십니다. 물론 이것은 하나님에게조차 간단하고 쉬운 일은 아니었습니다. 왜냐하면 죄의 문제를 당신의 성품에 따라 처리하셔야 했기 때문입니다. 이를 위해서 삼위일체의 제2위이신 성자 하나님이 성육신하셔야 했고, 이 땅에서 율법을 완전히 지키시고 마침내 율법의 최종적인 완성을 위해서 십자가에서 죽어야 하셨으니 결코 쉬운 일은 아닙니다. 물론 이것으로 끝이 아닙니다. 성령 하나님은 이 땅에 오셔서 택한 백성들 안에서 구원의 역사를 이루도록 지금도 수고하십니다. 그리고 바로 이 모든 구원의 계획을 성취하기 위한 수단으로 하나님은 '믿음'을 사용하십니다.

17세기 잉글랜드에는 반율법주의자와 신율법주의자의 대립 속에 이 둘을 모두 비판하면서, 하나님의 은혜와 인간의 책임이 얼마든지 조화를 이룰 수 있다고 믿었던 사람들이 있었습니다. 이들은 장 칼뱅을 비롯한 개혁파 종교개혁자들 이래로 이 진리를 붙들었던 신실한 사람들의 후예로서, 성경이 지지하는 구원은 은혜와 책임이 서로를 밀어내는 배타적인 구원이 아니라 은혜를 은혜 되게 하면서도 인간을 나태하게 만들지 않는 은혜와 책임이 조화를 이루는 병립적인 구원이라고 믿었습니다. 이것을 설명하기 위해서 그들이 주목했던 성경의 사상은 우리가 앞서 다룬 언약 사상입니다. 특별히 은혜 언약 속에서 이들은 은혜와 책임이 아름답게 조화를 이루고 있는 것을 발견했습니다. 언약은 필연적으로 최소한 두 당사자 간에 맺어지며, 상호 간에 일정한 의

무와 그 의무에 대한 보상을 약속하고 있습니다. 물론 은혜 언약은 하나님이 일방적으로 세우신 언약이며, 전적인 하나님의 은혜로 되어 있습니다. 하나님이 아들을 보내서 모든 행위 언약의 조건을 성취하심으로 의를 얻으시고, 그 의를 우리에게 주는 방법이 바로 은혜 언약입니다. 그때 하나님은 우리에게 믿음을 요구하십니다. 그런데 그 믿음도 하나님이 우리에게 주시는 것이니 이 언약은 분명히 100% 은혜로 된 언약인 것은 분명합니다. 하지만 이 믿음은 죄인을 그냥 시체처럼 놔두거나 프로그램에 따라 움직이는 로봇처럼 만들지 않는다는 사실에 주목해야 합니다.

하나님이 변화시키신 본성은 하나님의 진리의 말씀을 만나 믿음의 불을 활활 타오르게 합니다. 그리고 이 믿음은 인간의 의지에 에너지를 공급하여 더욱 신자의 의무를 감당하게 합니다. 바꿔 말하면, 언약 안에 주어진 신자의 의무를 감당하게 하는 것입니다. 구원에 있어서 하나님의 은혜가 100%라는 말은 이 모든 구원 과정을 계획하심으로 시작하신 분도 하나님이시요, 그것을 성취하신 분도 하나님이시요, 지금도 인간 안에서 믿음을 공급하시고, 진리를 밝히시는 분도 하나님이시기 때문입니다. 반면에 인간의 책임이 100%라는 말은 인간이 이 구원의 과정에 수동적이거나 배제되는 것이 아니라 믿음으로 말미암아 하나님의 은혜의 역사에 적극적이고, 자발적으로 참여하며, 만약 이 은혜에 반응하지 않는다면 이는 곧 믿음이 없다는 것이며, 그가 은혜에서 제외되었다는 증거가 된다는 의미입니다.

하나님에 대한 사랑

예수님은 마태복음에서 "나더러 주여 주여 하는 자마다 다 천국에 들어갈 것이 아니요 다만 하늘에 계신 내 아버지의 뜻대로 행하는 자라야 들어가리라"(7:21)고 단호하게 말씀하십니다. 구원하는 믿음에 대해서 지금까지 살펴보았으니, 여기서 "나더러 주여 주여 하는 자"들은 믿는 사람을 의미하는 것이 아니라는 사실 정도는 아실 것입니다. 우리는 흔히 입으로 믿는다고 고백하거나, 그 믿음의 표현으로 말끝마다 "주여"라고 하는 사람을 믿음이 좋은 사람이라고 생각합니다. 하지만 예수님은 결코 그렇게 생각하지 않으셨습니다. 이 말은 이렇게 표현하면 더 좋을 것 같습니다. '입으로만 믿는 사람들은 천국에 들어가지 못할 것이다.' 믿으면 천국에 들어가는데, 입으로만 믿으면 못 간다면 입으로 믿는 믿음은 믿음이 아니라는 말입니다. 그렇다면 어떻게 믿는 것이 참된 믿음일까요? "하늘에 계신 내 아버지의 뜻대로" 행해야 합니다. 주님은 입으로 믿는 믿음과 행하는 믿음을 대조하고 계십니다. 여기에는 그 어떤 망설임이나 주저하는 모습도 보이지 않습니다. 그러므로 예수님의 이 선언은 믿음을 핑계로 나태해지려는 사람의 정신을 번쩍 들게 합니다. 하지만 안타깝게도 사람들은 이 말에 귀를 기울이지 않습니다. 왜냐하면 그들은 자신이 듣고 싶은 말만 듣기 때문입니다. 맘에 안 들면 무시하면 그만이기 때문입니다. 그게 오늘날 지배적인 신앙의 정서가 되어 버린 것 같습니다.

참된 믿음에는 바른 행함이 따른다는 말은 이제 새로운 말이 아닙니다. 그런데 여기서 문제가 발생합니다. 첫째는 행함이 잘 안 된다는 것입니다. 사람들은 누구든지 선하게 살고 싶어 합니다. 불의하고 악하게 살고 싶어 하는 사람은 없습니다. 설령 우리가 보기에 악한 삶을 살고 있다고 하더라도 그 사람은 스스로 그것이 악하다고 생각하지 않기 때문에 그것을 지속하는 것이지 악한 것을 알면서 악하기 때문에 그것을 원하는 사람은 없습니다. 만약 있다면 그는 빨리 병원에 가야 합니다. 그런데 왜 선한 사람을 발견하기가 이토록 어려울까요? 특히 교회에 속한 성도는 분명한 선의 기준까지도 가지고 있는데, 왜 우리는 거룩하고 선한 사람을 만나기가 쉽지 않을까요? 바로 마음은 원이로되 육신이 연약하기 때문입니다.

예수님이 제자들과 최후의 만찬을 하시고, 그들에게 자신의 죽음에 대해서 알리셨습니다. 베드로에게는 자신이 잡혀갈 것과 베드로가 자신을 세 번 부인할 것까지 말씀해 주셨습니다. 이에 베드로는 절대로 그런 일이 없다고 맹세까지 하는 해프닝이 일어나기도 했습니다. 그때 주님은 제자 중에 특별히 베드로와 야고보와 요한을 데리고 겟세마네라고 하는 곳으로 가셔서는 자신이 기도할 동안 그저 여기 앉아만 있으라고 하셨습니다. 그리고 주님은 조금 떨어진 곳으로 혼자 기도하러 가셨습니다. 그 후 다시 오셔서는 '지금 내 마음이 너무 힘들어서 죽을 것 같으니 너희도 나와 함께 깨어 있으라'고 하시고 다시 가셔서 기도하기 시작하셨습니다. 당연히 이들은 뭔가 심상치 않은 것이 진행되고 있다는 것을 눈치챘을 것입니다. 주님이 자신의 죽음과 베드로의 배신까지 말씀하시고 특별히 자신들을 데리고 오셨는데, 얼마나 염려가 되었을까요? 더구나 주님이 힘들어서 죽을 것 같다고 하시다니, 이것이 보통 일일까요? 다른 분도 아니고 그 담대하시던 주님이 죽을 것 같다니 얼마나 큰일이 일어나고 있을까요? 그러니 제자들도 아마 마음속으로 이렇게 생각했을 것입니다. '나도 정신을 바짝 차려야지. 우리 선생님이 저렇게 비장하신데 어찌 내가 편하게 있겠어. 깨어 있기만 할까. 온 열정을 다해서 하나님께 기도해야지.' 하지만 잠시 후 주님이 돌아오셨을 때 그들은 자고 있었습니다. 졸고 있는 것도 아니고 자고 있었습니다. 이 모습을 보시고 주님은 이렇게 말씀하십니다. "시험에 들지 않게 깨어 기도하라 마음에는 원이로되 육신이 약하도다"

아마 제자들이 많이 피곤했던 것 같습니다. 이 일이 있은 후로 반복되었으니 얼마나 피곤했으면 그랬을까 싶습니다. 바로 이와 같습니다. 우리는 모두 이들과 같이 죄로 인하여 피곤한 인생을 살고 있습니다. 우리의 영혼은 지칠 대로 지쳐있습니다. 죄와 더불어 태어나 수십 년을 함께 살았으니 어찌 지치지 않을 수 있겠습니까? 그런데 지쳤을 때는 모든 것이 짐으로 느껴집니다. 평소에는 거뜬하던 가벼운 것도 그렇게 짐처럼 느껴질 수가 없습니다. 의지만으로는 할 수 없는 짐이 되어 버리는 것입니다. 마찬가지로 죄악으로 지친 우리의 영혼에 하나님의 뜻은 의무요, 짐이 되어 버리는 경우가 많습니다. 그러므로 신자들이 하나님의 뜻대로 사는 것은 그들의 의지만으로는 안 됩니다.

우리가 당한 두 번째 어려움은 행함조차도 내가 하고 싶은 것만 하게 된다는 것입니다. 교회에 처음 들어오면 가장 먼저 율법을 배우게 됩니다. 이 율법은 구약 성경에 나오는 율법도 해당되지만, 그보다 교회 안에 있는 여러 가지 규율과 관습과 같은 것들도 포함됩니다. 처음 신앙생활을 시작한 사람에게 이 모든 것은 익숙하지 않고 낯설어서 하나하나가 쉽지 않습니다. 하지만 시간이 흐르면 어느덧 이런 것들이

몸에 익숙해지고 감당할만한 일이 되기 시작합니다. 뿐만 아니라 이런 것들이 습관이 되어 버리면 하지 않는 것이 불편해지고 그렇게 교회의 관습을 잘 따르는 자기 모습을 보면서 스스로를 "하늘에 계신 아버지의 뜻대로 행하는 자"라고 생각하게 되기 쉽습니다. 하나님의 뜻을 교회의 일정한 관습이나 신앙적인 행위와 동일하게 여기게 되는 것입니다. 그러므로 이미 익숙해졌기 때문에 쉬운 일이 되어버렸고, 오히려 하지 않는 것이 불편하게 되었을 때 우리는 조심해야 합니다. 하나님의 뜻을 행하는 것은 언제나 우리의 죄악 된 본성의 요구를 거스르는 것이기에 언제든지 그 수준에 따라 그에 걸맞는 어려움이 있기 마련입니다. 결코 나에게 쉽고 익숙한 것만을 하나님의 뜻이라고 생각해서는 안 됩니다. 물론 신앙의 성숙도에 따라 어려움의 종류도 다르고, 어려움을 느끼는 일도 다를 것입니다. 하지만 하나님의 뜻을 행한다는 것은 기본적으로 신자의 자기부인을 전제로 하기 때문에 결코 쉽기만 한 일이 될 수는 없습니다.

얼마나 많은 사람이 자신이 원하는 일, 자신에게 익숙해진 것들을 하나님의 뜻으로 여기고 그것을 감당하는 자신을 보며 뿌듯해하는지 모릅니다. 그리고 만족합니다. 하나님의 은혜에 감사하며 만족하는 것이 아니라 자신의 능력에 만족해 버리는 것입니다. 그 결과 우리는 하나님의 뜻을 전체로 받아들이려 하지 않고, 앞서 언급한 대로 자신의 마음에 드는 것만을 고르고, 자신에게 익숙해진 것을 고집하며, 나머지는 무시하는 어리석은 모습을 보이고 맙니다. 결국 자신의 마음에 들지 않는 것은 짐으로 여기고 그 짐을 지기를 거부하는 현상이 나타나게 됩니다. 이와 같이 우리가 하나님의 뜻을 행하는 것은 결코 쉽지 않습니다. 그것은 우리의 육신이 연약해서인 경우도 있고, 내 마음에 들지 않는 뜻은 따를 마음조차 없기 때문일 수도 있습니다. 그렇다면 이에 대한 근본적인 문제와 해결책은 없을까요? 우리는 믿음과 그 열매인 사랑에서 그 해답을 찾을 수 있습니다.

앞서 우리는 은혜 언약과 믿음이 하나님의 은혜와 인간의 책임을 조화시키는 수단이라고 했습니다. 그렇다면 믿음은 어떤 구체적인 방법으로 이 일을 성취할까요? 믿음이란 보는 것입니다. 그리스도를 보는 것이고, 그분을 통해 하나님의 성품을 보는 것입니다. 하나님의 탁월하심과 아름다우심을 보게 됩니다. 그리고 사랑하게 됩니다. 이 사랑이 매우 중요합니다. 하나님은 가장 탁월하신 분이십니다. 그러므로 믿음으로 그 하나님의 참된 모습을 보면 사랑할 수밖에 없습니다. 문제는 얼마나 제대로 보느냐입니다. 바로 그리스도를 통해서 보고, 하나님의 영감 된 말씀인 성경을 통해서 봅니다. 그리하여 일어난 하나님에 대한 이 사랑은 우리 안에 없던 힘을 불러일으킵니다. 지친 몸을 새롭게 하는 것도 사랑입니다. 자녀가 차에 깔렸을 때 초인적인 힘을 내어 차를 들었다는 어머니의 이야기를 들은 적이 있습니다. 사랑하는 사람을 위해서 모든 고생을 마다하지 않고 자신을 희생하는 이야기는 우리가 쉽게 접할 수 있는 가장 아름답고 신비한 이야기입니다. 바로 사랑은 이런 것입니다. 하나님에 대한 사랑이 그 하나님의 뜻을 따르게 합니다. 그 사랑은 바로 하나님을 바라보는 믿음이 만들어 내는 열매입니다. 믿음은 단순히 어떤 존재를 무미건조하게 지적으로만 인정하는 것이 아닙니다. 믿음은 보는 것입니다. 그리고 그 믿음의 대상은 가장 아름다우신 하나님입니다. 하지만 그분의 아름다우심은 그 능력의 크기에만 있지 않습니다. 더욱더 아름답게 만드는 것이 있습니다. 바로 조화입니다. 하나님 속성의 조화는 하나님을 더욱 아름답게 합니다. 그리스도 안에 있는 사랑과 공의의 완전한 조화를 보고 어찌 그분을 사랑하지 않을 수 있을까요?

이웃에 대한 사랑

예수님이 종교적인 지도자로 새롭게 주목을 받는 모습을 보고서 백성에게 전통적으로 존경을 받던 종교지도자들은 자신의 자리가 위협받는다고 느꼈을 것입니다. 예수님의 가르침은 유대 사회에서 감히 건들 수 없던 그들의 전통을 뒤집어 놓는 파격적인 것이었기에 늘 그들에게 시기와 질투의 대상이었습니다. 특히 당시의 기득권자들은 그 정도가 더욱 심했습니다.

당시 유대인에게 존경을 받는 두 그룹이 있었는데, 하나는 사두개 인으로서 전통적인 종교지도자들과 귀족들의 후손이었고, 다른 하나는 비교적 근래에 등장한 중류층 출신의 종교지도자들로서 엄격한 율법에 바탕을 둔 금욕적인 삶으로 백성의 존경을 받았던 바리새인이었습니다. 이들은 서로 많은 면에서 대립적인 관계를 형성하고 있었으나 백성의 존경을 받는 사람들로서 유대인의 정치와 종교적 지도자로 활동했습니다. 그런데 이렇게 사사건건 대립하던 이들이 한 마음이 될 때가 있었는데 바로 그들의 공적 1호인 예수님을 대적할 때였습니다. 누군가가 적의 적은 동지라 했던가요?

먼저 부활을 부인하던 사두개인들이 와서 예수님께 죽은 자의 부활에 대하여 질문을 한 후 패배했다는 소식을 듣자, 이제 바리새인들이 나서서 예수님에게 율법 중에 가장 큰 계명이 무엇인지 물었습니다. 필시 모세의 율법에 대해 예수님이 대답을 제대로 못하면 그것을 빌미로 예수님을 곤경에 처하게 하려는 의도였을 것입니다. 그들의 질문에 예수님은 이렇게 대답하셨습니다.

> 네 마음을 다하고 목숨을 다하고 뜻을 다하여 주 너의 하나님을 사랑하라 하셨으니 이것이 크고 첫째 되는 계명이요 둘째도 그와 같으니 네 이웃을 네 자신 같이 사랑하라 하셨으니 이 두 계명이 온 율법과 선지자의 강령이니라(마 22:37-40).

간단하게 말하면, 하나님을 사랑하고 이웃을 사랑하라는 것이 율법의 핵심이라는 말씀입니다. 그런데 이 말씀 속에는 숨어 있는 의미가 있습니다. 이 두 가지는 서로 동떨어진 것이 아니라는 사실입니다. 하나님을 충분히 사랑한 다음에 다시 이웃 사랑을 처음부터 훈련해야 한다는 것이 아닙니다. 하나님에 대한 사랑은 필연적으로 이웃 사랑과 함께 한다는 의미입니다. 그래서 예수님은 하나님에 대한 사랑을 첫 번째 계명으로 놓고, 동시에 이웃 사랑을 두 번째로 놓으면서도, "그와 같으니"라는 말씀을 첨가하셨던 것입니다.

이웃에 대한 사랑은 하나님에 대한 사랑과 같다는 말의 의미가 무엇일까요? 칼뱅은 이 말의 의미가 두 번째 이웃 사랑의 계명이 첫 번째 하나님 사랑에 대한 계명에 의존하고 있다는 사실을 보여준다고 해석합니다. 그러면서 사람들은 누구나 다 자기 사랑에 빠져있기 때문에 하나님에 대한 사랑이 그를 다스리지 않으면 이웃을 향한 참된 사랑을 품을 수 없다고 주장합니다. 그런데 여기서 우리가 주의해야 할 것이 있습니다. 그것은 "네 이웃을 네 자신 같이 사랑하라"는 말씀에서 "이웃"이 누구를 의미하느냐는 것입니다.

누가복음 10장은 예수님이 말씀하신 이웃에 대하여 우리에게 조금 더 많은 정보를 알려줍니다. 예수님이 율법을 하나님 사랑과 이웃 사랑으로 요약하시자 질문을 던졌던 그 바리새인은 우리가 사랑해야 할 이웃이 누구냐고 다시 묻습니다. 그런데 여기서 우리가 눈여겨보아야 할 것은 예수님이 우리 사랑의 대상이 되는 이웃에 대하여 정의하시면서 그들을 사랑하라고 말씀하시는 것이 아니라, 오히려 그들에게 이웃이 되라고 말씀하고 계신다는 사실입니다. 그런데 예수님이 말씀하시는 이웃은 사랑의 대상이 아니라 오히려 사랑을 베푸는 자입니다. 바리새인은 사랑의 대상이 누구냐고 물었는데, 예수님은 사랑하는 주체가 누군지를 말씀하신 것입니다.

우리가 흔히 알고 있는 선한 사마리아인의 비유를 한 번 보는 것이 좋겠습니다. 어떤 사람이 예루살렘에서 여리고로 가는 길에 강도를 만나서 온몸에 큰 상처를 입었습니다. 그때 마침 제사장이 지나갔는데, 그를 보고 아무런 조치도 하지 않고 지나갔습니다. 다음에는 레위인도 지나갔는데, 마찬가지였습니다. 마지막으로 유대인들이 멸시하는 사마리아인이 지나가다가 그를 보고 불쌍히 여겨 상처를 치료하고, 주막으로 데리고 가서 돌봐 주었습니다. 이렇게 말씀하시고는 이웃이 누구냐고 묻는 그에게 예수님은 '너희들 생각에 누가 이 강도 만난 사람의 이웃이냐?'고 되물으셨습니다. 그러자 질문을 했던 이는 '자비를 베푼 자가 이웃입니다'라고 대답합니다. 이런 대답에 대해서 예수님은 부정하지 않으십니다. 이를 통해서 보면, 예수님이 생각하시는 이웃은 바로 어려운 형편에 있는 사람들을 불쌍히 여기는 사람입니다. 그렇다면 우리가 이웃을 내 몸같이 사랑하려면, 어려운 사람을 불쌍히 여기는 사람만을 찾아서 사랑해야 한다는 말일까요? 우리의 이웃은 우리를 불쌍히 여기는 사람이거나 마음씨가 고운 사람이므로 그렇지 않은 사람들은 사랑하지 않아도 된다는 말씀일까요?

그다음 예수님의 말씀을 보면 의도하시는 것이 무엇인지 드러납니다. "가서 너도 이와 같이 하라" 방금 누가 이웃이냐고 물으신 주님은 그 전에 누가 이웃이냐고 물었던 바리새인에게 '너희들이 이웃이 되라'고 말씀하십니다. 여기서 묻는 자와 대답하는 예수님의 생각이 충돌합니다. 그들은 내가 사랑할 대상으로서 이웃이 누구냐고 묻습니다. 그런데 주님은 사랑할 대상으로서 이웃이 누구인지를 정의하는 것보다는 그들이 어려운 형편에 있는 사람을 불쌍히 여기고 도울 수 있는 사랑하는 주체인 이웃이 되어야 한다고 말씀하십니다. 여기서 이웃의 개념이 객체에서 주체로 전환됩니다.

여러분, 우리는 누구입니까? 우리는 불쌍한 사람이면서 동시에 불쌍히 여기는 사람입니다. 이것이 신자의 정체성입니다. 그러므로 신자는 죽어가는 자가 죽어가는 자에게 전하듯 복음을 전해야 합니다. 우리 모두는 이웃이며, 사랑해야 하는 주체인 동시에 사랑을 받아야 하는 객체입니다. 그렇다면 교만한 마음으로 자신의 사랑을 적선하듯 베풀어줄 대상으로서의 이웃이 누구냐고 물었던 율법 교사를 향한 주님의 대답은 그 이웃은 바로 불쌍한 너 자신이라는 말이며 동시에 우리가 이웃을 사랑하는 태도는 교만한 마음이 아니라 동병상련의 겸손한 마음이라는 것을 말해 주고 계시는 것입니다. 결국 주님은 누구를 사랑할 것인가를 묻는 물음에 우리가 어떻게 사랑할 것인가로 대답해 주신 셈입니다.

그렇다면 하나님 사랑과 필연적으로 연결된 이웃 사랑의 대상은 모든 죄인을 말하는 것일까요? 물론 그렇게도 볼 수 있지만, 성경은 좀 더 그 범위를 좁혀 주기도 합니다. 사실 사도 요한도 하나님에 대한 사랑과 이웃 사랑의 관계를 깊이 인식하고 있었습니다. 요한일서에서 그는 이렇게 말합니다.

> 그 형제를 사랑하지 아니하는 자는 하나님께 속하지 아니하니라(요일 3:10).

> 어느 때나 하나님을 본 사람이 없으되 만일 우리가 서로 사랑하면 하나님이 우리 안에 거하시고 그의 사랑이 우리 안에 온전히 이루어지느니라 (요일 4:12).

> 누구든지 하나님을 사랑하노라 하고 그 형제를 미워하면 이는 거짓말하는 자니 보는 바 그 형제를 사랑하지 아니하는 자는 보지 못하는 바 하나님을 사랑할 수 없느니라(요일4:20).

여기서 사도 요한은 하나님 사랑과 직접적으로 연결된 이웃 사랑의 대상이 누구인지를 우리에게 너무나도 분명하게 보여줍니다. 바로 그리스도 안에 있는 형제들이 우리의 가장 직접적인 사랑의 대상입니다. 왜냐하면 우리와 같은 하나님을 섬기는 형제들은 그리스도를 통해서 계시된 하나님을 섬기는 자들이며, 우리가 그들을 사랑할 수밖에 없는 이유는 그리스도가 그들을 위하여 죽으셨기 때문입니다. 내가 그리스도와 연합되어 있듯이 그들도 그리스도와 연합되어 있으므로, 그리스도에 대한 사랑은 그분과 연합된 형제에 대한 사랑과 분리될 수 없습니다.

이제 복음서에서 주님이 주신 율법의 두 번째 대강령과 연결해서 생각해 보도록 하겠습니다. 하나님에 대한 사랑은 필연적으로 이웃에 대한 사랑과 같이 갈 수밖에 없습니다. 그런데 그 이웃은 넓게는 모든 죄인들이 되지만, 좁게는 그리스도 안에서 하나님을 함께 섬기는 형제들입니다. 그리고 우리가 그들을 사랑할 때는 우월감이나 교만함이 아니라 동병상련의 마음으로 사랑해야 합니다. 왜냐하면 우리 모두는 강도 만난 자요, 우리 모두는 심판의 대상이었기 때문입니다. 결국 하나님에 대한 사랑이 우리에게 하나님의 뜻을 따르도록 하는 힘을 준다면, 그 힘으로 우리가 지켜야 할 하나님의 뜻인 율법은 결국 형제를 사랑하는 것입니다. 그러므로 형제를 사랑하지 아니하고 하나님을 사랑할 수 없으니 형제를 사랑하지 아니하는 자는 율법 전체를 범하는 것이 됩니다.

율법을 완성하다

에베소서는 교회의 본질이 무엇인지를 성경 전체에서 가장 잘 설명하고 있습니다. 바울은 교회의 영광에 대한 설명을 창세 전에 그리스도 안에 있었던 성부의 '선택'에서 시작합니다. 그리고 성자의 완전한 순종을 통한 구속의 성취와 성령님이 각 사람을 인치심으로 그 구속을 적용하시는 사역을 단숨에 그려냅니다. 바로 교회는 이 삼위일체 하나님의 각 위격이 적극적으로 참여하여 만들어진 실체입니다. 교회의 영광은 비단 그것을 만드신 분의 존귀함에만 있는 것이 아니라 실제로 교회가 감당하는 역할에도 있습니다. 바로 머리이신 그리스도의 몸으로서 만물을 충만하게 하시는 그리스도를 충만하게 하는 위대한 역할을 감당합니다. 무슨 말이냐 하면, 교회와 연합하여 존재하시기로 작정하신 그리스도는 자신이 충만하여지시기 위해서는 교회가 충만해야 한다는 기가 막힌 운명을 스스로 선택하셨습니다. 그러므로 교회는 필연적으로 충만하게 될 것입니다. 왜냐하면 그리스도는 충만하실 수밖에 없는 분이시기 때문입니다. 어찌 이런 기가 막힌 일이 있을 수 있을까요! 스스로 충만하신 분이 자신의 충만을 교회와 함께 나누시기를 원하시니, 교회가 누리는 영광은 말로 표현할 수가 없습니다.

그렇다면 교회의 충만이란 무엇일까요? 바울은 교회의 충만을 교회를 구성하는 각각의 신자들의 일치에서 찾습니다. 교회가 충만하다는 것은 교회를 구성하는 모든 성도들이 진정으로 하나가 되는 것입니다. 그러나 교회의 충만은 성도의 숫자의 크기에 있지 않으며, 성도가 모이는 건물의 화려함이나 세상의 평판에 달려 있지 않습니다. 교회의 진정한 충만은 성도가 진리 안에서 하나됨에 있습니다. 하나님이 택하신 모든 주의 백성이 그리스도와 연합하고, 그들이 모두 하나가 되는 것입니다. 요한복음 17장 21절과 22절에서 머리이신 그리스도는 이렇게 기도합니다.

> 아버지여, 아버지께서 내 안에, 내가 아버지 안에 있는 것 같이 그들도 다 하나가 되어 우리 안에 있게 하사 세상으로 아버지께서 나를 보내신 것을 믿게 하옵소서 내게 주신 영광을 내가 그들에게 주었사오니 이는 우리가 하나가 된 것 같이 그들도 하나가 되게 하려 함이니이다.

주님은 자신의 몸의 지체인 성도가 하나가 되기를 간절히 기도하셨습니다. 그 첫 번째 이유는 하나됨을 통해서 하나님이 그리스도를 보내셨다는 사실을 세상 사람들이 알 수 있기 때문입니다. 요한은 계속해서 신자가 하나가 되어야 하는 두 번째 이유를 밝힌다.

> 곧 내가 그들 안에 있고 아버지께서 내 안에 계시어 그들로 온전함을 이루어 하나가 되게 하려 함은 아버지께서 나를 보내신 것과 또 나를 사랑하심 같이 그들도 사랑하신 것을 세상으로 알게 하려 함이로소이다(23절).

하나님이 그리스도를 보내셨다는 사실을 세상이 알게 하려면 신자가 하나가 되어야 한다는 사실을 재확인한 후에, 요한은 두 번째 이유로 신자의 하나 됨이 세상을 향한 하나님의 사랑을 보여준다는 사실을 제시합니다. 결국 신자가 하나될 때 세상은 '하나님이 세상을 이처럼 사랑하사 독생자 예수 그리스도를 주셨다'(요3:16)는 사실을 알게 됩니다. 바로 이것이 교회의 가장 본질이며, 존재의 이유입니다. '하나님은 그대들을 사랑하신다. 그래서 자신의 독생자 예수 그리스도를 보내셨다. 그리고 바로 우리가 그 증거다.' 교회는 존재 자체로 우리를 향하신 삼위일체 하나님의 사랑에 대한 증거요, 그리스도의 통치와 능력의 증거로서 하나님의 영광을 극명하게 드러냅니다. 특히 머리이신 그리스도와 연합되어 있는 몸으로서의 교회는 창세 이래로 온 세상의 역사가 궁극적으로 달려가고 있는 하나님 사역의 절정입니다.

이처럼 신자의 하나 됨, 특히 그리스도와 연합된 몸으로서의 하나 됨은 단순히 몸의 영광만을 위한 것이 아니라 머리이신 그리스도를 영화롭게 합니다. 바로 이것이 교회의 본질입니다. 그렇다면 이러한 신자의 일치와 하나 됨은 과연 어떻게 하면 가능할까요? 바로 죄가 세워 놓은 장벽을 무너뜨릴 때 일어납니다. 그들 사이를 갈라놓고, 찢어 놓은 모든 장벽이 무너져야 합니다. 하지만 이 장벽은 죄의 결과물이므로 죄의 문제가 해결되지 않으면 결코 무너지지 않습니다. 그래서 바울은 에베소서 2장에서 교회를 이루는 각 신자가 죄로 말미암아 진노의 자녀였음을 강조합니다. 그렇다면 어떻게 우리를 진노의 자녀로 만든 죄의 문제를 해결할 수 있을까요? 오직 그리스도의 십자가 밖에 없습니다. 십자가에서 흘리신 그리스도의 피를 통하여 우리는 본질적인 화평을 누립니다. 이것이 바로 하나님과의 평안입니다. 그래서 에베소서 2장 16절은 "또 십자가로 이 둘을 한 몸으로 하나님과 화목하게 하려 하심이라 원수 된 것을 십자가로 소멸하시고"라고 말씀합니다. 그리스도의 십자가의 공로와 하나님이 선물로 주시는 믿음이라는 수단을 통해서 우리는 하나님과 화해합니다. 그리고 신자는 그리스도께 연합합니다. 바로 이 그리스도와의 연합이 우리를 하나로 만들어 줍니다. 그리고 우리 사이에 놓인 모든 장벽을 허물어뜨립니다.

그렇다면 그리스도에 대한 믿음이 우리를 하나님과 어떻게 화해시켜 줄까요? 그리스도의 공로가 우리를 향한 하나님의 진노를 달래고, 하나님이 우리와 화평하시도록 한다는 근거는 무엇일까요? 하나님과의 화평은 단순히 하나님이 그렇게 결심하신 의지만으로 되지 않습니다. 이것은 의지 이전에 하나님의 공의라는 속성의 문제이기 때문입니다. 하나님의 속성인 공의를 하나님이 부인하시면 하나님은 더 이상 하나님이 되실 수 없다고 이미 말씀드렸습니다. 그렇다면 하나님의 공의라는 속성의 본질은 무엇인지 알아야 합니다. 신적 공의의 본질은 바로 하나님과 인간 사이에 존재하는 율법 혹은 그 율법에 따라 주어진 행위 언약의 결과에 따라 복과 저주를 베푸시는 것입니다. 쉽게 말하면, 우리를 향하신 하나님의 모든 요구, 곧 율법이 완전하게 성취되고 만족될 때 하나님은 우리에게 노를 품으실 이유가 없습니다. 그러니 화목한 상태입니다. 바로 에덴에서 하나님이 아담에게 요구하신 것이 이것입니다.

하지만 타락 이후 인간에게는 하나님의 율법을 완전히 지킴으로 행위 언약을 성취할 수 있는 능력이 전혀 없습니다. 그러므로 하나님이 타락한 우리와 화해하시겠다는 의지를 가지셨다는 것은 다른 말로, 하나님이 친히 자신의 공의가 요구하는 모든 요구를 담당하시겠다고 결심하셨다는 말입니다. 곧 첫 번째 아담이 하나님의 율법을 어김으로 타락하였다면, 두 번째 아담이신 그리스도가 하나님의 모든 율법을 성취하심으로 행위 언약을 이루시겠다는 거룩한 결심입니다.

그리하여 창세 전에 성부 하나님은 성자 하나님에게 신적 공의를 만족시킬 수 있는 모든 것을 다 할 것을 요구하셨습니다. 성자 하나님은 기꺼이 응하셨고, 그 결과 성자 하나님은 육신을 입고 이 땅에 오셨습니다. 그분은 진정으로 죽기 위하여 오신 분입니다. 그리스도는 진정한 의미에서 이타적인 삶을 사신 유일한 분입니다. 그리고 전적으로 성부 하나님의 뜻을 행하기 위해서 오셨습니다. 하지만 이 모든 것은 자신의 택한 백성을 향한 삼위일체 하나님의 사랑에서 비롯되었습니다.

우리를 하나님과 화해시키기 위해서 그리스도가 하신 일이 무엇일까요? 바로 율법을 완성하심으로 아담이 실패한 행위 언약을 성취하는 것입니다. "내가 율법이나 선지자를 폐하러 온 줄로 생각하지 말라 폐하러 온 것이 아니요 완전하게 하려 함이라"(마5:17)는 산상수훈의 말씀이 선포될 때 사람들은 이 말이 무슨 말인지 몰랐습니다. 그들은 율법을 완전하게 한다는 말의 의미를 전혀 알지 못했던 것입니다. 율법은 하나님의 뜻과 의지이므로 그 자체로 완전한데, 주님은 율법을 도대체 어떤 방법으로 완전하게 한다는 말씀일까요? 다윗은 시편 19편 7절에서 "여호와의 율법은 완전하여 영혼을 소성시키며"라고 말합니다. 여기서 한 가지 의문이 듭니다. 율법에는 영혼을 소성시키는 능력이 있을까요? 율법이 어떻게 영혼을 살린다는 말일까요? 사실 율법은 영혼을 살릴 수 없습니다. 바울은 타락 이후에 율법은 연약하여져서 사람을 살릴 수 없게 되었다고 말합니다.(롬8:3) 그런데 다윗은 무슨 의미로 율법이 영혼을 살린다고 말하는 것일까요?

영혼을 살리는 율법의 역사는 율법이 진정한 의미에서 완전하여질 때만 일어납니다. 바로 그리스도가 율법을 완전하게 하실 때입니다. 아담 이후 누구도 율법을 완전하게 성취한 사람이 없습니다. 그 결과 율법은 살리는 것이 아니라 죽이는 것이 되었습니다. 하지만 그리스도가 율법을 완전하게 하셨습니다. 어떻게 그렇게 하셨을까요? 그리스도는 친히 율법의 모든 조항을 적극적으로 지키셨습니다. 하지만 이것만으로는 율법의 살리는 기능을 회복시키기에는 부족합니다. 왜냐하면 율법의 성취는 모든 조항을 다 지키는 것 뿐만 아니라 율법을 범한 자에게 요구되는 형벌마저도 담당해야 이루어지기 때문입니다. 그리스도는 자신이 택한 백성을 위해서 율법을 완성하시려고 율법을 친히 지킬 뿐만 아니라 그들이 감당해야 하는 율법의 무한한 저주도 친히 담당하셔야 했습니다. 이것이 죄인을 하나님과 화해시키기 위한 유일한 방법이었던 것입니다. 바로 그리스도가 친히 이 모든 것을 행하셨습니다. 이로 말미암아 율법은 완전해졌습니다. 진정한 의미에서 율법이 완성된 것입니다. 하지만 이것은 단순히 율법의 조항을 지키고, 그 율법이 요구하는 형벌을 받았기 때문에 완성된 것이 아닙니다. 뭔가 아주 중요한 것이 빠졌습니다. 왜냐하면 율법의 핵심은 '사랑'이기 때문입니다.

앞서 언급했듯이 예수님은 친히 율법의 핵심을 하나님에 대한 사랑과 이웃에 대한 사랑으로 요약하셨습니다. 바울도 "사랑은 율법의 완성"이라고 증언합니다.(롬13:10) 그러므로 율법의 모든 요구조항이 외적으로만 성취되는 것이 전부가 아니라 그것이 사랑이라는 동기에서 성취되어야 율법이 완성됩니다. 그런데 바로 그리스도가 사랑으로 이 모든 일을 하셨습니다. 이처럼 그리스도는 사랑으로 율법을 완성하셨습니다. 그리스도야말로 자신의 친아버지이신 성부에 대한 사랑과 자신의 인성을 함께 공유하는 이웃, 곧 택자에 대한 사랑으로 충만한 분이었습니다. 그리고 마침내 그분은 이로써 율법을 완성하셨습니다. 그러므로 십자가야말로 하나님과 인간(이웃)에 대한 사랑으로 말미암아 율법이 완성된 영광의 장소이자, 은혜의 상징일 수밖에 없습니다.

결국 참된 믿음은 우리로 하나님을 사랑하게 하고, 이웃을 사랑하게 함으로 주님이 성취하신 율법에 적극적으로 참여하게 합니다. 무엇보다 이것은 신자가 하나님의 율법을 사랑할 때 가능한 일입니다. 왜냐하면 이 율법은 이제 신자에게 더 이상 죽이는 것이 아니라 살리는 것이기 때문입니다. 바로 머리이신 그리스도가 율법을 온전하게 하셨으므로, 그분에게 믿음으로 연합된 몸의 지체는 그리스도와 함께 이 사랑으로 이루는 율법의 성취를 향해서 나아갈 수밖에 없습니다.

실천질문

===

1. 구원에 있어서 하나님의 은혜와 인간의 책임은 공존할 수 있을까요? 이를 위해서 믿음이 하는 역할은 무엇입니까?

2. 예수님은 율법을 완성하신 분입니다. 예수님이 율법을 완성하셨다는 말의 구체적인 의미는 무엇입니까? 단순히 율법을 다 지켰다는 의미입니까?

3. 하나님을 사랑해서 신앙생활은 열심히 하지만, 형제와 이웃의 어려움에는 별 관심이 없는 사람을 쉽게 볼 수 있습니다. 하나님을 사랑하면서 형제와 이웃을 사랑하지 않을 수 있을까요? 그 이유는 무엇입니까?

4. 하나님을 사랑하는 것과 형제와 이웃을 사랑하는 것은 서로 긴밀하게 연결되어 있습니다. 여러분이 처한 상황에서 하나님을 사랑하고 이웃을 사랑하는 구체적인 방법은 무엇일까요?

07

당신의 확신은
확실한
확신인가?

내가 하나님의 아들의 이름을 믿는 너희에게 이것을 쓰는
것은 너희로 하여금 너희에게 영생이 있음을 알게 하려
함이라(요일5:13).

당신의 확신은
확실한
확신인가?

요한복음에는 다른 복음서와는 다른 여러 가지 요소들이 있습니다. 모두 다 예수님에 대한 내용을 기록하고 있지만, 요한복음에는 다른 복음서에는 없는 내용이 많이 등장하거나 반대로 다른 세 복음서에 있는 내용 중에 요한복음에는 빠져있는 것도 많습니다. 또한 예수님을 바라보는 시각과 기록 목적에서도 요한복음은 구별됩니다. 다른 복음서에는 없지만 오직 요한복음에만 있는 내용 중에 "주의 사랑하시는 제자"에 대한 언급이 있습니다. 요한은 한 제자를 일컬어 반복적으로 예수님이 사랑하시는 제자라고 소개합니다. 그는 최후의 만찬 자리에서 예수님 옆에 앉아 기대어 있었으며, 십자가에 달리신 주님으로부터 그 어머니인 마리아를 부탁받았던 제자였습니다. 이쯤 되면 그 제자가 누구든 예수님이 특별히 생각하셨다는 말이 허언은 아닌 듯합니다. 주님께서 사랑하셨던 이 제자가 누구인지를 놓고 다양한 의견이 있지만, 전통적으로 사도 요한이라는 견해가 가장 유력하게 받아들여져 왔습니다. 사실 자신이 쓴 복음서에서 자신을 일컬어 주님의 사랑하는 제자로 표현한 것이 좀 유치해(?) 보이기도 하지만 성경의 원저자가 성령님이라는 사실을 본다면 거기에는 깊은 의미가 있을 것입니다. 만약 그 제자가 사도 요한이라면 왜 요한은 자신을 그렇게 표현했을까요? 아니 요한은 무엇을 말해야 했기에 주님의 사랑하시는 제자가 되어야 했을까요? 바로 구원의 확신입니다. 주님의 특별한 사랑을 받았던 제자로서 그는 하나님의 사랑을 누구보다 확신했기에 이 하나님의 사랑에 대한 확신, 곧 구원의 확신에 대하여 가르칠 수 있는 최적의 사도였다고 한다면 과장일까요?

구원과 확신의 문제

미국에서 이민목회를 하다보면 가끔 평일에 성도의 가정행사에 초청받는 경우가 있습니다. 주일에는 늘 섬기는 교회의 성도를 만나지만 그날은 교회에 출석하지 않는 지역의 다른 한국 교민과 함께 하게 됩니다. 그때마다 주일날 보이는 모습과는 다른 그들의 일상적인 모습을 볼 기회를 얻게 됩니다. 참으로 귀한 신앙을 가진 분들도 있었습니다. 그러나 주일의 경건하고 종교적인 모습과는 사뭇 다른 성도들의 일상을 접할 때 적잖이 당황했던 경험이 몇 번 있었습니다. 주일에 예배당이라는 공간에서 신앙을 고백하는 사람들과 만나는 그날 하루는 그리 흠잡을 것이 없는 교회의 회원입니다. 하지만 그 시간과 공간을 벗어난 몇몇 성도들의 일상 속의 모습에서는 신앙인의 흔적이 잘 보이지 않고, 너무나 세상적인 모습으로 나타날 때 참으로 안타까웠습니다. 어떤 것이 진짜 모습일까요? 성도들은 한결같이 자신은 하나님의 자녀요, 구원을 받았다고 믿고 있습니다. 그렇다면 우리를 구원하는 믿음의 정체는 무엇이며, 자신의 믿음을 확신하는 그 믿음은 또 무엇일까요? 도대체 믿음이란 무엇이기에 이리도 제각각일까요? 매 주일마다 저는 묻고 또 물었습니다.

오늘날 한국교회가 처한 현실은 그리 긍정적이지 않습니다. 열심을 품은 사람일수록 구원에 대한 확신은 크다고 말하지만, 놀랍게도 교회마다 넘쳐나는 상처와 갈등과 다툼의 중심에는 항상 바로 그 구원에 대해 확신하는 이들이 있는 경우가 얼마나 많은지요! 과연 이런 현상이 비단 어떤 한 두 교회의 모습일까요? 그렇지 않다면 많은 신자가 가지고 있는 자신의 믿음과 그 믿음에 대한 확신은 도대체 그 정체가 무엇일까요? 그들은 정말로 구원받은 신자인가 맞는 것일까요? 자신에게 구원의 확신이 있다고 생각한다면 구원을 받은 것일까요? 구원은 단지 느낌일까요? 만약 그렇다면 구원은 심리 조절이나 자기 확신과 무엇이 다를까요? 안타깝게도 우리는 우리가 처한 현실과 우리가 가진 느낌이 서로 일치하지 않는 경우를 너무나 많이 봅니다. 그렇다면 자신이 구원을 받았다는 확신 자체가 반드시 그 사람이 구원받았다는 사실을 증명하는 것이 아닙니다. 우리는 이런 모습을 오늘도 곳곳에서 목격하고 있습니다.

예수천당 불신지옥

한국 초기 교회에는 훌륭한 신앙인이 많이 있었습니다. 비록 복음이 전해진 역사가 얼마 되지 않아서 신학적인 완성도에 있어서는 부족

했을지 모르지만, 하나님에 대한 사랑과 복음에 대한 열정만큼은 어느 나라 교회에도 뒤지지 않았습니다. 그중에서 복음 전도에 대한 열정으로 특히 유명했던 최봉석이라는 목사가 있었습니다. 본명보다는 최권능이라는 이름으로 더욱 널리 알려졌습니다. 유명한 난봉꾼으로 평안도에 소문이 자자했던 방탕한 젊은 시절을 보내고 난 후에 중생을 경험하고 나서 완전히 새로운 사람이 되었습니다. 그의 관심은 자신이 사람에게 대접받는 것이 아니라 주님을 모르는 사람이 구원에 이르게 되는 것이었습니다. 그래서 그는 구령의 열정을 가지고 어디를 가든지 누구를 만나든지 "예수천당 불신지옥"을 외쳤습니다.

사람들에게 예수를 믿는 이유를 말해보라고 하면 빠질 수 없는 두 가지가 있습니다. 바로 영혼의 구원과 일신의 안일입니다. 이 둘 중에 어떤 것이 정말로 중요하냐고 묻는다면 사람마다 대답이 달라지겠지만 신자가 예수를 믿는 이유 중에 가장 대표적인 것이 이 두 가지일 것입니다. 과연 이것이 성경적이냐에 대한 답에 대해서는 다양한 의견이 있을 수 있습니다. 웨스트민스터 대/소요리문답 1문에 공통으로 나오는 질문에 따라서 생각해 보면, 우리가 예수님을 믿는 가장 중요한 이유는 우리 자신에 관한 이유 때문이 아니라 하나님의 영광에 관한 이유 때문입니다. 물론 하나님을 영화롭게 하는 것이 인간이 존재하는 가장 중요한 이유이니 그것이 우리가 하나님을 믿고 섬기는 가장 중요하고 궁극적인 이유라고 한들 아무런 문제가 없습니다. 하지만 요리문답은 우리의 존재와 믿음의 이유를 우리 자신에게서 찾는 것 자체를 틀렸다고 말하지는 않습니다. 왜냐하면 요리문답은 하나님을 영화롭게 하는 것과 "하나님을 영원토록 즐거워하는 것"을 분리하지 않기 때문입니다. 이 둘은 함께 있어야 합니다. 이처럼 사람이 자신의 행복을 추구하는 것은 결코 잘못된 일이 아니며, 오히려 자연스러운 일입니다. 그렇다면 우리가 믿는 이유가 우리 영혼의 구원과 일신의 안일이라는 것은 그 자체로 비난받을 수 없습니다. 특히 신자가 자신의 구원을 예수님을 믿는 이유와 목적으로 여기는 것은 오히려 자연스럽다고 할 수 있습니다. 구원을 받지 않고 어떻게 하나님을 영화롭게 하며, 구원을 받지 않고 무슨 수로 하나님을 즐거워할까요?

그러므로 구원은 신자에게 매우 중요한 문제임이 틀림없습니다. '내가 어떻게 해야 구원을 받을 수 있을까?' '나는 지금 구원을 받았는가?' 이런 질문을 던지면서 우리는 지금까지 참되고 진정한 구원의 문제를 깊이 고민해 왔습니다. 그리고 바른 회심과 참된 구원이란 무엇인지 살펴보았습니다. 그런데 한 영혼의 구원이라는 것은 실제로 발생했거나 발생하지 않았을 어떤 객관적인 사실인데, 문제는 우리에게 그 구원이라는 사실이 있는지 없는지를 확실하게 확인할 방법이 없다는 것입니다. 쉽게 말하면, 믿음에는 이런저런 능력이 있고, 그 구원의 과정은 이러저러하기에 참된 구원이란 이런 것이라고 아무리 말해도 정말로 그것이 나에게 일어났는지 객관적으로 증명할 방법이 없습니다. 그 결과 사람들은 모두 다 자신의 구원에 대해서 자기 소견에 옳은 대로 생각합니다. 그러므로 우리에게 가장 필요한 것은 구원이지만, 실제로 우리가 신자로 살아가는 데 가장 필요한 것은 구원에 대한 바른 확신입니다.

거짓 확신의 이유

중학생 시절에 제가 출석하던 교회에서는 매년 정기적으로 심령대부흥회를 열었습니다. 한 번은 인천에서 온 어떤 목사가 며칠 동안 부흥회를 인도했는데, 열심히 특심(?)했던 저는 하루도 빠지지 않고 참여했습니다. 부흥회 기간 중 한 집회에서 그 목사가 참석한 성도에게 구원의 확신이 있는 사람은 손을 들어보라고 말했습니다. 사실 저는 목회자의 외손자로서 어린 시절부터 교회에서 자랐으며, 교회에서 하는 성경 퀴즈대회 때는 늘 입상하는 믿음의 괴력(?)을 발휘했기에 혈통으로 보나 실력으로 보나 구원을 의심하지 않았습니다. 근데 그날따라 왠지 가슴이 냉랭한 것이 아무런 느낌이 나지 않았습니다. 당시 저희 집은 여러 가지로 어려운 형편에 있었는데, 그러한 상황이 더욱더 하나님이 나를 사랑하신다는 사실을 확신하지 못하도록 했던 것 같습니다. 하지만 그렇다고 해서 손을 전혀 들지 않으면, 저 자신이 스스로 구원받지 못했다는 것을 확증하는 것 같은 느낌이 들어서 이러지도 못하고 저러지도 못하고 있었습니다. 그러다 묘안을 짜냈습니다. 바로 손을 절반쯤 드는 것이었습니다. 그래서 저는 소심한 마음으로 다른 사람은 알아보지 못하지만 저 자신은 인식할 수 있을 정도로 어정쩡하게 손을 들었습니다. 그래서 대놓고 거짓말을 할 수 없었던 양심과 구원에서 멀어질 것을 두려워하는 양심을 동시에 만족시킬 수 있었습니다. 하지만 그것은 저에게 구원의 확신이라는 것이 무엇인지에 대한 물음을 불러일으켰던 최초의 사건이었습니다. 하지만 그 행동은 양심을 만족시키는 묘안이 아니라 오히려 어느 양심도 만족시키지 못한 어리석은 결정이 되어 버렸습니다.

그렇다면 왜 저는 구원에 대한 확신이 왔다 갔다 했을까요? 어떤 때는 확신이 넘치지만, 또 어떤 때는 확신이 사라지는 이유가 무엇일 까요? 그것은 제가 구원의 확신을 가지는 근거가 미약하기 때문입니 다. 근거가 불확실하니 거기서 비롯되는 확신이 강할 수가 없는 것입 니다. 그러므로 확신과 근거는 불가분의 관계를 가지고 있습니다. 이 제 우리는 바른 확신을 가지기 위해서 우리에게 필요한 바른 확신의 근거에 대해서 이야기를 할 것입니다. 그 전에 먼저 많은 사람에게 거 짓 확신을 생산하는 잘못된 확신의 근거에 대해서 살펴보겠습니다.

정서적인 느낌

어떤 일을 확신하는 것은 주관적인 판단인데 이를 위해서는 일정 한 근거가 필요합니다. 아무런 근거도 없이 확신하는 것은 있을 수 없 을 뿐만 아니라, 만약 있다면 그 확신은 현실과는 동떨어진 거짓 확신 일 가능성이 매우 큽니다. 이성적인 판단이든지, 감각적인 경험이든 지 확신에는 당연히 근거가 필요합니다. '아니 확신은 그냥 느끼는 것 이지 무슨 근거가 필요하냐'고 물을 수도 있습니다. 맞는 말입니다. 그 감정적인 느낌도 나름대로 일종의 확신의 근거가 될 수는 있습니다. 여기서 우리가 주의해야 할 것은 너무나도 많은 사람이 확신과 느낌 을 동일시한다는 점입니다. 내가 구원을 받은 것 같은 느낌이 들면 그 것이 구원의 확신이라고 생각합니다. 하지만 확신과 느낌은 다릅니다. 확신은 근거에서 비롯되는 판단입니다. 여기서 느낌이 확신의 근거가 될 수는 있습니다. 하지만 우리는 느낌이 현실을 제대로 반영하지 못하는 경우를 쉽게 경험합니다. 그러므로 느낌은 확신의 근거로서는 부족합니다.

청소년 시절 당시 막 유행이 시작되던 경배와 찬양 집회에 열심히 참석했던 적이 있습니다. 교회 전도사의 인도로 목요일 저녁마다 열렸던 경배와 찬양 집회는 말 그대로 저에게 신앙의 신세계였습니다. 서울 한 구석 동네 교회의 몇 명 모이지도 않고 열정도 별로 없는 중고등부를 다니다가 최첨단 시설과 규모를 가진 큰 교회에서 열리는 찬양집회를 들어서는 순간 전율이 온몸에 흘렀습니다. 바로 제가 찾고 소망했던 교회의 모습이 바로 거기에 있었습니다. 그 후로 꾸준히 그 경배와 찬양 집회에 참여하였고, 제 또래의 친구들과 함께 찬양으로 하나님을 향한 사랑과 열정을 고백하는 그 시간만큼은 세상에서 가장 행복한 시간이었습니다. 화려한 악기가 연주되고, 심장을 두드리는 비트와 함께 "내 생명 주님께 드리리"라고 목놓아 노래하는 그 순간만큼은 믿음의 확신이 넘쳤고, 당장 주님을 위해서 죽을 수도 있을 것만 같았습니다. 비단 저뿐만 아니라 제 주변을 둘러싼 제 또래의 수많은 청소년 모두가 저와 같이, 아니 저보다 더 큰 확신에 차 있는 것 같아 얼마나 마음이 든든했는지 모릅니다. 그렇게 세 시간 가까이 열정적인 집회가 끝나고, 집에 돌아갈 시간이 되었습니다. 당시 그 교회 앞은 버스 종점이었는데, 많은 학생이 집에 가기 위해서 버스를 기다리고 있었습니다. 그때 근처 지하철역까지 가는 버스가 한 대 옵니다. 그러자 버스를 기다리던 학생들은 그 버스로 몰려가기 시작합니다. 그리고는 찬양하느라 지쳐 빨리 집에 가서 쉬어야 하기에 서로 버스를 먼저 타겠다고 밀어붙이기 시작합니다. 줄도 없고, 순서도 없습니다. 먼저 타야 하겠다는 본능만이 지배하는 정글과 같았습니다.

저도 같이 그 생존의 정글 속에서 피곤한 몸을 달래기 위해서 다른 사람을 밀어내다가 제 눈에 찬양하던 순간 그 아름답던 학생의 얼굴이 사자처럼 변해 있는 것을 보았습니다. 이들은 모두 다 주님을 위해서 내 생명을 주님께 드리겠다고 찬양했던 친구들이었는데, 찬양의 열기가 식은 지 30분도 되지 않아서 버스를 먼저 타겠다고 다른 친구를 밀어내고 있는 현실을 깨닫는 순간 머리로 망치를 맞은 느낌이었습니다. 적어도 우리가 찬양했던 십자가에 달리신 예수님의 모습과는 달랐습니다. 찬양하는 세 시간 동안 그 예배당을 가득 채웠던 믿음의 열기는 다 무엇이었으며, 주님을 위해서 죽겠다는 순교자의 확신은 다 무엇이었던 것일까요? 당장 좀 더 편한 자리에 앉고 싶어서 형제를 밀어내는 이 믿음으로 그리스도를 위해서 죽는 것이 가능할까요? 그때 제가 깨달았던 사실이 있습니다. 예배당 안에서 가졌던 믿음의 확신은 그저 화려한 음악과 내 또래의 친구들이 뿜어내는 용광로와 같은 열정이 주는 느낌에 기초를 두었던 확신이었습니다. 하지만 음악이 멈추고, 열정이 식어 마음이 현실로 돌아오는 순간 우리의 확신은 바람과 함께 사라져 버렸습니다. 참된 믿음의 확신은 우리의 느낌이나 기분에 달린 것이 아닙니다.

종교적 행위

사람들은 어떤 일에서든지 확신을 구합니다. 불확실하고 모호한 상태로 지내는 것을 좋아할 사람은 없습니다. 구원의 확신도 마찬가지입니다. 교회의 역사를 돌아보면 신자라는 이름을 가진 이들은 끊임없이 확신을 누리길 원했습니다. 하나님이 자신을 사랑하신다는 확신, 예수님이 자신을 구해주셨다는 확신, 하나님이 자신과 함께 하고 계신다는 확신 말입니다.

마르틴 루터가 종교개혁을 일으킬 수 있었던 강력한 동기 중에 하나도 바로 구원의 확신에 대한 문제였습니다. 하나님의 은혜와 더불어 충분한 인간의 선행이 더해져야 천국에 갈 수 있다는 로마 가톨릭 교회의 가르침은 많은 중세의 교인에게 두려움을 안겨줬습니다. 루터 자신이 누구보다 이런 불안함을 경험했고, 그로 인해서 많은 고통의 시간을 보냈습니다. 하지만 중세의 모든 교인이 그랬던 것은 아닙니다. 왜냐하면 로마 가톨릭 교회는 나름대로 교인에게 구원의 확신을 주는 시스템을 갖춰 놓고 있었기 때문입니다. 일단 확신을 가지기 위해서는 성경에 무지한 것이 좋습니다. 너무 많이 알면 의심이 늘어갑니다. 그래서 그들은 교인에게 성경을 제대로 가르치지 않았습니다. 다른 이유도 있었지만, 중세 로마 가톨릭 교회의 입장에서 성도들이 성경을 읽고 교리를 배우는 것을 좋아하지 않았던 것은 분명합니다. 성경을 자국어로 번역하는 것을 금했을 뿐만 아니라 사적으로 연구하는 것도 금했고, 무엇보다 모든 사람이 정기적으로 참여하는 미사(Mass)마저도 교인이 알아들을 수 없는 언어로 진행되었던 것을 보면 분명히 그들은 교인에게 성경을 가르치는 일에는 관심이 없었습니다. 아니 그들은 교인이 무지한 상태로 있기를 원했던 것입니다. 그래서 이를 정당화하기 위해서 우리가 앞에서 언급했던 맹목적 믿음(implicit faith)이라는 교리를 만들어 냈습니다. 내 머릿속에는 믿음의 내용이 하나도 없지만, 그저 교회가 믿는 것을 믿는다고 하면 그것이 곧 내 믿음이 된다는 것입니다. 이렇게 그들은 교인을 교회에 묶었습니다. 중보자이신 그리스도를 통해서 단독자로 하나님 앞에 서게 한 것이 아니라 그 사이에 교회와 사제가 들어가 버렸습니다. 그리고 그들은 불안해하는 교인에게 확신을 주기 위해서 일곱 가지 성례를 만들었습니다.

종교개혁이 일어나자 이에 대응하기 위해서 로마 가톨릭 진영에서 소집했던 트렌트 회의(The Council of Trent, 1545-1563)는 역설적이게도 로마 가톨릭 교회 안에 그동안 불확실하게 있던 많은 교리와 체계를 확정하는 계기가 되었는데, 이 회의의 결과물은 현재까지 로마 가톨릭 교회에서 매우 중요한 신학적 지위를 유지하고 있습니다. 바로 이 회의에서 만들었던 법규와 교령(Cannons and Decrees)은 성례를 다루는 일곱 번째 세션(session)에서 성례는 은혜를 주며 구원에 꼭 필요한 것이라고 확정합니다. 바꿔 말하면, 교인은 설령 복음 진리에 대해서 모르더라도 교회가 제정하고 사제가 집례하는 일곱 가지 성례에 꾸준히 참석할 때, 이를 통해 구원의 확신을 누리도록 설계되어 있었습니다.

하지만 종교개혁자들은 이러한 로마 가톨릭 교회의 견해가 전혀 성경적이지 않으며, 이러한 시스템은 기만이라고 생각하고 반발했습니다. 구원은 오직 믿음으로 주어질 뿐, 어떤 의식을 통해서 주어지는 것이 아닙니다. 그러므로 예수님이 친히 제정하시고, 성경에 근거를 둔 세례와 성찬이라는 두 가지 성례를 제외한 다른 다섯 가지 성례를 폐지하였습니다. 믿음이 없이 참여하는 성례는 구원에 아무런 이바지를 할 수 없으며, 오히려 성도에게 거짓된 확신을 주어서 참된 구원의 방법인 믿음에 이르는 것을 방해할 수 있기 때문이었습니다. 정작 구원의 참된 방편인 믿음의 내용에는 무관심하게 만들었습니다. 세례와 성찬은 믿음으로 참여할 때 성도에게는 은혜의 수단이 되는 것입니다. 그래서 개신교회, 특히 개혁교회는 성례를 반드시 말씀의 선포와 함께 시행해야 한다고 가르쳐 왔습니다.

그런데 오늘날 교회는 다시 중세로 돌아가고 있습니다. 교회는 성도를 교회에 의존하게 만듭니다. 목사는 슬금슬금 하나님과 성도들 사이로 비집고 들어가 버렸습니다. 그래서 진리인 성경의 말씀보다 목사의 한 마디가 성도에게 더 큰 위로를 주기도 합니다. 그리스도가 아니라 담임 목사와 얼마나 더 가까우냐에 따라 구원에 대한 확신의 강도가 결정됩니다. 교회에서 성경과 교리를 가르치지 않습니다. 그 많은 피를 흘려 겨우 성도의 손에 돌려주었던 성경을 이렇게 다시 그들에게서 빼앗고 있습니다. 대신 봉사와 예배 참여와 헌금이라는 성례가 생겨났습니다. 성도들은 복음 진리에 대해서 잘 알지 못해도 괜찮다고 합니다. 대신 예배에 부지런히 참여하고, 교회 봉사를 많이 하고, 헌금을 충실하게 내면 누구도 그의 신앙을 의심하지 않습니다. 아무도 의심하지 않는 구원을 왜 내가 의심해야 할까요? 그뿐만 아니라 기도와 금식과 같은 다양한 종교적 행위가 성례의 지위를 확보해 가고 있습니다. 그리하여 성도는 자신의 구원에 대한 확신을 그리스도에게서 찾는 것이 아니라 바로 그런 행위들 속에서 찾아 헤매고 있습니다. 종교개혁이 일어난 지 500여 년이 지난 현재 전 세계의 개신교회는 다시 중세로 회귀하고 있습니다.

이처럼 구원의 확신은 나의 종교적 행위로 결정되는 것이 아닙니다. 만약 우리의 종교적 행위가 구원에 대한 확신의 근거가 된다면 확신을 누리기 위해서 우리는 얼마나 열심히 해야 할까요? 무한하신 하나님이 보시기에 어느 정도 해야 그분의 눈에 찰까요? 하나님의 기준과는 상관없이 결국에는 사람마다 다른 기준이 적용될 것이고, 결국 그 기준은 성경의 진리가 아니라 자신의 느낌이 될 것입니다. 이처럼 오백 년 전 마르틴 루터를 괴롭혔던 중세의 망령이 오늘 이 시대에 되살아나고 있습니다.

신비한 체험

옛말에 "백문이불여일견(百聞而不如一見)"이라는 유명한 말이 있습니다. 백 번 들어도 한 번 본 것만 못하다는 말입니다. 여기서 듣는다는 것은 지식을 말합니다. 반면에 본다는 것은 체험을 의미합니다. 이 말 자체는 우리가 일상생활 속에서 경험적으로 어느 정도 증명됩니다. 하지만 항상 옳은 것은 아닙니다. 왜냐하면 우리의 경험이 항상 정확한 사실을 보여주는 것은 아니기 때문입니다. 예를 들어 보겠습니다. 어린 아이가 생애 처음으로 친구들과 함께 마술쇼 구경을 왔습니다. 한 마술사가 나오더니 자신을 도와주는 여인을 긴 통 안에 넣고 머리와 발가락만 나오게 합니다. 그리고는 긴 칼을 가지고 통의 정중앙을 잘라 버립니다. 이때 이 아이는 놀라며 두 손으로 눈을 가립니다. 그런데 여인의 얼굴은 고통은커녕 활짝 웃는 모습을 하고 있습니다. 발가락도 잘 움직입니다. 그리고는 가운데가 나눠진 통을 분리합니다. 이어서 이제 믿을 수 없는 광경이 펼쳐집니다. 머리와 발이 서로 분리된 채 테이블에 얹혀서 따로 돌아다닙니다. 여전히 얼굴은 웃고 있고, 발가락은 움직이고 있습니다. 눈으로 보고 있지만 도저히 믿을 수가 없습니다. 아무리 봐도 저 작은 통에 그 여인이 아닌 다른 사람이 들어갈 공간은 보이지 않습니다. 그런데 어떻게 이런 일이 일어날 수 있을까요? 하지만 사실입니다. 눈이 그렇게 말하고 있기 때문입니다. 누가 봐도 상체와 하체가 분리된 채 살아있는 모습입니다. 이 아이에게는 충격 그 자체입니다.

이 공연을 본 아이가 집에 와서 아빠에게 말합니다. "아빠, 나는 오늘 믿을 수 없는 일을 보았어요. 사람의 몸이 둘로 나눠졌는데 살아 있었어요." 하지만 그런 마술을 많이 본 아빠는 이렇게 말합니다. "애야, 그건 마술이야. 실제로 몸이 분리된 게 아니야. 사람은 몸이 나눠지면 살 수가 없는 법이야." 하지만 아이는 믿지 않습니다. 왜냐하면 자신이 본 게 있기 때문입니다. 부모에게 아무리 설명을 들어도 보는 것만 못하기 때문입니다. 과연 누구의 말이 맞을까요? 당연히 아빠의 말이 맞습니다. 실제로 사람의 몸이 잘린 것이 아닙니다. 하지만 아이의 체험은 진실과 반대입니다. 이처럼 언제나 보는 것, 곧 체험이 진실을 보장하는 것은 아닙니다. 오늘날 교회 안에도 백문이불여일견이라는 생각을 가진 사람이 많이 있습니다. 목사나 신학자가 가르치는 교리나 성경지식은 자신의 체험에 비하면 아무것도 아니라고 생각합니다. 아무리 말해봐야 내가 체험한 것을 뒤집을 수는 없다는 것입니다. 그러므로 자신의 체험에 근거를 둔 이런 사람이 가진 믿음의 확신은 누구보다 강합니다. 하지만 그 확신이 사실을 보여 주느냐는 전혀 다른 문제입니다.

심방을 하면서 성도와 개인적인 신앙 이야기를 하다 보면, 종종 강력한 체험적인 신앙을 가진 분들을 만나게 됩니다. 그 체험을 가만히 보면 공통점이 있습니다. 먼저 그들의 신비한 체험은 대체로 영적인 체험이 아니라 물리적인 체험입니다. 신비롭기는 합니다. 하지만 영적인 진리를 깨닫거나 이를 통해 자기 심령의 부패함을 보거나 하나님의 탁월하심을 구체적으로 깨닫게 되는 것이 아니라 주로 질병을 고쳤다거나, 환상을 봤다거나, 세상사에 속한 신기한 경험을 한 것입니다. 사람들은 이런 것을 영적인 체험이라고 하지만 실상은 현세적일 뿐입니다. 둘째는 주로 이런 체험이 신앙생활의 초기에 집중된다는 것입니다. 과거에 술주정뱅이였고, 지병이 있었는데, 하나님이 그 병을 고쳐주셔서 신앙생활을 시작했다는 등의 이야기입니다. 얼마나 확신을 가지고 자랑스럽게 이야기하는지 모릅니다. 그런데 그분과 나누는 신앙적인 대화 대부분은 바로 그 체험의 언저리를 벗어나지 못합니다. 그 말씀을 잘 들어보면 분명 신기하고 놀라운 이야기입니다. 하지만 대게 그 신비로운 체험 자체에서는 하나님에 대한 특별한 진리가 거의 보이지 않는 경우가 많습니다. 굳이 찾자면 '하나님의 능력이 대단하시다'는 정도에 불과합니다. 그래서 저는 이런 말씀을 들을 때마다 묻습니다. "그럼 그렇게 시작한 신앙생활을 하시면서 하나님에 대해서 얼마나 더 알게 되셨나요? 권사님이 경험하신 하나님에 대해서 더 많이 알고 싶어요." 그러면 그들은 저의 물음에는 별로 관심이 없고, 계속해서 그즈음에 경험했던 더 신비한 일들에 대해서만 계속해서 자랑스럽게 말합니다. 그 때쯤 되면 저의 마음속에서는 다음과 같이 말하고 싶은 마음이 용솟음칩니다. '권사님, 40년 전에 역사하셨던 하나님에 대해서는 이제 말씀하셨으니, 그 이후에 함께 하셨던 하나님에 대해서 말씀해 주세요. 어제 하나님은 권사님의 삶에 어떤 역사를 베푸셨나요? 오늘은요? 그 하나님이 어떤 성품과 속성을 가지고 계신지, 권사님이 알고 계신 하나님에 대해서 더 풍성하게 알려주세요.' 얼마나 많은 사람이 수십 년 전에 경험했던 신비한 체험을 가지고 오늘을 살아가고 있는지 모릅니다.

사실 신비로운 체험 그 자체는 하나님에 대해서 그리 많은 내용을 알려주지 않습니다. 기도를 통해서 불치의 병을 치료받은 사람이 있다고 해 봅시다. 하나님의 놀라운 그 역사를 통해서 그가 하나님에 대해서 배울 수 있는 것은 하나님은 기도하는 사람에게 응답해 주신다는 사실과 하나님에게는 병을 고칠 수 있는 능력이 있다는 사실 정도입니다. 하지만 그때 자신에게 응답해 주셨다고 다른 사람의 모든 기도에 항상 같은 방식으로 응답하시는 것은 아니니 항상 응답해 주신다고 말할 수는 없습니다. 이 두 가지 사실은 하나님의 속성과 성품에 대해서 아주 극히 일부분일 뿐입니다. 그리고 이 사실은 반드시 이런 체험이 있지 않아도 얼마든지 깨달을 수 있습니다. 물론 체험이라는 것은 지식의 양보다는 강도와 더 깊은 관계가 있을 것입니다. 하나님 역사에 대해서 더 강렬하게 인상을 남깁니다. 맞습니다. 그래서 하나님은 때때로 필요에 따라 일정한 체험을 허락하십니다. 하지만 그 지식의 양은 매우 제한됩니다. 바꿔 말하면, 하나님이 자기 백성에게 신비로운 체험을 하게 하시는 것은 하나님에 대한 참된 지식에 들어가도록 하는 강력한 동기부여를 하는 것이지, 그 자체로 하나님에 대한 참된 지식을 주는 것은 아닙니다. 그런 체험이 없이는 도저히 하나님을 알려고 하지 않는 완악한 영혼을 향해 하나님은 선하신 목적에 따라 그런 체험을 허락하실 수는 있으나 그 체험은 이제 하나님을 아는 그 복된 여정의 시작점에 불과한 것입니다. 그런데 얼마나 많은 사람이 이 체험을 통해서 자신이 하나님에 대해서 충분히 알게 된 것처럼 교만하게 구는지 모릅니다.

앞서 제가 이런 체험을 신앙의 초창기에 경험하는 경우가 많다고 했습니다. 하지만 간혹 신앙의 세월이 많이 흘렀지만 계속해서 신비한 체험을 하고 있다고 주장하는 사람도 있습니다. 그럴지라도 상황은 별로 다르지 않습니다. 신앙의 체험 자체는 대개 물리적인 체험의 성격이 강하며, 이것은 우리에게 하나님에 대한 영적이고 참된 지식을 주기에는 그리 적합하지 않습니다. 하나님에 대한 영적인 지식은 성경을 통한 성령의 역사로 주어지는 것입니다. 사도 바울은 고린도전서 2장에서 하나님의 지혜와 세상의 지혜를 대조하면서, 육신은 영적인 세계의 일을 파악할 수 없기에 세상의 지혜로는 그리스도의 십자가의 의미를 파악할 수 없다고 말합니다. 그러면서 오직 성령님만이 하나님의 뜻과 일을 아시기 때문에 우리가 하나님을 알기 위해서는 반드시 성령님을 소유하고 성령님의 도우심을 받아야 한다고 강조합니다. 이처럼 하나님의 일은 성령님의 조명으로 말미암아 하나님의 말씀인 성경을 통해서 주어지도록 하나님이 정하셨습니다. 그러므로 만약 많은 체험이 그 사람을 하나님의 말씀 앞에 무릎을 꿇도록 만들지 않고 오히려 말씀을 멀리하거나 가벼이 여기도록 한다면 그것은 하나님이 주시는 은혜가 아니라고 단언할 수 있습니다. 영적인 지식을 우리에게 전해주는 것은 오직 하나님의 사정을 통달하시는 성령님의 역사뿐입니다. 그런데 이 성령님은 반드시 하나님의 말씀과 더불어(*cum Verbo*) 역사하십니다. 그러므로 하나님에 대한 참되고 영적인 지식은 물리적인 체험이 아무리 많아도 거기서 얻을 수 있는 것이 아니라 오직 성령님의 조명을 따라 하나님의 말씀에서 얻는다는 사실을 명심해야 합니다.

사실 앞에서 기적 신앙에 대해서 설명하면서, 이미 우리는 신비한 체험이 우리 믿음의 진실성을 보장하지 않는다는 사실을 살펴보았습니다. 그러므로 당연히 믿음의 확신도 마찬가지입니다. 사람은 신앙에서 무언가 특별한 것을 원합니다. 일상에서 경험하는 것을 초월하는 어떤 능력이나 경험을 추구하는 것이 인간 속에 새겨진 종교의 씨앗입니다. 타락하기 전 아담은 초자연적인 하나님과 교제하며 살았습니다. 타락 이후 이 하나님을 인식하지 못하게 되었지만, 타락한 인간의 본성 저 깊은 곳에는 여전히 잃어버린 하나님과의 교제에 대한 갈망이 남아 있습니다. 바로 이것이 신비로운 것, 자연을 넘어서는 초자연적인 것에 대한 욕구입니다. 이런 현상은 모든 사람의 마음속에 있기에, 예수님도 이 땅에 오셔서 많은 이적과 기사를 행하셨습니다. 이를 통해서 주님은 자신이 하나님이심을 보이셨고, 사람들은 그분을 따랐습니다. 그런 의미에서 신비로움은 종교 혹은 신앙의 본질에 속하며, 만약 여기서 신비로움을 제거하면 종교로서의 본질이 훼손된다고 볼 수 있습니다. 본성상 무한하시고, 영원하신 하나님은 신비로운 분입니다. 모든 신비 중의 신비이시며, 인간의 눈에는 신비 그 자체이신 분입니다. 그러므로 기독교 신앙에 신비로움을 제거할 수도 없고 해서도 안 됩니다. 그럼에도 불구하고 인간이 경험하는 모든 신비로움이 다 하나님의 특별한 구원의 역사와 관련된 것은 아닙니다. 금은 반짝입니다. 하지만 모든 반짝이는 것이 다 금은 아닙니다. 마찬가지로 모든 신비한 체험이 다 구원의 증거는 아닙니다.

결론적으로 신비체험을 구원의 증거로 여겨서는 안 되는 이유는 다음과 같습니다. 첫째는 모든 사람이 경험하는 신비로운 현상이 정말로 신비로운 것이 아닐 수 있기 때문입니다. 사람들은 예배당이라는 공간에서 혹은 종교적인 행위를 하는 도중에 경험하는 신비한 것은 다 하나님의 특별한 역사라고 생각합니다. 하지만 역사적으로 볼 때 그렇지 않은 증거가 더욱 많습니다. 오늘날 이단적인 사상을 주장하는 대부분의 사람은 기존의 교회 출신이며, 그들 중 다수는 이런 신비한 체험을 경험한 사람이라는 사실이 이를 증명합니다. 둘째는 하나님의 일반 역사일 수 있기 때문입니다. 홍해를 건넜던 모든 이스라엘 백성은 광야에서도 하나님의 눈에 보이는 역사를 체험했지만 가나안에 도착한 사람은 거의 없었습니다. 출애굽 당시 성인 중에는 오직 여호수아와 갈렙만 가나안에 들어갔습니다. 그 엄청나고 신비한 체험에도 불구하고 이스라엘 백성들은 믿음에서 떨어져 나갔습니다. 뿐만 아니라 예수님과 함께 3년간 생활하며 수많은 이적과 기적을 체험했던 제자들마저도 십자가의 순간에는 흩어져 버렸고, 심지어 그들 중에 하나였던 유다는 예수님을 은 삼십 냥에 팔았습니다. 이 말은 우리가 경험하는 신비적인 체험이 반드시 구원을 목적으로 하는 특별한 하나님의 역사라고 할 수는 없다는 것입니다. 셋째는 바로 성경적인 근거가 없기 때문입니다. 이것이 가장 핵심적인 것입니다. 성경은 그 어느 곳에서도 우리의 신비적인 체험이 구원의 확실한 증거라고 말하지 않습니다. 오히려 주의 이름으로 병자도 고치고, 예언을 한 사람이라도 마지막 날 주님 앞에서 쫓겨날 수 있다고 경고합니다. (마7:22-23)

확신의 바른 근거

이제 우리는 이 책의 가장 마지막 부분에 이르렀습니다. 지금까지 구원이란 무엇이며, 그 구원을 가능하게 하는 참된 믿음이란 어떤 본성을 가졌으며, 그 믿음의 열매는 무엇인지 살펴보았습니다. 그리고 마지막으로 자신에게 참된 믿음이 있다는 사실을 어떻게 확신할 수 있는지 살펴보고 있습니다. 사실 한국 교회의 형편을 보면 믿음의 확신에 대한 논의조차 제대로 있었던 적이 없습니다. 이는 지금도 마찬가지입니다. 목회자도 신학자도 이 문제에 대해서는 크게 관심을 가지지도 않고 있습니다. 그 결과 사람들은 자신의 구원과 참된 믿음에 관해서 각자 알아서 판단하고 살아왔습니다. 그런데 문제는 근거입니다. 내가 확신을 가지는 근거가 무엇이냐는 것입니다. 이 확신의 문제에서만큼은 이 근거가 절대적으로 중요합니다. '나는 왜 나의 구원을 의심하지 않는가?' 이 때 사람들이 원하는 것은 눈에 보이는 어떤 외적증거입니다. 가장 좋은 방법은 구원하는 믿음을 가진 사람의 몸에 그렇지 않은 사람에게서는 절대로 나타나지 않는 신비로운 문신이라도 나타난다면 좋겠지만 그런 일은 없습니다. 그러다 보니 사람들은 나름대로 외적인 증거를 찾기 시작했습니다. 대표적으로 주관적인 느낌이나 종교적 행위 혹은 신비한 체험이나 능력과 같은 것이 그 자리를 차지하기 시작합니다. 그리고 이런 현상은 여전히 한국 교회 성도의 신앙 속에 남아서 이룰 말할 수 없는 왜곡을 일으키고 있습니다. 가장 대표적인 현상은 성도의 관심이 진정한 실체인 보이지 않고 영적인 실체로 향하기보다는 실질적으로 느낄 수 있는 가시적이고 물질적인 세상으로 향하도록 만들었다는 것입니다.

앞서 말했듯이 교회사의 위대한 변곡점인 종교개혁은 믿음에 대한 바른 확신의 문제와 떼려야 뗄 수 없습니다. 이러한 개혁자들의 관심은 꾸준히 이어져서 개신교회, 특히 칼뱅과 그의 동료들을 통해서 시작되고 전수되었던 개혁파 신앙 속에서 중요한 주제로 자리매김해왔습니다. 특히 17세기 영국의 청교도는 이 문제를 단순히 실천적인 문제로만 여기지 않고 신학적이고 교리적인 문제로도 인식하였습니다. 이들은 웨스트민스터 신앙 고백서를 작성하면서 믿음의 확신 문제에 한 장을 할애하여 중요한 교리로 다뤘는데, 이는 당대의 다른 신앙고백이나 신조에서는 찾기 어려운 일이었습니다. 그러므로 이제 우리는 웨스트민스터 신앙 고백서 18장에 나타난 "은혜와 구원의 확신에 관하여"를 살펴봄으로써 참된 구원의 확신에 관한 성경적인 입장을 살펴보도록 하겠습니다.

구원의 확신을 위한 3가지 근거

먼저 신앙고백은 많은 사람이 잘못된 근거에 따라서 거짓된 확신을 가지고 있는 현실과 가능성에 대해서 지적합니다. 이에 대해서는 이미 우리가 살펴보았습니다. 잘못된 확신의 근거에 대해서 지적받은 사람은 당연히 인정하려 들지 않을 것이고, 아마 이렇게 주장할 것입니다. '나의 확신과 그 근거가 잘못되었다면 세상에 참된 구원의 확신은 없습니다.' 이를 예상하기라도 한 듯이 신앙 고백은 '그럼에도 불구하고' 우리를 부끄럽게 하지 않을 참된 구원의 확신은 존재한다고 말합니다. 이어서 참된 확신의 근거가 무엇인지 다음과 같이 설명합니다.

> 이 확신은 불확실한 소망에 근거한 추측과 가능성뿐인 신념이 아니다. 다만 오류가 없는 믿음의 확신은 구원의 약속들에 대한 하나님의 진리에 기초하며, 이 약속의 결과로 주어진 은혜의 내적 증거, 우리가 하나님의 자녀인 것을 우리의 영과 더불어 입증하시는 양자의 영의 증거에 기초한다. 이 성령은 우리가 받을 기업의 보증이신데, 그분에 의하여 우리가 구속의 날까지 인치심을 받았다(웨스트민스터 신앙고백 18.2).

확신이란 단순한 심리적 작용이나 느낌과 같은 불확실한 소망에 근거한 "추측(conjectural persuasion)"이나 가능성을 의미하는 "신념(probable persuasion)"이 아니라 "오류가 없는(infallible)" 믿음의 확신입니다. 그렇다면 이 확신에서 오류를 제거해 주는 것이 무엇일까요? 바로 그 확신이 뿌리를 내리고 있는 근거입니다. 그러므로 우리의 확신은 바로 그 확신의 근거를 바라보고 또 바라볼 때 누릴 수 있는 확신입니다. 역으로 말하면 시시때때로 변하는 느낌이나 철저하게 우리에게서 비롯되는 종교적 행위나 하나님에 대한 온전한 지식의 원천이 될 수 없는 신비한 체험은 아무리 본다고 해도 그 속에서 우리가 참된 위로를 느낄 수 없다는 말입니다. 물론 구원받은 느낌이나 감정적인 위로를 일시적으로 혹은 사는 날 동안 누릴 수도 있습니다. 하지만 중요한 것은 그런 거짓 확신은 언젠가는 밝혀질 것이며 마지막 날에 자신을 부끄럽게 할 것이라는 사실입니다(웨스트민스터 신앙 고백서 18.1). 반면에 참된 구원의 확신은 결코 그를 부끄럽게 하지 않습니다. 그렇다면 신앙 고백이 제시하고 있는 참된 구원의 확신을 위한 세 가지 근거는 무엇일까요?

신앙 고백은 오류가 없는 구원의 참된 확신을 주는 근거로서 세 가지를 우리에게 알려 줍니다. 첫째는 구원의 약속에 대하여 주어진 하나님의 진리입니다. 둘째는 그 약속의 결과로 주어진 은혜에 대한 내적 증거입니다. 마지막으로 우리의 영과 더불어 증언하시는 양자의 영입니다. 만약 여러분이 이 세 가지 근거 위에 여러분의 구원을 확신한다면 이는 결코 여러분을 부끄럽게 하지 않을 것입니다. 왜 그런지 이제 참된 확신의 세 가지 근거를 통해서 살펴보도록 하겠습니다.

그리스도 안에 주어진 구원의 약속들

신앙 고백서에서 말하는 참된 확신의 세 가지 근거는 그 중요성에 있어서 순서가 있습니다. 신앙 고백서는 이 세 가지 근거 중에서 가장 핵심적이고 중요한 근거는 구원의 약속에 관한 하나님의 진리라고 우리에게 알려 줍니다. 그렇다면 구원에 관한 하나님의 진리는 어디에 기록되어 있을까요? 바로 성경입니다. 하지만 성경에 기록된 모든 약속은 누구에게나 주어지는 것이 아닙니다. 이 약속은 오직 주 예수 그리스도 안에 있는 이를 위해서 준비된 것입니다. 바꿔 말하면, 믿음으로 그리스도와 연합된 사람에게 준비된 은혜의 약속입니다. 그러므로 우리의 구원을 확신하는 가장 핵심적이고 중요한 근거는 하나님이 성경을 통해 예수 그리스도 안에서 주시기로 예비해 놓으신 모든 약속입니다. 그런데 이 말을 듣는 순간 어쩌면 여러분은 실망스럽다는 생각을 할 수도 있습니다. 분명히 뭔가 더 특별하고 느낌이 확 오는 것을 기대했을 것입니다. 적어도 확신을 위해서라면 눈에 보이지 않는 믿음을 통해서 아는 애매한 것이 아니라 눈에 보이고 손으로 만질 수 있는 어떤 근거가 필요하다고 생각하기 때문입니다. 앞에서 말했던 것처럼 신체에 어떤 특별한 변화가 일어나거나, 없던 능력이 생기거나, 신비로운 체험을 하는 것과 같은 것을 말입니다. 하지만 만약 그리스도 안에 주어진 하나님의 약속이 우리 구원을 확신하기 위한 가장 중요한 근거라는 말을 들을 때 실망스럽다고 느낀다면, 이 말은 곧 여러분이 믿음의 본질을 심각하게 오해하고 있다는 말입니다.

확신은 구원하는 믿음과는 구별되어야 합니다. 일단 그 대상부터 다릅니다. 구원하는 믿음은 사람이 볼 수 없는 영적인 실체에 대한 믿음입니다. 특별히 예수 그리스도가 어떤 분이시며, 어떤 일을 하셨는지를 알고 그분을 의지하는 것입니다. 하지만 확신은 예수님을 믿는 것이 아니라 내 자신이 예수님을 참되게 믿고 있다는 사실을 믿는 것입니다. 바꿔 말하면, 구원하는 믿음의 대상은 우리를 구원하시는 예수님이시지만, 확신은 그 믿음의 대상이신 예수님을 믿고 있는 나 자신입니다. 이때 중요한 것은 믿음이 가지고 있는 본질적인 속성입니다. 바로 "보이지 않는 것의 증거"(히11:1)라는 사실입니다. 믿음은 본질적으로 영적인 실체에 대한 신뢰이며, 이는 현세적이고 물질적인 세계 밖의 영역입니다. 물론 영적인 믿음이 감각적으로 드러날 때도 있습니다. 하지만 항상 그런 것은 아닙니다. 그러므로 물질적인 감각이나 현상을 통해서 영적인 믿음을 증명하려는 시도는 매우 위험합니다. 만약 물질적인 감각으로 느낄 수 있는 것을 우리 구원의 확신을 위한 참되고 궁극적인 근거로 여긴다면, 우리가 구원하는 믿음을 가질 때 어떤 영적인 활동도 필요 없게 되기 쉽습니다. 증거가 눈에 보이는데 누가 보이지 않는 하나님을 향한 믿음을 가질까요? 당연히 늘 눈에 보이는 증거만을 들여다보게 될 것이고, 결국 참된 믿음의 대상인 그리스도와 영적인 실체는 보지 않고 오직 자신만을 보게 될 것입니다. 하지만 사람은 자기 자신을 아무리 들여다본다고 하더라도 궁극적인 구원의 확신을 가질 수 없습니다. 처음에는 변화된 자신의 모습과 삶이 새롭고 신선하고 대단하게 보이지만, 결국 끊임없이 자신을 바라볼 때 남는 것은 부족하고 연약하며 추한 자신의 부패한 모습만 보이기 때문입니다. 그래서 처음 자신의 변화된 모습을 바라볼 때 느껴지던 확신도 점차 줄어들고 오히려 점점 더 불안하고 더 큰 확신의 대상, 곧 확신을 가지기 위해서 보아야 할 대상을 다시 찾아 헤매게 될 것입니다.

그러므로 청교도는 신앙 고백서를 통해서 우리에게 가장 중요하고 확실하며 궁극적인 구원의 확신을 위한 근거를 제시해 줍니다. 바로 주 예수 그리스도 안에 주어진 하나님의 약속입니다. 에베소서 1장에 기록된 수많은 "그리스도 안에"라는 표현과 항상 짝을 이루는 것은 하나님이 그리스도 안에 있는 백성에게 이미 주셨던 복과 또 앞으로 주실 복에 대한 약속입니다. 결국 우리는 이 세상에 존재하는 어떤 눈에 보이는 것이 증언하는 것보다 이 은혜의 약속과 이 약속의 중보자가 되시는 그리스도를 바라볼 때, 그리스도께서 우리를 향해 보이시는 조용한 사랑의 미소로 말미암아 더욱 큰 확신을 누리게 됩니다.

내적인 은혜의 증거

방금 우리는 내 자신의 모습을 뚫어져라 살펴본다고 해서 반드시 구원의 확신이 커지는 것은 아니라고 했습니다. 그렇다면 여기서 이런 의문이 듭니다. '구원의 참된 확신을 얻는 일에 있어서 우리 자신을 돌아볼 필요가 전혀 없다는 말인가?' 과연 그럴까요? 사실 그렇지 않습니다. 물론 그리스도 안에 주어진 하나님의 약속을 보는 것이 가장 주요한 확신의 근거인 것은 사실이지만, 보조적으로 우리의 영혼 안에서 일어나는 일도 하나님의 역사의 증거가 될 수 있습니다. 정말로 내가 하나님의 백성이고, 내 안에 성령의 역사가 진행되고 있다면, 그 진행되는 일이 우리 자신이 하나님의 자녀임을 증명하는 근거가 얼마든지 될 수 있습니다.

웨스트민스터 신학자들은 특별히 이를 "약속의 결과로 주어진 은혜의 내적 증거"(the inward evidence of those graces unto which these promises are made)라고 말합니다. 하나님이 그리스도 안에 있는 자들에게 주시겠다고 약속한 바로 그 은혜가 우리 안에 있다는 증거입니다. 그렇다면 여기서 말하는 은혜란 무엇이며, 그 은혜가 그 사람에게 있다는 내적인 증거는 무엇일까요? 먼저 우리는 구원이라는 것이 단순히 죽어서 천국에 가는 것 이상의 의미를 담고 있다는 사실을 알아야 합니다. 구원은 죄로 인하여 단절되었던 만복의 근원이신 하나님과 나누는 사랑의 교제를 회복하는 것입니다. 그러므로 하나님은 죄인을 구원하실 때 자신과 사랑의 교제를 나눌 수 있도록 죄인을 변화시켜 나가십니다. 이 변화는 실질적인 변화와 지위의 변화로 나눌 수 있습니다. 지위의 변화라는 것은 죄인에서 의인으로 그 지위가 바뀌는 것입니다. 마귀의 자녀에서 하나님의 자녀로 변화되는 것을 의미합니다. 하지만 이 지위의 변화만으로는 하나님과 교제할 수 없습니다.

본성의 변화가 반드시 동반되어야 합니다. 예를 들면, 자석에 N극과 S극이 있는데, 같은 극끼리는 밀어내는 성질이 있습니다. 이것은 본성상 당연합니다. 이렇게 서로 밀어내는 한 자석의 N극과 다른 자석의 N극이 있는데, 한 자석의 N극을 S극이라고 색깔과 글자만 바꿔 놓는다고 해서 이 둘이 서로 만날 수는 없습니다. 서로 밀어내는 본성을 바꿔야 합니다. 마찬가지로 의로우신 하나님은 불의한 자와 함께 할 수 없고, 거룩하신 하나님은 거룩하지 않은 자와 교제할 수 없습니다. 그러므로 하나님과 교제하기 위해서는 하나님의 본성을 닮은 성질을 가져야 합니다.

결국 마귀의 자녀는 마귀의 특성을 나타내지만 하나님의 자녀에게는 하나님의 성품이 나타납니다. 이 두 가지 변화는 모두 다 하나님이 주시는 은혜의 결과입니다. 거듭난 신자 안에는 성령님이 내주하시고, 중생과 함께 새로운 본성이 심어졌는데, 이것이 바로 은혜입니다. 그러므로 그 사람 안에서는 이 은혜가 살아있음을 증명하는 영적인 활동이 일어납니다. 특히 이 영적인 활동은 신자의 믿음을 강화하는 방향으로 역사하기에 은혜의 활동은 주로 믿음을 통해서 드러납니다. 그래서 신자는 이 믿음의 활동을 통해서 자신에게 내적인 은혜가 있다는 사실을 확신합니다.

이 내적인 은혜의 역사를 성화라고 부를 수도 있습니다. 은혜가 우리 안에서 역사한 결과 마음이 점점 더 거룩해지기 때문입니다. 그리고 이 거룩한 상태는 하나님의 말씀을 따르는 모습으로 드러납니다. 이것을 선행이라고 말합니다. 선행이란 사람들이 인정해 주는 착한 사람을 의미하는 것이 아니라 참된 선행은 하나님의 명령에 순종하는 것입니다. 그 안에서 은혜가 역사하는 사람은 하나님의 뜻과 명령 속에 있는 탁월함과 아름다움을 발견하게 되므로 그 말씀에 순종하는 것이 복되다는 사실을 점점 더 확실하게 깨닫습니다. 동시에 이에 저항하는 죄악 된 성향은 조금씩 줄어들게 되므로 하나님의 명령에 더 순종할 힘을 얻습니다. 그래서 과거 경건했던 신앙의 선배들은 이 선행이 은혜의 증거라고 생각했고, 그 결과 다음과 같은 논리를 통해서 구원을 확신했습니다.

성경에 따르면 오직 구원하는 믿음을 가진 사람만 삶 속에서 하나님의 말씀에 순종할 수 있다(대전제). 그런데 하나님께서는 내가 그런 열매를 맺을 수 있도록 역사하셨다(소전제). 그러므로 나에게는 구원하는 믿음이 있다(결론).

이것을 그들은 "실천적 삼단논법(*syllogismus practicu*)"이라고 불렀습니다. 결국 이것은 신자가 자신의 외적인 선행을 보고 자신 안에 은혜의 역사가 있다고 판단하는 것입니다. 그리고 이처럼 성화의 외적 증거란 결국 하나님의 명령에 대한 순종을 의미하며, 이는 곧 하나님을 사랑하고 이웃을 사랑하는 신자의 삶의 모습을 가리킵니다. 또한 칼뱅이 말했듯이 신자가 하나님 앞에서 자신을 부인하는 모습도 여기에 포함됩니다.

하지만 이 성화와 하나님의 말씀을 따르는 선한 행위가 항상 동일한 것은 아닙니다. 실제로 내적으로 점점 더 거룩해지고 있지만, 주변 환경의 영향과 사탄의 거센 공격으로 인해서 하나님의 말씀에 더 순종하지 못하는 것처럼 느껴질 때도 있습니다. 그러므로 우리는 자신의 성화를 단순히 외적으로 나타나는 선행만으로 평가하는 것을 조심해야 합니다. 예를 들면, 어린아이가 매일 밖에 나가서 자기보다 더 약한 아이와 싸우고 이겨서 돌아옵니다. 얼굴이나 몸에 아무런 상처가 없이 백전백승입니다. 하지만 이 아이가 자라나 강한 군인이 되어서 더 강력한 대적들과 싸움을 합니다. 어릴 적보다 더 많은 적군이 더 무서운 무기를 들고 자신을 공격하기 때문에 전쟁에 나갈 때마다 얼굴과 온몸에 수많은 상처를 입고 돌아옵니다. 때로는 질 때도 많습니다. 그렇다고 이 군인이 어릴 적 자기보다 어린아이와 싸워 승리하던 시절보다 더 약하다고 말할 수 있을까요? 없습니다. 당연히 더 강해졌습니다. 그런데 왜 졌을까요? 적들이 더 강하고 숫자가 많아졌기 때문입니다. 우리의 성화도 이와 같습니다. 우리가 외적으로 하나님의 말씀에 순종하는 모습은 우리가 처한 환경과 여러 가지 여건에 따라서 다르게 나타날 수 있습니다. 그러니 외적인 선행만으로 자신의 구원을 확신하는 것은 매우 조심해야 합니다. 그러면 어떻게 해야 할까요? 외적인 선행보다 자신의 영혼 안에서 일어나는 영적인 활동에 주목해야 합니다.

그렇다면 우리 안에 하나님의 구원의 은혜가 역사하고 있음을 보여주는 영적인 활동은 무엇일까요? 청교도는 신자의 내적인 성향과 욕구에 주목했습니다. 중생하여 새로운 본성을 가진 신자는 하나님에 대한 경외함이 있고, 영혼의 갈급함이 있으며, 의에 대하여 주리고 목말라 합니다. 또한 자신의 죄를 애통해하면서 회개하고, 다른 이를 사랑하고자 하는 소원을 가지며 믿음으로 인내합니다. 이 모든 것이 분명하게 드러나야 한다는 의미가 아니라 이 중에 어느 한 가지라도 자신 안에 있을 때 신자는 자신의 구원을 확신할 수 있습니다. 여기서는 다음과 같은 논리적인 결론에 이르게 됩니다. "성경에 따르면 오직 하나님의 백성만이 '나는 쇠하고 그리스도는 흥하여야 하리라'는 마음을 가질 수 있다(대전제). 하나님의 은혜로 바로 나에게 이런 마음이 있다는 성령의 증거가 주어졌음을 부인할 수 없다(소전제). 그러므로 나에게는 구원하는 믿음이 있다(결론)." 이것을 청교도는 "신비적 삼단논법(*syllogismus mysticus*)"이라고 불렀습니다. 그리고 그들은 바로 이 실천적 삼단논법과 신비적 삼단논법을 함께 적용할 때 신자는 하나님의 은혜가 자신의 영혼에 주어졌다는 사실을 확신할 수 있다고 믿었습니다.

그런데 여기서 주의해야 할 점은 이 은혜의 증거를 우리가 어떻게 인식하느냐입니다. 일반적으로 자신의 모습을 보고 스스로 판단한다고 생각합니다. 문제는 우리의 인식과 판단의 정확성입니다. 사실 많은 사람은 자신의 느낌을 확신의 근거로 여깁니다. "왠지 내가 변한 것 같은 느낌이 들어." "내가 느끼기엔 은혜의 역사가 있는 것 같아"라고 하면서 자신의 구원을 판단하려 하지만 과연 그것이 얼마나 정확할까요? 인식의 주체가 우리 자신이라면 우리는 우리의 상태를 객관적으로 볼 수도 없고, 자신의 모든 면을 공정하게 살필 수도 없습니다. 스스로 관심이 있는 분야의 변화가 더 크게 느껴지고 어떤 경우는 그것이 모든 것을 판단하는 기준이 될 수도 있습니다. 하지만 성화는 인격의 모든 부분에 걸쳐서 일어납니다. 그러므로 사람이 스스로의 감각과 인식 능력으로 자신의 성화를 판단하는 것은 매우 위험합니다. 그 결과 지나치게 비관하거나 지나치게 낙관하게 되는 경우가 많습니다.

그래서 청교도는 우리 안에 있는 은혜의 역사를 자신이 혼자 골똘히 생각해서 판단하는 것이 아니라 이것도 역시 성령의 증언을 통해 알게 된다고 믿었습니다. 그러므로 단순히 '내가 보기에 요즘에 내가 좀 착해 진 것 같아'가 아니라, 하나님의 말씀과 기도라는 은혜의 수단을 꾸준히 사용할 때 성령님이 이를 통해 그에게 은혜의 증거가 있음을 보이실 것입니다. 하나님의 말씀을 묵상하고 그 말씀에 자신을 비출 때 성령의 증언은 더욱 분명하게 들릴 것입니다.

양자의 영의 증언

신앙 고백서가 세 번째로 제시하는 구원의 확신의 참된 근거는 신자 안에 있는 양자의 영이 우리의 영과 함께 하는 증언입니다. 로마서 8장 16절에 따르면, "성령이 친히 우리의 영과 더불어 우리가 하나님의 자녀인 것을 증언"하신다고 합니다. 이 말의 의미를 이해하기 위해서는 먼저 여기서 말하는 양자의 영이 무엇인지 알아야 합니다. 양자의 영이란 성령을 의미합니다. 로마서 8장 16절에서 바울은 성령님이 우리의 영과 함께 우리가 하나님의 자녀인 것을 증언한다고 했는데, 웨스트민스터 신학자들은 성령님을 "양자의 영"으로 부르고 있습니다. 성령님은 우리가 거듭날 때 우리 안에 내주하셔서 우리 안에 믿음을 불러일으키십니다. 그리고 이 믿음은 우리를 하나님의 자녀로 입양

되게 하는 수단이 됩니다. 그런 의미에서 성령님은 양자의 영입니다. 우리를 양자로 만드신 영이라는 의미입니다. 하지만 동시에 성령님은 우리가 하나님의 아들인 것을 증언하시는 역할도 하십니다. 그러므로 성령님은 이중적인 의미에서 양자의 영이십니다. 우리를 양자로 만드는 일과 우리가 양자임을 증언하시는 일을 하십니다. 그러니까 결국은 성령님은 우리가 하나님의 자녀라는 사실을 증언하신다는 말입니다.

그런데 이 말은 우리가 조금 전에 다뤘던 확신의 두 번째 근거에서 성령님이 하시는 일과 매우 비슷해 보입니다. 구원의 확신에 관한 두 권의 책을 저술했던 세계적인 청교도 전문가인 조엘 비키(Joel R. Beeke, 1952-) 박사에 따르면, 이 같은 이유로 웨스트민스터 신앙 고백서를 작성했던 신학자들도 이 세 번째 확신의 근거가 정확하게 무엇인지 이해하는데 가장 큰 어려움을 겪었다고 합니다. 여기서 말하는 성령의 증언이 무엇이냐는 문제입니다. 실제로 웨스트민스터 회의에 모인 신학자들은 이 문제와 관련하여 크게 두 가지 입장으로 나뉘었습니다. 한편에서는 성령님이 증언하시는 것이 결국에는 우리 안에 은혜의 역사가 일어나고 있다는 사실에 대해서 성령님이 우리의 영과 함께 증언하시는 것이라고 했습니다. 쉽게 말하면 성령님이 우리에게 확신의 두 번째 근거에 대하여 확증해 주는 것이라는 말입니다. 그러니 이것은 확신의 두 번째 근거인 은혜의 활동에 대한 내적 증거와 같은 말입니다. 위에서도 언급했지만, 우리 안에 일어나는 은혜의 활동을 증언해 주시는 분이 성령님입니다.

하지만 이런 의견에 동의하지 않고, 성령님은 또 다른 의미로 직접적으로 신자에게 그의 구원을 증언하신다고 주장하는 이도 있었습니다. 그들은 성령님은 직접적으로 말씀을 통해서 신자의 영에게 구원을 확신시켜 주신다고 주장했습니다. 이것이 첫 번째 견해와 다른 점은 성령의 증언이 직접적이냐 간접적이냐 하는 것입니다. 우리에게 은혜의 증거가 있다는 사실을 성령님이 증언하심으로 우리에게 확신을 주는 것은 간접적인 견해입니다. 하지만 그런 증거에 대한 성령의 증언이 아니라 하나님의 사랑에 대하여 어떤 매개체를 사용하지 않고 직접 증언하신다는 것은 하나님과의 직접적인 교제를 통해서 하나님이 우리를 자녀라고 확신시켜 주시는 것입니다. 예를 들면, 우리 집에는 네 명의 자녀가 있습니다. 아이들이 잘못할 때마다 벌을 주고 훈계를 합니다. 그럴 때마다 넷째가 태어나기 전까지 오랫동안 막내 생활을 했던 셋째는 닭똥 같은 눈물을 뚝뚝 흘리면서 진심으로 "아빠는 자신을 사랑하지 않는 것 같다"고 말합니다. 왜냐하면 자신을 아무리 봐도 아빠가 자기를 사랑하는 것 같지 않는 것처럼 느껴졌기 때문입니다. '사랑한다면 왜 때리냐?' '사랑한다면 어떻게 이런 것도 용서하지 못하냐?' '사랑한다면 사랑한다고 말이라도 좀 해주지' 아마 이런 생각을 했을지 모릅니다. 그때 그 장면을 보고 있던 제 아내가 아빠의 사랑을 확신하지 못하고 슬퍼하는 셋째에게 다가갑니다. 그리고는 설명해 주기 시작합니다. '민균아, 아빠는 널 사랑해. 한 번 생각해봐. 아빠는 돈도 안 받고 널 재워주지, 장난감도 사줬지, 맛있는 밥도 주지, 아침마다 말씀 읽고 기도도 해주지, 네가 수학 문제 풀어달라고 할 때마다 무료로 풀어주지, 학교도 보내주지… 널 사랑하는 이렇게 많은 증거가 있으니 아빠의 사랑을 의심하지 않아도 돼' 이 말을 들은 아들은 가만히 생각하니 그 말이 맞는 것 같다고 생각하게 되었습니다. 이것은 성령님이 간접적으로 우리에게 확신을 주시는 두 번째 사역을 의미합니다. 여기서 제 아내의 역할은 하나님의 말씀을 통해서 신자 안에 은혜의 내적 증거가 있다는 사실을 설명하는 성령님의 역할을 보여줍니다. 이미 자신에게 아빠의 사랑의 증거가 있음에도 스스로 발견하지 못하는 아들에게 엄마가 설명하여서 그것이 아빠의 사랑의 증거라는 것을 확신시켜 주는 것입니다.

반면에 아빠의 사랑을 의심하는 아들이 못된 깡패에게 둘러싸여 혼나고 있습니다. 그때 아빠가 지나가다가 그 장면을 봅니다. 그래서 아빠는 달려가서 그 깡패와 싸워서 아들을 구해냅니다. 아빠는 맞아서 피가 나고 멍이 들었지만, 끝내는 깡패를 다 쫓아냈습니다. 너무 많이 맞아서 쓰러져 있는 아빠에게 아들이 다가가서 '아빠는 날 좋아하지도 않으면서 왜 그랬어요?'라고 묻습니다. 그러자 아빠는 '아빠가 널 얼마나 사랑하는데 그렇게 말을 하니. 아빠는 널 사랑한단다. 그래서 널 구해준 거야'라고 말했습니다. 이것은 성령님이 직접적으로 신자에게 확신을 주시는 사역을 의미합니다. 다른 어떤 수단이 필요없습니다. 하나님이 직접 자녀에게 사랑을 말씀해 주시는 것입니다. 이것 저것 찾아보라고 말씀하지 않습니다. 그저 하나님은 '나는 너를 사랑한단다. 내가 널 구원했어'라고 말씀하시는 것입니다. 이때 성령님은 하나님의 말씀을 사용하십니다. 그 말씀을 통해서 하나님은 직접적으로 자녀들의 영혼에 자신의 사랑을 속삭이십니다. 이 일을 성령님이 하십니다. 이때 성령님은 아빠의 사랑을 중계하고 설명하는 엄마가 아닙니다. 성령님은 아버지의 영, 곧 하나님의 뜻을 직접적으로 전해주는 아버지의 음성입니다.

조엘 비키 목사는 이 내용을 깊이 연구한 후에 이 세 번째 확신이 특별한 순간, 곧 큰 믿음의 확신이 절실히 필요한 순간에 우리에게 위로와 평안을 주는 확신이라고 말합니다. 첫 번째와 두 번째 확신의 근거가 신자가 일상적으로 누리는 확신이라면, 세 번째는 성령의 특별한 역사로서 확신이 절실히 필요한 형편에 있는 자녀에게 주어지는 것으로서 그들의 확신을 크게 증가시킨다고 말합니다. 마치 위기에 처한 아들을 보호해 주시는 아버지의 음성과 같이 말입니다.

결국 성령께서 역사하시는 이 두 확신의 근거는 모두 다 하나님의 말씀을 매개체로 사용합니다. 성령은 결코 신비적인 방식으로 말씀하지 않습니다. 심지어 직접적으로 하나님의 사랑을 전할 때도 하나님의 기록된 말씀이 하나님의 음성이 되어 자녀들의 영혼에 속삭입니다. 그러므로 이 세 번째 확신의 근거를 누리기 위해서 단순히 성령의 도우심만 구해서는 안 됩니다. 하나님의 말씀을 가까이해야 합니다. 그리고 은혜를 구해야 합니다.

실천질문

1. 여러분은 구원에 대한 확신이 있습니까? 그렇다면 구원 받았다는 확신을 가지게 된 근거는 무엇입니까?

2. 구원의 확신에 대한 근거로 많은 사람이 내세우는 세 가지는 무엇입니까? 그것들이 구원의 증거가 되지 않는 이유는 무엇입니까?

3. 구원의 확신을 위한 세 가지 참된 근거는 무엇입니까? 여러분에게 있는 확신은 이 세 가지 근거 중 어떤 것에 가장 의지합니까?

에필로그: 진실을 추구하는 믿음

믿음은 바라는 것들의 실상이요 보지 못하는 것들의 증거니(히 11:1).

기독교는 진리의 신앙입니다. 기독교는 진실을 추구합니다. 기독교는 가짜나 허위를 혐오합니다. 저는 개인적으로 기독교인의 가장 중요한 특징 중의 하나가 바로 진리와 진실에 대한 사랑 혹은 거짓에 대한 미움이라고 믿습니다. 왜냐하면 믿음의 대상이신 예수님이 진실하시고, 진리시며, 믿음은 바로 진리이신 그리스도를 앙망하기 때문입니다. 세상 사람은 눈에 보이는 것이 진실이요 진리라고 믿습니다. 그것이 실체라고 말합니다. 하지만 신자는 육안으로 볼 수 없는 하나님을 믿습니다. 그러므로 우리는 세상 사람의 눈에는 거짓에 속고 있으며, 환상을 좇는 사람들에 불과해 보일 것이 자명합니다. 쉽게 말하면 진실과는 거리가 먼 사람이라는 말입니다. 가장 선하신 분이 가장 흉악한 죄인이 되셨듯이, 진실을 가장 사랑하는 신자가 가장 거짓된 사람으로 취급 받을 수 있습니다. 이것이 죄악 된 세상의 실체입니다. 그러나 신자는 거짓과 환상을 좇는 이들이 아닙니다. 왜냐하면 우리는 참된 실체란 바로 보이지 아니하시는 하나님이시며, 우리의 눈에 보이는 것들이야말로 진짜 같지만 결국 사라져 버릴 허상이라는 것을 알기 때문입니다.

헬라어에서 진리를 의미하는 "알레떼이아"라는 단어는 "실체"라는 의미입니다. 그뿐만 아니라 히브리서 11장 1절에서 "믿음은 바라는 것들의 실상이요"라고 할 때 "실상"이라는 말에 해당하는 헬라어 단어 "휘포스타시스"라는 말도 "실체"라는 의미가 있습니다. 그리고 놀랍게도 이 단어는 삼위일체 하나님을 설명할 때 "한 본질"이라는 의미로 사용하는 용어입니다. 결국 삼위일체란 삼위로 계시는 한 실체라는 의미입니다. 바꿔 말하면, 진리는 허상이 아니라 실체이며, 진정한 실체는 바로 하나님이라는 말입니다. 그리고 신자는 믿음으로 그 실체를 보는 것입니다. 바로 신자가 소망하고 궁극적으로 앙망하는 분은 눈에는 보이지 않으나 유일한 실체이자 진리이신 하나님이시며, 반대로 육에 속한 자들이 앙망하는 것은 눈에는 보이나 허상인 것, 곧 비진리입니다. 그러니 신자의 삶이란 끊임없이 실체, 곧 진실과 진리를 찾아가는 것입니다. 우리 안에 있는 거짓과 위선을 버리고 진리를 추구할 때, 우리는 결국 유일한 실체 그 자체이신 하나님을 만나게 됩니다. 이런 의미에서 예수 그리스도는 자신을 길이요, 진리라고 말씀하셨습니다. 이 말은 그분 스스로 진리 곧 실체이시면서 동시에 실체이신 하나님에게 인도하는 길이라는 뜻입니다.

그렇다면 오늘 이 시대를 생각해 봅시다. 오늘날 많은 사람은 자신이 진실을 추구하는 사람이라고 말하지만, 실제로 그들 중 대다수는 진짜 진실을 알고 싶어 하지 않습니다. 그런데도 사람들은 결코 자신이 진실을 외면한다고 생각하지 않습니다. 오히려 자신이야말로 진실에 가장 접근해 있다고 믿습니다. 왜냐하면 그들은 정말로 자신이 진실을 추구한다고 착각하고 있기 때문입니다. 그리스도 밖에 진실이 있을 리 만무하지만, 그들은 그렇게 생각합니다. 자신이 먼저 마음에 드는 진실을 정해놓고 그것이 아닌 다른 것은 거짓이라고 여겨버리면 그만이기 때문입니다. 이는 스스로 진리의 판단자가 되는 것으로서 자기가 하나님이 되는 것입니다. 그러니 마음에 들지 않는 진실은 한순간에 거짓이 되어 버리고 맙니다. 우리는 이런 모습을 일상생활에서 쉽게 봅니다. 요즘같이 세상을 보는 눈이 극명하게 엇갈린 시대에는 모두가 자신이 믿고 싶은 내용을 선별하여 진실이라는 이름을 각자가 붙여 버립니다. 그리하여 우리 주변에는 온통 스스로 가장 진리에 근접해 있다고 믿는 사람뿐이지만, 실상 그 어디에도 진실한 사람을 찾기 어려운 세상이 되어 버렸습니다.

이러한 인간의 본성은 신앙생활을 하는 데에도 그대로 이어집니다. 교회 안에는 기독교의 가르침이 자기 마음에 들기를 바라는 사람들로 가득합니다. 그들은 자신이 기독교를 선택했다고 믿는데, 그 이유는 기독교의 어떤 특정한 부분이 자기 마음에 들었기 때문입니다. 바꿔 말하면, 교회는 지금껏 그들이 보고 싶어 하는 그 진실을 보여 주었다고 할 수 있습니다. 그렇다면 그들이 원하는 진실이란 무엇일까요? '넌 잘난 사람이야.' '넌 잘 될거야.' '하나님이 널 도와 주실거야.' '다 괜찮은데 몇 가지만 수정하면 성공할 수 있어. 교회가 도와줄게.' 대략 이와 같은 말입니다. 그런데 이 말들이 진실일까요? 하나님을 알지 못하던 자연인의 상태에 있던 그들에게 이 말이 진실일까요? 사람들이 듣고 싶어 하는 말은 자신에게 어떤 능력과 가능성이 있다는 말입니다. 물론 연약하고 부족한 부분이 있지만, 그래도 몇 가지만 보완하면 너는 할 수 있는 능력을 가진 꽤나 괜찮은 존재라는 말을 진실이라고 믿고 있습니다.

하지만 적어도 성경이 전하는 자연인의 모습은 이렇게 긍정적이지 않습니다. 아니, 우리가 상상하는 것보다 훨씬 더 절망적입니다. 그러나 지역 교회에 속한 많은 사람은 처음 기독교를 접할 때부터 지금까지 이런 진실에는 아예 귀를 닫고 자신이 듣고 싶은 이야기를 진실이라는 이름으로 포장하며 자신의 절망적 상태에 대해서는 한 번도 의심하지도 않고 살아갑니다. 그러니 실제로 교회 안에는 자신에 대한 진정한 진실을 한 번도 마주한 적이 없는 사람이 부지기수입니다. 그러므로 그들은 아직 믿음이 시작조차 하지 않은 셈입니다. 하지만 우리는 진실을 마주해야 합니다. 대개 진실은 우리가 기대하는 것처럼 아름답지 않습니다. 그것이 나 자신에 대한 진실이든, 내가 살아가는 세상에 대한 진실이든 마찬가지입니다. 죄악으로 타락한 이 세상은 우리가 상상하는 이상으로 추악하고 더럽습니다. 물론 그 속에 속해 있던 우리 자신도 마찬가지입니다.

모두가 진실을 추구한다고 말하지만, 모두가 진실을 소유하지 못하는 결정적인 이유는 용기가 없기 때문입니다. 진실은 용기 있는 자의 것입니다. 하지만 참된 신자는 진실을 본 사람입니다. 그러니 신자만큼 진실을 사랑하고 용기를 가진 자가 없습니다. 그들은 자신의 비참함을 보았고, 자기 안에서 절망을 발견한 사람입니다. 그것은 매우 고통스러운 경험이고, 피하고 싶은 경험입니다. 하지만 진실을 사랑하는 신자는 죽음 안에서 자신을 보았습니다. 그러므로 신자야말로 진정으로 용기있는 사람입니다. 자신 안에서 절망을 본 모든 사람이 다 그리스도 안에 있는 은혜를 경험하는 것은 아니지만, 적어도 구원의 은혜를 얻기 위한 필수조건입니다. 그러므로 만약 아직 자신의 절망과 추악함을 마주할 용기를 낸 적이 없다면, 죄송하지만 여러분은 그리스도인이 아닙니다. 아직도 여러분의 자아 속에서 소망을 찾고 계신다면 여러분은 구세주이신 그리스도를 만난 적이 없습니다. 그 언저리를 맴돌고 있을 뿐입니다. 거의 구원받은 사람일 수는 있지만, 구원받은 사람은 아닙니다.

혹 여러분 가운데 과거에 자신의 죄와 무능함을 보고 슬퍼하며 예수 그리스도 안에서 모든 소망을 발견한 경험이 있다면, 그 용기를 가지고 오늘도 자신을 바라보아야 합니다. 자신의 진실한 모습을 그대로 보기 위해서 하나님에게 기도해야 합니다. 그래야 여러분은 자신이 구원받은 하나님의 백성이요, 여러분 안에 있는 믿음이 여러분을 그리스도와 연합시켰다는 사실을 확신할 수 있습니다. 한때 거지였던 이가 왕자가 되고 난 후에 자신의 지위를 충만하게 누리기 위해서는 거지였던 과거를 기억하고 모든 권세를 가지신 위대한 왕에게 영광을 돌리는 방법뿐입니다. 과거가 부끄럽다고 과거를 잊어버리고 교만하게 행한다면 왕은 왕자의 지위를 박탈해 버릴 것입니다. 물론 온 우주의 왕이신 하나님이 이미 그리스도와 연합된 자기 백성을 내친다는 의미는 아닙니다. 대신 하나님은 그 큰 사랑으로 우리의 지위를 보전하시기 위해서 우리에게 진실을 마주하게 할 것입니다. 그러므로 신자는 항상 자신의 실제 상태를 마주하기를 두려워해서는 안 됩니다. 그러므로 여러분이 신자라면, 진리이신 그리스도의 제자라면, 여러분은 날마다 용기를 내어 여러분의 모든 것을 재고해야 합니다. 우리가 지금껏 믿었던 신앙생활의 내용과 습관과 전통을 진실 앞에 내려놓을 용기가 있어야 합니다. 믿음도 마찬가지입니다. 과거 어느 순간에 믿었기 때문에 나는 늘 구원이 확정되었다고 해서는 안 됩니다. 날마다 보아야 하고, 날마다 살펴야 합니다.

여러분은 지금까지 믿음에 대해 기나긴 탐험을 했습니다. 우리는 모든 믿음이 다 구원하는 믿음이 아니라는 사실을 보았습니다. 믿음에는 다양한 종류가 있다는 것도 알았습니다. 참된 믿음이 반드시 가져야 할 요소와 성질에 대해서 보았고, 참된 믿음의 본질과 대상에 대해서도 살펴보았습니다. 믿음이 어떻게 우리를 구원하는 수단과 도구가 되는지, 하나님이 세우신 구원에 관한 근본적인 원리도 살펴보았습니다. 의롭게 되기 위해서 믿어야 할 내용이 있고, 끝까지 거룩한 신자의 삶을 살기 위해서 믿어야만 하는 내용과 대상도 살펴보았습니다. 마지막으로 우리가 진정으로 참된 믿음을 소유했다는 사실을 어떻게 확신할 수 있으며, 그 확신의 근거는 무엇인지도 알게 되었습니다. 이 모든 내용들은 하나하나가 말할 수 없이 중요합니다. 어느 것 하나라도 가볍게 볼 수 없습니다. 만약 그렇게 한다면 그 결과를 상상하는 것은 너무나 두려운 일이 될 것입니다. 하지만 동시에 우리는 이 믿음이 우리의 힘과 능력으로 되는 것이 아니라는 사실을 알기에 위로를 받습니다. 만세 전에 우리를 택하신 하나님이 우리에게 이 믿음을 주시고, 이 믿음을 통해서 우리의 천로역정을 인도하시니 무엇이 두려울까요? 오직 우리는 하나님의 성령을 의지하여, 주님의 말씀을 나침반 삼아 우리에게 주어진 이 믿음의 길을 걸어갈 뿐입니다. 이제 우리에게 남은 것은 이 믿음을 사용하는 것입니다. 그리하여 이 땅의 모든 신자의 삶에서 믿음이 역사하여 모두를 구원으로 인도하기를 바랍니다. 오직 하나님께만 영광(*soli Deo gloria!*)